ALTDEUTSCHE TEXTBIBLIOTHEK

Begründet von Hermann Paul
Fortgeführt von G. Baesecke
Herausgegeben von Hugo Kuhn

Nr. 76

Der Münchner Oswald

Mit einem Anhang:
die ostschwäbische Prosabearbeitung
des 15. Jahrhunderts

Herausgegeben von

Michael Curschmann

MAX NIEMEYER VERLAG TÜBINGEN
1974

Geb. Ausgabe ISBN 3-484-20072-3
Kart. Ausgabe ISBN 3-484-20073-1

INHALTSVERZEICHNIS

VORWORT

Oswald von Nordhumbrien, jung verwaist und von irischen Mönchen in Schottland erzogen, eröffnete 633 mit seiner Rückkehr aus dem Exil der iroschottischen Mission den Weg nach Süden, verdrängte die Briten aus dem Norden des Landes und dehnte rasch seinen Einfluß, wie den seiner Kirche, bis nach Wessex aus: 635 heiratete er die Tochter des Westsachsen Cynegils, bei dessen Taufe er persönlich Pate stand. Am 5. August 642 (oder 641) fiel er als Streiter Christi in der Schlacht gegen seinen Erzfeind, den heidnischen Penda von Mercia.

Nicht ohne politische Absicht stellte Beda diese Herrschergestalt in den Mittelpunkt der englischen Frühgeschichte, aber manches läßt darauf schließen, daß er damit eine ältere Tradition fortsetzte, die z. T. bereits volkssprachlich-literarische Formen angenommen hatte[1]. Erhalten hat sich davon nichts, und unter den gelehrten Oswaldbiographen Englands und des Kon-

[1] Zusammenfassend R. M. Wilson, The Lost Literature of Medieval England (London [2]1970), S. 88 bzw. 96. Zum Folgenden wie zur Einleitung verweise ich grundsätzlich auf meinen in der Bibliographie genannten Forschungsbericht sowie auf die verschiedenen Untersuchungen zur Kultgeschichte des Heiligen. In die Bibliographie aufgenommene Abhandlungen und Ausgaben zitiere ich jeweils nur mit dem Namen des Verfassers und gegebenenfalls mit Kurztitel.

tinents geht nur Reginald (um die Mitte des 12. Jahrhunderts) in einigen biographischen Einzelheiten etwas über Beda hinaus. Auch der weitgereiste und vielseitige Heinrich von Avranches, der um 1227 den Mönchen von Peterborough eine ,Vita et Passio Sancti Oswaldi' in Versen verfaßte und vortrug, hat inhaltlich nichts Wesentliches hinzuzufügen[2]. Im einzelnen sind die Verhältnisse immer noch wenig erforscht, aber es läßt sich doch mit ziemlicher Sicherheit sagen, daß in seiner Heimat dem Heiligen Oswald keine ,literarische' Zukunft beschieden war. Daran trägt wohl nicht zuletzt Geoffrey of Monmouth Schuld, der gegen Mitte des 12. Jahrhunderts vor dem neutralen Hintergrund der normannischen Oberherrschaft den Briten Arthur zur Heldenfigur der nationalen Frühgeschichte erhob.

Etwa zu dieser Zeit wurde in Deutschland mit der Ehe Heinrichs von Braunschweig und Mathildas, der Tochter Heinrichs II. von England, dem schon zu Bedas Zeiten auf dem Kontinent populären und seit ca. 1070 von den Welfen besonders gepflegten Kult des Heiligen noch einmal so etwas wie eine politisch-dynastische Legitimation zuteil. So war der Boden neu bereitet, das beliebte Brautwerbungsschema lieferte den neuen erzählerischen Zusammenhang und um 1170 entstand, vermutlich in Regensburg, ein weltliches deutsches Kurzepos, das dann, wie so vieles Vorhöfische, von der neuen Welle französisierenden Geschmacks bald wieder überspült wurde.

Im Spätmittelalter aber begegnet uns diese deutsche Oswaldtradition in vielerlei Formen und zahlreichen Textzeugen. Neben jeweils mehreren Handschriften zweier Versdichtungen, die G. Baesecke als ,Münchner' bzw. ,Wiener' Oswald unter-

---

[2] Das Gesamtwerk dieses Mannes liegt noch weitgehend im Dunkeln. J. C. Russell und J. P. Heironimus haben von der Oswaldvita nur den Prolog veröffentlicht: The Shorter Latin Poems of Master Henry of Avranches Relating to England (Cambridge, Mass., 1935), S. 119 f. Ich habe die Handschrift der Bodleian Library (Nr. 40 = Arch. 1841) aus dem 13. Jahrhundert benützt (f. 57 ff.).

schieden hat, sind erhalten: eine aus der Handschriftenklasse MI des ‚Münchner Oswald' abgeleitete Prosaerzählung (u/b), eine stärker an die kirchliche Legende angelehnte Prosa in dem sogenannten ‚Wenzelpassional' (zn), eine freie Nacherzählung des ‚Münchner Oswald' in ostschwäbischer, ‚moderner' Prosa und ein in Linz aufbewahrtes Fragment eines offenbar recht umfangreichen Versepos aus dem 14. Jahrhundert, das in keinerlei direkter Beziehung zu einer der genannten Fassungen zu stehen scheint. Die beiden letzteren Denkmäler waren bislang noch nicht ediert. Die Prosa drucke ich im Anhang dieser Ausgabe; das Linzer Fragment habe ich gesondert veröffentlicht, nachdem es als literarischer Typ von allgemeinerem Interesse ist[2a].

Allein das Linzer Fragment stammt noch aus dem 14. Jahrhundert. Alles andere gehört, zumindest der Überlieferung nach, dem 15. Jahrhundert an. Der Gebrauchsraum ist ausgesprochen oberdeutsch, mit Ausläufern nach Nordosten: das Nürnberger ‚Wenzelpassional' mit einem (späten) nordischen Ableger (n) und der schlesische ‚Wiener Oswald'.

Neuerdings mehren sich wieder die Stimmen, die für die Priorität der ‚Wiener' Fassung und damit für ein ganz überwiegend geistlich-legendarisches Werk plädieren. Dem gegenüber halte ich fest: Kernstück dieser breiten Stoff- und Erzähltradition und authentischster Vertreter des im 12. Jahrhundert entstandenen Versepos ist der ‚Münchner Oswald'[3]. Möglich, daß eine nähere Untersuchung der Textsymbiosen einmal einzelne Beziehungen genauer klären hilft: die Paarung eines

---

[2a] 'Sant Oswald von Norwegen': ein Fragment eines Legendenepos, in: ZfdA 102 (1973), S. 101–114. Der 'Wiener Oswald' ist ediert von G. Baesecke (Heidelberg 1912) bzw. G. Fuchs (Beslau 1920), und die Legendenprosa zn von I. V. Zingerle, Die Oswaldlegende und ihre Beziehung zur deutschen Mythologie (Stuttgart/München 1856), S. 43–66.

[3] Dagegen insbesondere R. Bräuer in seinen beiden genannten Arbeiten.

‚Oswald' mit einem ‚Alexius' – dies der Inhalt von u/b – kehrt in lockerer Form in allen Handschriften des ‚Wiener Oswald' wieder. Alle enthalten allerdings auch andere Legenden, und nur in der Olmützer stehen ‚Oswald' und ‚Alexius' unmittelbar zusammen; in der Wiener ist dazwischen noch eine Version des ‚König im Bad' eingeschoben, einer Erzählung, die in der Version Herrands von Wildonie auch in die Handschrift der Stuttgarter Prosaauflösung des ‚Münchner Oswald' aufgenommen wurde. Bedeutungsvoller ist vielleicht, daß die zwei anderen Hauptstücke der Innsbrucker Handschrift des ‚Münchner Oswald', das ‚Jüngere Marienlob' und ‚Unser frouwen clage', auch in der Dessauer Handschrift des ‚Wiener Oswald' stehen, allerdings nicht als geschlossene Gruppe.

Das Werk, das der Fachjargon als ‚Münchner Oswald' eingebürgert hat — die Handschriften bezeichnen es in Überschriften und Schlußworten als ‚Buch von St. Oswald' oder ‚St. Oswalds Leben' —, wurde der germanistischen Öffentlichkeit zuerst in einem stark ‚normalisierten' und ohne näheren Nachweis auch im Wortlaut vielfach ändernden Abdruck der Schaffhauser Handschrift (S) durch L. Ettmüller bekannt (1835). Mit dieser Ausgabe verglichen K. Bartsch (1860) und I. V. Zingerle (1875) die Münchner bzw. die Innsbrucker Handschrift. 1857 machte I. V. Zingerle auf die Stuttgarter Prosaauflösung (s) aufmerksam, die A. Ph. Edzardi dann 1875/76 veröffentlichte. Einen geglätteten Abdruck der Berliner Handschrift der Prosabearbeitung u/b (b) brachte M. Haupt heraus (die Budapester Handschrift u ist neuerdings von A. Vizkelety ediert worden). 1907 schließlich erschien, begleitet von umfangreichen Untersuchungen, der von G. Baesecke erarbeitete kritische Text. Im Rahmen eines gegenüber Edzardi stark veränderten Handschriftenstemmas ist hier der Münchner Handschrift (M) der Rang einer Leithandschrift zuerkannt. Erst 1931 wies H. Menhardt auf die Wiener Handschrift (W) hin.

G. Baeseckes seit langem vergriffene Ausgabe, auf die sich seither die Forschung stützt, hat das große Verdienst, den Text als literarisches Denkmal bewahrt und in weitgreifenden Diskussionen und Anmerkungen in seinen literarhistorischen Rahmen gestellt zu haben. Ihre zeitbedingten grundsätzlichen Mängel folgen unmittelbar aus der doppelten Zielsetzung des Herausgebers: was die sehr späte Überlieferung bietet, sollte zwar möglichst vollständig und sorgfältig bewahrt werden, aber nicht als ‚der' Text des ‚Münchner Oswald', sondern als Endprodukt eines umfassenden Kontaminationsprozesses, hinter dem sich die Urform des 12. Jahrhunderts nur andeutungsweise verbirgt. Der Eruierung dieser Vorform mit Hilfe der ‚Korruptelen' und ‚Interpolationen' der Überlieferung des ‚Münchner Oswald' wie auch der übrigen Fassungen ist der Hauptteil von Baeseckes Untersuchung gewidmet. Ihre Wiederherstellung blieb ihm eine Aufgabe für die Zukunft; sein Text war von vornherein als Provisorium gedacht. Daß er im Hinblick auf das ältere Werk bzw. ältere Zwischenstufen schon jetzt hie und da u. U. gegen das Zeugnis der gesamten Überlieferung Zeilen oder Zeilengruppen so umordnete, daß sich Handlungsablauf oder Gedankenführung ‚logischer' gestaltete, und aus dem gleichen Grund verschiedentlich Textlücken ansetzte, fällt dabei nicht schwer ins Gewicht. Schwerer wiegt die eigenwillige Normalisierung, der Baesecke die Sprache der Überlieferung nicht nur im Text, sondern auch im Apparat unterwarf: klassisch-mittelhochdeutsche Orthographie, weitgehende Beseitigung der mundartlichen Nebenformen, weitgehende Vereinheitlichung der Flexionsformen und die Ansetzung der „pedantisch vollständigsten Wortbilder" (S. XX) verunklaren, wie schon W. Wilmanns bemerkte, den spezifischen Charakter der Überlieferung, ohne doch eine in anderer Hinsicht authentische sprachliche und metrische Form zu erreichen. Mit anderen Worten: mit dieser ganz an der Oberfläche bleibenden Glättung ist ein sprachlicher und metrischer Zustand ‚rückübersetzt', der weitgehend erst durch den Verfall jener Wortbilder und der Morphologie wie der Syntax der älteren Sprache zustandegekommen war. In einigem Abstand hat Baesecke das Resultat selbst als „phantasievolles Mhd." bezeichnet[4].

Dieses Provisorium ist jedoch schnell als permanente Lösung akzeptiert worden. Selbst unter denen, die sich speziell mit der Entwicklungsgeschichte der Erzählung im Rahmen der weiteteren Stofftradition beschäftigt haben, hat, soweit ich sehe, nur W. H. Keim die Handschriften selbst verglichen, und er hat von seinem Wissen kaum Gebrauch gemacht. Konstruktive Vorschläge zur Besserung einzelner Textstellen findet man praktisch nur in Baeseckes eigenen Anmerkungen und in der Rezension von W. Wilmanns.

Schon deshalb senkt sich bei der Erwägung, was man als Neu-Herausgeber zu tun hat, die Waagschale merklich zu Gunsten eines Textes, der im Wesentlichen die späte Überlieferung zur Geltung bringt, unter Verzicht auf die Vorstufen. Die Entscheidung könnte nur dann anders ausfallen, wenn sich entweder Baeseckes Hoffnung bestätigte und sich tatsächlich aus dem Erhaltenen ein ‚Urtext' herausdestillieren ließe, oder wenn sich die Möglichkeit abzeichnete, den Text als ganzen ohne allzu große Vergewaltigung der Überlieferung in ein Idiom zurückzutransponieren, das Anspruch auf historische Authentizität erheben könnte. Beides ist nicht der Fall.

Wie schon G. Ehrismann in seiner Rezension hervorhob, sind die Kriterien, mit denen sich Baesecke um die inhaltliche Rekonstruktion bemühte, nicht stichhaltig. Sprunghafte Handlung, unlogische Gedankenführung, formelhaft wiederholende und variierende Beschreibung, Sorglosigkeit in Reim- und Wortwahl, lockere metrische Fügung bis hin zur völligen Sprengung des metrischen Gerüsts, — all das sind Merkmale eines bestimmten, im einzelnen durchaus individuell getönten Stils und nicht Ergebnis allmählicher Verderbnis. Nicht umsonst steht und fällt Baeseckes ganzes Gebäude mit der An-

[4] Zur 'Reinhart-Fuchs'-Kritik. Gegen A. Wallner und E. Schröder, in: ZfdPh 52 (1927), S. 22–30, S. 29.

nahme eines Archetypus, in den in mehreren, über fast 100 Jahre verteilten Arbeitsgängen über die Hälfte des erhaltenen Textes in Form von interlinearen Glossen, Marginalien und Zusätzen auf freien Seiten eingetragen wurde (wer hätte das jemals vortragen oder auch nur lesen können!), und der dann gegen Schluß dieser Entwicklung durch Seitenverlust wieder auseinanderfiel.

Ich selbst habe mich lange nicht von dem Gedanken einer Rückübersetzung des Ganzen wenigstens in die Sprache des präsumptiven Archetypus trennen können. Nicht zuletzt deshalb blieb die Arbeit immer wieder liegen. Daß ich schließlich den Mut und die Zeit fand, den schon fast vergessenen Plan noch einmal aufzugreifen und in anderer Weise zu Ende zu führen (Näheres dazu in der Einleitung), verdanke ich der Großzügigkeit der John Simon Guggenheim Memorial Foundation, die es mir ermöglichte, mich im Jahr 1971 ausschließlich wissenschaftlichen Arbeiten zu widmen. Für die mir in dieser Zeit gewährte großzügige Gastfreundschaft danke ich von ganzem Herzen Peter F. Ganz sowie dem Präsidenten und den Fellows des Hertford College in Oxford. Nicht zuletzt danke ich auch allen Bibliotheksverwaltungen und Bibliothekaren, die mir Einsicht in die Handschriften gewährt, Mikrofilme zur Verfügung gestellt und durch vielerlei Hinweise und Auskünfte geholfen haben.

EINLEITUNG

1. Die Handschriften

Zu den von G. Baesecke benützten Handschriften M, I, S, Mk, s, u und b hat sich inzwischen noch eine weitere Vershandschrift (W) gesellt. Mehr hat auch das Studium der gedruckten Kataloge und eine 1963 veranstaltete ausgedehnte Bibliotheksumfrage nicht erbracht. Zwei früher bezeugte Handschriften, die mit einiger Wahrscheinlichkeit ebenfalls den ‚Münchner Oswald' enthielten, sind verschollen: im 15. Jahrhundert befand sich im Besitz der Grafen von Ortenburg, eines damals noch in Niederbayern ansässigen Geschlechts, von *sand oswald ein puech,* das aber nicht mehr aufzufinden war, als 1842 F. Schmidt die Tambacher Bibliothek inventarisierte[5]. Ebenso ist, A. Vizkelety zufolge (S. 125), eine noch im 19. Jahrhundert im ungarischen Franziskanerkloster Güssing aufbewahrte Oswalderzählung, auf die in der älteren Literatur gelegentlich verwiesen wird, inzwischen verschwunden.

Die folgenden Beschreibungen sind dem editorischen Rahmen entsprechend möglichst knapp gehalten, insbesondere die von s und u/b, nachdem hier ausführlichere neuere Beschreibungen vorliegen. Nachdem Baeseckes Angaben vielfach sehr kursorisch ausgefallen sind, war es allerdings nicht zu umgehen, einigen Punkten unverhältnismäßig breiten Raum einzuräumen.

---

[5] Die Handschriften der Gräflich-Ortenburg'schen Bibliothek zu Tambach in Oberfranken, in: Serapeum 3 (1842), S. 337—350; 365—368, dort S. 338 f.

S Schaffhausen, Stadtbibliothek, Ms. Gen. 10. Beschr.: H. Boos, Verzeichnis der Inkunabeln und Handschriften der Schaffhauser Stadtbibliothek (Schaffhausen 1903), S. 69 (ungenau; korrekt gibt die Blattzahl der Handschrift im 19. Jahrhundert [126] eine Notiz bei A. Bachmann und S. Singer [s. u.] wieder [S. XII]). 1958 sind bei einer ungeschickten Restauration nach f. 64 und 107 jeweils vier (leere) Bll. herausgetrennt und die Seiten am Bund stellenweise so verklebt worden, daß die Lagenverhältnisse nicht mehr mit Sicherheit zu erkennen und gelegentlich auch (geringfügige) Textverluste eingetreten sind.

Papier. II + 118 + II Bl. 20,9 x 15,0 cm. Schaffhausen 1472.

In drei Teilen von modernen Händen jeweils gesondert (foliiert bzw. paginiert: 1–64; 65–107 (= p. 1–86); 108–118 (= f. 1–11). Leer sind f. 64v und 118v. *Wasserzeichen*: Lage 1, 2, 4–6 sehr ähnlich Briquet 14391 (Schweiz 1466–77); Lage 3 ähnlich Briquet 14390 (Montpellier, Clermont-Ferrand 1449–66); Lage 7, 8 = Briquet 14405 (Nürnberg 1474); Lage 9, 10 nicht bei Briquet (Ochsenkopf mit nach oben geöffneter Mondsichel); Lage 11 ähnlich Briquet 14975 (Sion, Straßburg, Turin, Schlesien 1460–75). 11 *Lagen:* V+VII+V+VII+V+VI (–5) +V+VII+V+VII (–5) +V. *Schriftraum* (umrandet): 16,1 x 9,4 cm; einspaltig, 39–42 Zeilen (im Oswaldteil). Bastarda; drei *Schreiber*, korrespondierend mit den drei Teilen der Handschrift. Der erste, der weniger kursiv schreibt als die anderen, nennt sich abschließend f. 64r:
Hainric[us] beck p[ro] t[em]p[ore] soci[us] diui[n]or[um] et capellan[us] in scaffusa familiarit[er] p[ro] simplicib[us] criste deuote wlgarisauit [com]mittens se pio correctori Anno d[omi]ni 1472 Bittend got für jn. Der zweite unterschreibt f. 107v mit derselben Jahreszahl.

Ausstattung: moderner Holz- und Ledereinband (1958). Im 1. Teil zahlreiche rote Überschriften und Quellenverweise am Rand, dazu rote Unterstreichungen und gerötete Initialen (größere Initialen öfter auch blau). Im 2. Teil alle Zeilenanfänge rot durchstrichen, rot ist auch die abschließende Jahreszahl. Im 3. Teil gerötete Initialen und rote Unterstreichungen ebenfalls häufig; an acht Stellen ist hier Raum für (nicht ausgeführte) Illustrationen ausgespart.

Datierung und Provenienz: Papier, Einheitlichkeit der Ausstattung und Inhalt (Teil 1 und 3 passen gut zu anderen Schaffhauser Handschriften theologisch-mystischen Inhalts: Gen 12, 19 und 20) lassen darauf schließen, daß die Handschrift 1472 als ganze in Schaffhausen entstand, unter der Oberaufsicht Heinrich Becks, eines gebürtigen Bregenzers, der seit 1470 Kaplan an der Schaffhauser Johanneskirche und für 1472 von diesem Posten beurlaubt war (Näheres Verf., Der Münchener Oswald, S. 202).

Inhalt:

I) 1r–64r: Heinrich Beck, (rote Überschr.) *Passio d[omi] ni n[ost]ri jh[es]u chr[ist]i.* Deutsche Prosa: Passionstraktat in Form einer mit Kommentaren der Kirchenväter durchsetzten Evangelienkonkordanz, verfaßt oder übersetzt von H. Beck[6].

Inc.: *Paulus der heilig zwelffbott das liecht der cristēhait schribet in der epistel zů den römern an dem fünftē Capitel*

Expl.: *O lieber her jhū criste wir bitten dich durch din vnuerschult liden du wellist din liden an vns niemer laussen verlorē werden vnd wellist vn̄s dich selber gebē ewēclich zu bruchen vnd ze niessen in dem ewigen leben Amen*

[6] Mehrfacher Hinweis auf diesen Traktat im Kommentar bei K. Ruh, Der Passionstraktat des Heinrich von St. Gallen (Thayngen 1940).

2) 65r–107v: [‚Der Münchner Oswald']. Ed. L. Ettmüller.

3) 108r–118r: [‚Christus und die sieben Laden']. Prosa. Ed. A. Bachmann und S. Singer, Deutsche Volksbücher aus einer Zürcher Handschrift des 15. Jahrhunderts (Tübingen 1889), S. 247–258 (mit den Lesarten der Schaffhauser Handschrift)[7].

Die *Mundart* aller drei Schreiber ist nordöstlich Hochalemannisch-Schwäbisch. Im ‚Oswald' sind die Spuren einer älteren bairischen Tradition im einzelnen deutlich genug (s. u. S. XXXV), aber insgesamt ist er bemerkenswert konsequent in die neue Sprachform umgegossen. Einige Charakteristika: *Vokale*: fast ausnahmslos mhd. î, û und iu (ü oder ui) und au für mhd. â; meist ai (å) für mhd. ei und au bzw. o (*och*) für mhd. ou. Der Sekundärumlaut von a/â fast immer e, der Primärumlaut öfter ie in den Wörtern *mer*, *her*, und *best*. Zahlreiche volle Nebensilbenvokale. Häufigem å statt ai bzw. åi entsprechen die sekundären Reime *vnuerzågt*: *stått* 1571 und *wildpret*: *berait* 129; das weist auf der Basis der heutigen Mundart am ehesten direkt in die Bodenseegegend. – *Konsonanten*: s ist sch im Inlaut vor w (*Oschwald*). Es fehlen die Affrikata ch (kch) für k und weitgehend auch p für b. — *Morphologie* und *Wortschatz*: Einheitsplural *-ent* im Praes. wie auch im Praet. schwacher Verben fast durchwegs, für *wellent*, *sollent* dabei häufig die Kontraktionsformen *wend*, *sond*. Die Praet. von *vâhen*, *lâzen*, etc., meist (und ohne Rücksicht auf den Reim) *vieng*, *ließ*, usw. (*ließ*: *knie* [*enpfie*]). Die Adverbien auf *-lich* werden einheitlich wie folgt gebildet: zwischen stammauslau-

[7] Außerdem (bis zum Ende des 1. Abschnitts) F. Vetter, Lehrhafte Literatur des 14. und 15. Jahrhunderts II (Berlin/Stuttgart 1889) S. 78—80. Zahlreiche Handschriften und Drucke mehrerer Fassungen (vgl. Verf.Lex. V [1955], Sp. 139 f., und P.-G. Völker, Die deutschen Schriften des Franziskaners Konrad Bömlin [München 1964], S. 66). Noch nicht bibliographisch erfaßt sind die Handschriften Stift Melk, Nr. 1753 (f. 250r—260v) und Nr. 1651 (f. 233v—255v).

tendes *-el* und *-lich* tritt sch (*himelschlich, engelschlich*); vorausgehendes Suffix *-ic/ec* erscheint als *-enk* (*willenklich*), ebenso stammauslautendes *-en* oder *-ent* als *-enk* bzw. *-entk* (*aigenklich, tugentklich*). Bezeichnende Nebenformen sind u. a.: *nienan* (= *niendert*; meist); *kemerling*; *keller*; *nütz*; *nun* (vertritt als Adv. und exzipierende Konj. *niuwan* und *nur*); einmal *klineß* (= *kleinez*) 2082.

W Wien, Österreichische Nationalbibliothek, Cod. 12540. Beschr.: H. Menhardt, Verzeichnis der altdeutschen Handschriften der Österreichischen Nationalbibliothek III (Berlin 1961), S. 1249.

Papier. II + 58 + II Bl. 20,7 x 13,7 cm. Bayern, 1. Hälfte 15. Jahrhundert.
Moderne Foliierung. f. 58v ist leer. *Wasserzeichen*: Lage 1 = Briquet 2447 (u. a. München, Wien, Prag, Regensburg 1448–70) und (var.) Briquet 5954 (u. a. Palermo, Niederlande, Linz, Regensburg 1416–59); Lage 2 = Briquet 11702 (Pisa 1440); Lage 3 ähnlich Briquet 5674 (Prag, Udine, Schweidenitz 1399–1414); Lage 4 = Briquet 11872 (Pisa 1420/21) und ähnlich Briquet 8203 (u. a. Palermo, Niederlande, Wien 1416–44); Lage 5 = Briquet 13037 (u. a. Turin, Köln, Bayern 1441–93). 5 *Lagen*: 2 VI + V + 2 VI. *Schriftraum* (umrandet): 17,1 (15,1) x 10,5 cm; einspaltig, 28–32 Zeilen. Bastarda; drei *Schreiber*: 1) 1r–45v, Z. 18 (= V. 2744); 2) 45v, Z. 19–49r, Z. 20 (= V. 2958) und 52r, Z. 20–53v, Z. 17 (= V. 3128–3234); 3) 49r, Z. 21–52r, Z. 19 (= V. 2959–3127) und 53v, Z. 18–58r (= V. 3235–Schluß).

Ausstattung: Halbleinenband des 19. Jahrhunderts. Auf f. 1v–2r, 3r–8r und 12v/13r Zeilenanfänge abwechselnd rot und grün durchstrichen (z. T. in Dreiergruppen), auf f. 1r und 2v nur grün, auf f. 11v, 12r und 25r nur rot, f. 8v–11r jeweils durch einen die ganze Seite entlang zusammenhängenden roten Strich. Auch im Versinnern sind einzelne Initialen gerötet. Grün ist noch die große erste Initiale (f. 1r), eine Zierranke auf f. 2r und die untere Umrandung des Schriftspiegels auf f. 3r. Primitive, meist aus Buchstaben der obersten Zeile entwickelte schwarze Zierranken und -blumen bis zum Schluß häufig.

Datierung und Provenienz: Menhardt setzt die Handschrift in die Mitte des 15. Jahrhunderts; der Schrift nach könnte sie durchaus zwei bis drei Jahrzehnte älter sein, und dem entspräche auch der Stand von Syn- und Apokope besser. Sie enthält nichts, was über ihre genauere Herkunft Aufschlüsse geben könnte, und auch die Bibliothek hat keine entsprechenden Daten zur Hand.

Inhalt: W enthält nur den ‚Münchner Oswald'.

Die *Mundart* aller drei Schreiber ist mittel-/südbairisch, und die drei unterscheiden sich in ihren Schreibgewohnheiten nicht wesentlich von einander. Einige Charakteristika: *Vokale*: neuhochdeutsche Diphthongierung vollständig, nur Nebensilben *-lich* relativ häufig, besonders bei W_2. Mhd. ei und ou sind ai (Schwanken, wie üblich, beim unbestimmten Art.) und au, der Sekundärumlaut von a/â meist ä, mhd. uo fast immer ue; die Diphthongierung des i vor r/h ist häufig bezeichnet (ie). a/o und â/ô fallen nicht nur vor r, sondern vielfach auch vor Nasal oder velarer Spirans zusammen: durchwegs steht z. B. *dachter*, gelegentlich auch *dennach*; häufige Part. Praet. *benamen, vernamen*; *monhait, wanent* (= *wonent*), *tron* (= *trân*), *lon* (= *lân*), *lann* (= *lôn*), *schañ* (= *schônen*). öu mehrfach entrundet in *freid*. Zahlreiche volle Nebensilbenvokale bzw. Svarabhakti: *schönist, liebist, öbrist*; *galigen, enpfalich,* immer *aribait*. W_1 schreibt öfter ou für mhd. ô; W_3 hat einmal ai für uo (*getain: sayn* 3415). – *Konsonanten*: anlautendes b meist p (auch Praefix *pe-* häufig); w für b und umgekehrt ist selten, aber in der Vorlage offenbar häufiger gewesen (z. B. *pilpret* für *wildpret* 3309). k im Anlaut meist ch (Ausnahmen insbesondere bei *künig, komen, kreutz, kristen*); inlautend und im Auslaut nach r, l, n sowie in der Geminata bei W_1 und W_2 einheitlich kch, bei W_3 ch, k oder ck (ckch, ch, kch in der Geminata). d für t in einigen Wörtern, insbesondere *dochter/dachter*, häufig. ph überwiegt gegenüber pf. sr, sm, etc.: einheitlich schr, dagegen nur in W_2/W_3 öfter auch schn-, schm-, schw-. ng statt nn in den Formen von *gewinnen* (umgekehrt Praet. Pl. *sprunnen*). Gelegentlich ist vor Dental velare Spirans eingeschoben (*fluecht, schuchssen*), sehr häufig b/p zwischen m und t (*sampt, zimpt*). – *Morphologie* und *Wortschatz*: häufig Praet. *hiet, hieten, lewff* (*lauf*) und Part. Praet. *chumen, vernumen* (sekundärer Reim: *hunger* 1348; u statt o auch in anderen Formen gelegentlich). Der Dual *enk* ist einmal geschrieben (2850) und einmal korrigiert (2851). In W_1 öfter *schullen* neben *sullen*. *si* für *sich* und *der-* für *er-* ist im Gegensatz zu M selten. Neben *werben* steht *werfen*, neben *lebendig* steht *lemptig*. Einheitlich: *p(b)ischolf, ridel, schef, ankel* und *nuer* (= *nuor* und *niuwan*). Neben *g(e)nad* gelegentlich *genand*. *Vingerlein* ist fast überall durch *ringlein* ersetzt.

I Innsbruck, Museum Ferdinandeum, Ms. 1114. Beschr.: A. Jeitteles, Lobgesang auf Maria, in: Germania 31 (1886), S. 291–310 (sehr kursorisch und fast ausschließlich auf diesen Text bezogen).

Papier. 172 Bl. 14,6 x 10,5 cm. Tirol (?), Mitte 15. Jahrhundert. Moderne Foliierung. f. 21v, 171r und 172r sind ganz leer; auf f. 171r und 172v stehen nur Notizen, auf f. 21r (von moderner Hand) nur die Zahl II. *Wasserzeichen*: nur schwer und sporadisch erkennbar. In allen Teilen der Handschrift ein Zeichen ähnlich Briquet 14652 (Tirol 1435) und 14682 (Bayern 1458). 15 *Lagen*: V (–1) + 13 VI + V (–3). *Schriftraum* (Umrandung weitgehend verblaßt): 10,9 (9,4) x 7,0 (6,5) cm, häufig überschrieben; einspaltig, bis f. 20 19–20 Zeilen, bis f. 59 14–19, bis f. 94 12–16, ab f. 95 8–13. Bastarda; zwei *Schreiber*: 1) 1r–94v, Z. 6 (= V. 1721 des ‚Oswald'); 2) 94v, Z. 7 – Schluß (kursiver und zunehmend flüchtiger). Eine dritte Hand hat

v. a. den Schreiber 2 häufig verbessert und ergänzt, andere Hände haben auf den Innenseiten der Deckel und auf freien Seiten Notizen geschrieben, darunter eine knappe Inhaltsangabe (s. u.). Eine moderne Hand hat im vorderen Buchdeckel ein (unvollständiges) Inhaltsverzeichnis angelegt und am Ort entsprechend numeriert: I auf f. 1r, II auf f. 21r und III auf f. 59v.

Ausstattung: Holz- und Rotledereinband des 15. Jahrhunderts. Bis 59v zahlreiche 3–8 Zeilen hohe rote Initialen, die sich z. T. in Ranken auf den Rändern fortsetzen. Bis f. 94 sind auch die Zeilenanfänge gerötet, aber schon ab 41r sind für Initialen ausgesparte Felder strichweise nicht mehr gefüllt; sie werden allmählich kleiner und ab f. 60r finden sie sich kaum noch.

Datierung und Provenienz: Schrift und Wasserzeichen deuten auf die Mitte des 15. Jahrhunderts, desgleichen die Namen, die unter den verschiedenen Besitzernotizen erscheinen. Neben Federproben lese ich (nach Händen numeriert und von vorn nach hinten bzw. oben nach unten gelesen): 1) (im vorderen Einbanddeckel oben) *octob*[*er*] *xxv tag roschan* (?); (f. 171v) *ich hans engel schidman von j* (abgebrochen); *also hel ist diser tag dos in m* (abgebrochen); *jtem hanns von merling sol xv lb pn*[s] *vm̄b ain schanb*[n] (?). 2) *her von prand werg ab dem* (abgebrochen). 3) (f. 172v) [?] *ist wyrs* (?) *von* (abgebrochen). 4) [*domi*]*nē jesū xp̄e; nota xiiij sexterni vnd j.* 5) *mein* (?) *dinst.* 4) *istuc liber est de sanctū oswaldū* (!) *et de weate v'gine jhs xp̄s amē; de weate vir* (abgebrochen). 6) *das puch hat ein end so schag* (!) *dn kopff vmb dn trendt* (?). 1) (im hinteren Einbanddeckel) *Jtem de; ytem hanns; ytem hans.* 7) *homo quidam fecit cenā magnā et m*[*i*]*sit s* (abgebrochen; = Lukas 14,16). – Die Namen Schidman und Merling weisen nach Bozen und von dort u. U. zurück auf nordtiroler Verwandte dieser Familien, die Weinecks, und auf Seefeld, ein Zentrum der Oswaldverehrung in der 1. Hälfte des 15. Jahrhunderts (Näheres Verf., Der Münchener Oswald, S. 197 ff.).

Inhalt:

1) 1r–3v, Z.1: Deutsches Glossenlied zum ‚Ave Maria'. Ed. Ch. W. Fröhner, Brevier des Palästinapilgers, in: ZfdA 11 (1859), S. 34–41, S. 38 ff. (nach einer Freiburger Handschrift aus „dem Anfang" des 15. Jahrhunderts)[8]. Durch Blattverlust fehlt der Anfang bis Str. IV,6.

2) 3v, Z.2–4r, Z.7: (nach Anweisung zum Gebrauch) ‚Salve Regina'. Deutsche Prosa.

3) 4r, Z.8–5r, Z.9: (nach Anweisung zum Gebrauch) [‚Gebet vor der Marter Christi' = Klage Marias unterm Kreuz]. Ed. Ph. Wackernagel, Das deutsche Kirchenlied II (Leipzig 1867), Nr. 1083 (nach einem ‚Hortulus Animae'-Druck von 1518). Verse fortlaufend geschrieben. I weicht in Wortlaut, Versfolge und Versbestand schon bis V.19 stark ab; von da an gestaltet sich der Text ganz anders.

4) 5r, Z.10–7r, Z.5: (nach Anweisung zum Gebrauch) Mariengebet in Versen (fortlaufend geschrieben). Beginnend mit Vierreim, dann paarweise gereimt.

Inc.: *Maria mutter vnd mayt / groß gůt man mir von dir sait*

Expl.: *vnd hülff mir edelle kunigin / daz ich müß beschauwen daz liebe kind din Amen*

---

[8] Die Innsbrucker Handschrift ist auch P. Appelhans nicht bekannt geworden, der drei weitere Textzeugen nachgewiesen hat: Untersuchungen zur spätmittelalterlichen Mariendichtung (Heidelberg 1970), S. 54 f. In I sind die Strophen abgesetzt, die Verse fortlaufend geschrieben.

5) 7r, Z.6–20r (nach Anweisung zum Gebrauch) [‚Lobgesang auf Maria' = ‚Jüngeres Marienlob']. Ed. A. Jeitteles, Lobgesang auf Maria, in: Germania 31 (1886), S. 291–310. Näheres s. Verf. Lex. V (1955), Sp. 665 f.

6) 22r–59v, Z.2: (Überschr.) *Hie hebet sich an ein geticht von leyden vnd pittern martt' ihū xp̄i vnsers hern vnd lesset gern ynne.* [‚Unser frouwen clage']. Ed. G. Milchsack, in: PBB 5 (1878), S. 193–357 (ohne Kenntnis dieser Handschrift). Weiteres s. Verf. Lex. V (1955), Sp. 231–233. I beginnt mit Vers 83 der kritischen Ausgabe und folgt auch weiterhin der von Milchsack als Nr. I gekennzeichneten Rezension.

7) 59v, Z.3–170v: (Überschr.) *Hie hebt sich die hystorij an von sand Oswalt wie er erwarbe Chünigs Aronis tochter üwer mer Alleluia.* [‚Der Münchner Oswald'].

In der *Mundart* überlagern sich mehrere Schichten. Nach herrschender, aber für keines der Denkmäler noch hinreichend begründeter Meinung sind die Texte 1, 3 und 6 letztlich schwäbisch-alemannischer Herkunft, während Nr. 5 in Mitteldeutschland entstand[9]. Mitteldeutsches weist der Text des ‚Jüngeren Marienlobs' auch in I auf (*blome*, *hot* [= *huot*], *opper*) und zugleich sind oberdeutsche Schreibungen hier am seltensten (gelegentlich ei für î, durchwegs ai für ei und au für ou; öfter p für b [*paum* neben *bom*!]). In der ‚Klage' kommt der

[9] Von H.-Fr. Rosenfeld stammt der Hinweis, daß die drei Hauptstücke der Handschrift, ‚Marienlob', ‚Klage' und ‚Oswald', auch in der Dessauer Handschrift des ‚Wiener Oswald' (D) stehen, allerdings nicht als geschlossene Gruppe und mit dem ‚Wiener' an Stelle des ‚Münchner Oswald': PBB 53 (1929), S. 419.

Schreiber dem Bairischen näher: es überwiegt ei für î (auch in Nebensilben: *stainein:weinen* 458); p und b für b und k und ch für k halten sich etwa die Waage; gelegentlich steht w für b (*gewar* [= *gebar*] neben *gepar*). Der ‚Oswald'-Text ist dann, soweit ihn dieser Schreiber geschrieben hat, eindeutig bairisch, einschließlich solcher Formen wie *lemptig* oder *pischolf*. Offensichtlich richtete er sich im großen und ganzen nach seiner jeweiligen Vorlage. Ob er selber Bayer war, läßt sich nicht mit Sicherheit sagen: f. 37r, Z. 2 schreibt er statt des Reimworts *stan* erst fälschlich *sin* (= *sîn*) und im ‚Oswald' stehen zahlreiche i für bairisch ei und ü statt eu (einmal ai zu i in *erczigen: aigen*).

Der 2. Schreiber geht noch sehr viel weniger sorgfältig mit seiner Vorlage um, wie denn auch die Handschrift jetzt rapide an Qualität der Einrichtung verliert. Daß auch hier die Vorlage bairisch war, liegt schon nach dem oben Ausgeführten nahe, und Bairisches, wie p für anlautendes b, zu *eben* korrigiertes *ew-* und sekundäre Reime wie *har:vor* (*für*) 3395 (ein sekundärer bairischer Reim im 1. Teil ist *erschrach:sprach* 967 [vgl. 3107]), bleibt deutlich genug. An derselben Stelle wie in W (2850) erscheint plötzlich der Dual *enk*, der dann aber unverständig verallgemeinert wird. Letzteres ist vermutlich das Werk des Schreibers I_2: er hat häufig iu (ü) und u statt der bairischen Diphthonge, dagegen kaum noch ch für k; er hat von allen Schreibern die meisten Nebensilben-e bewahrt bzw. unorganisch zugesetzt, schreibt öfter au für â und immer *Oschwald*, dazu die Kürzungen dz und wz. Mit dem Schreiber von S (und s) hat er Formen wie *keller* und *crützwis* (statt *creutzstal*) gemeinsam und die Neigung, die volleren Praet. der Verben *gân*, *lân* usw. zu gebrauchen (*ließ: gieng*).

Baesecke vermutete: „wohl schwäbisch" (S. 170), aber einiges, was in den anderen Handschriften entweder überhaupt nicht oder längst nicht im selben Umfang auftaucht, weist doch eher über das Schwäbische hinaus ins Rheinfränkische: weitgehende

Senkung von u, nicht nur vor Nasal (*wonden, gelongen*, daneben aber *begůnden, průnen; vordorben, worden, korczer, schoßen, zochtlich*); häufig o für uo (*hop, for, schof, poben*); durchwegs h-Ausfall in *sweher, geschehen* und *czwehel*, palatalisiertes g in *iach, iahen* (umgekehrt *gehen* für *jehen*); fast immer *sal* statt *sol* und einmal (3517) *quingñ*. Dazu kommt die scheinbare Willkür in der Wiedergabe von mhd. i, î und ie. Es stehen neben i auch ei und ie für jeden dieser Laute: *hirs – heirs – hiers; schif – scheif – schief; ringe – reinge – rienge* usw. (*erschreikt: pliekt*); *stryt – streit – striet; gallein – gallien; zyt – ziet* (:*lieb* bzw. *lyp*). *gieng – geıng – ging*, ferner *steiß, leiff, geyl* (= *giel*). Diese Schreibungen greifen auch auf ẹ, e und ê über; häufig nur auf ẹ: Formen von *wellen* meist mit i, aber auch *weillen, wiel* (dazu Praet. *wilt, wilten*!); *helt* und Adj. *hert* als *hilt* oder *heilt* bzw. *hirt* oder *heirt*. Sie häufen sich strichweise (f. 118 ff.; vgl. im Apparat V. 2356 ff.), aber es handelt sich doch wohl um mehr als eine Schreiberunart: mhd. î ist im Dialekt des Schreibers nicht diphthongiert und das aus diesem î entwickelte, in seiner Vorlage häufige ei hat für ihn nur graphischen Wert. ie bezeichnet ebenfalls keinen Diphthong, sondern Länge, d.h. mhd. ie war für ihn monophthongiert und viele Kurzvokale waren ihm lang (im übrigen versucht er wohl meist gar nicht phonetisch zu schreiben). Und schließlich: ẹ ist stark geschlossen.

Wie dem auch sei, – es hält schwer, sich diesen Schreiber als in einem Tiroler Haushalt beruflich tätig vorzustellen. In jedem Fall zeigen diese knappen Darlegungen aber, welcher Art Verwahrlosung der Text stellenweise im 15. Jahrhundert ausgesetzt war. Die Leute, in deren Besitz sich die Handschrift um die Jahrhundertmitte befand, sprachen aber bestimmt bairisch, wie schon aus ihren Notizen hervorgeht (*pranden werg* [= Brandenberg]; *weate*), die z.T. offenbar noch vor dem Binden gemacht wurden (vgl. den Hinweis auf 15 *sexterni* über der summarischen Inhaltsangabe auf f. 172v). In ihrem Interesse arbeitete ein Korrektor, der nicht nur die krassesten Fälle unetymologischer ei-Schreibungen und einige durch volle Praet. gestörte Reime des *lie:gie*-Typs zu beseitigen bzw. zu bessern suchte, sondern auch gelegentlich u (mhd. û) zu au (*duͦcht* 2382, *dͦus* 2391) und fälschlich einmal *weinden* zu *pinden* (2403) besserte.

M München, Bayerische Staatsbibliothek, Cgm. 719. Papier. II + 56 + II Bl. 19,0 x 13,8 cm. Bayern, 1444.

Moderne Foliierung. *Wasserzeichen*: Lage 1 ähnlich Briquet 14755 (Dachau 1430); Lage 2–5 ähnlich Briquet 14515 (Brünn, Bayern, Wien 1432) und 14516 (Prag 1437). 5 *Lagen*: 4 VI + IV. *Schriftraum* (nicht umrandet): 17,5 (17,0) x 10 cm; einspaltig, 28–33 Zeilen. Bastarda; ein *Schreiber*. Von anderen Händen des 15. Jahrhunderts stammen zwei Ergänzungen bzw. Besserungen im Text (544, 2475) und am Schluß *Deo gracias Amen* (rot); *vergelcz got Amen* (rot); *j j jtem 1444* (rot).

Ausstattung: Halbleinenband des 19. Jahrhunderts. Auf f. 1r rote Überschrift und zehnzeilige rote Initiale; sonst nur die Zeilenanfänge und gelegentlich Initialen im Text gerötet.

Datierung und *Provenienz*: das Datum an Schluß kann, da es nicht von dem Schreiber des Textes stammt, nur als *terminus ante quem* gelten. Vielleicht hat es der Rubrikator geschrieben, jedenfalls deuten weder Papier noch Schrift auf eine wesentlich frühere Entstehungszeit. Hinweise auf ihre Herkunft enthält die Handschrift nicht.

Inhalt: In M steht nur der ‚Münchner Oswald'.

Die *Mundart* ist mittelbairisch. Ich erwähne nur einige allgemeine Charakteristika: *Vokale*: nhd. Diphthongierung ist vollständig durchgeführt (Reste eines -iu in 50, 158 und 2348); beim Adverb *sider* ist durchwegs ‚überdiphthongiert', desgleichen gelegentlich bei irrational verstärkten Nebensilbenvokalen. Andererseits hält der Schreiber bei *kunigin* mit einer Ausnahme auch im Reim: *mein*, *dein*, usw. an der Kürze fest. Für mhd. ou und ei stehen au und ai (außer *ein/ain* und *heilig*, *fleisch*). a/o und â/ô fallen vor r oder Nasal (sekundärer Reim *Aron:man*), aber auch sonst gelegentlich zusammen. Auffällig, daß, nachdem die Handschrift insgesamt altertümlicher und stärker mundartlich geprägt ist als etwa W, mhd. uo selten ue geschrieben und die Diphthongierung des i vor r/h kaum jemals bezeichnet ist (ie). Mhd. ô ist zu Beginn dreimal ou. Apokope und Synkope sind sehr weit fortgeschritten. – *Konsonanten*: b anlautend meist p (außer in *be-*, wo neben *be- we-* häufig); w für b ist weit verbreitet, b für w dagegen selten. Anlautend k ist überwiegend ch, und dies ist auch inlautend vor Konsonanten häufig; selten sind Schreibungen wie kch, chk. Anlautend d für t ist selten. M schreibt fast ausschließlich pf statt ph und immer sch statt s vor Liquida, Nasal und w. Gelegentlich ist vor Dental velare Spirans eingeschoben (*wilprächt*). Häufige Dissimilations-bzw. Assimilationsformen sind *haidmisch* (bis zu *haymsch*) und *wern/worn*, und immer stehen *wilprät*, *maspaum*, *zwaitzig*. – *Morphologie* und *Wortformen:* Praet. *hiet/hieten* und *kam/kamen* neben *kom/komen*. Oft fälschlich -eu im Akk. Sg. fem. des Adjektivs; zahlreiche *der-* für *er-*, *di/si* für *dich/sich* und *mir* für *wir*. Statt *ge-* ist *be-* häufig. Immer oder fast immer stehen *nur* (= *nuor* und *niuwan*), *pischolff*, *schef*, *ridel*, *ankel*, *niempt*, *lemptig*, *vingerl* und *kunst (kunft)*.

Mk München, Bayerische Staatsbibliothek, Cgm. 5377. Papier. I + 22 + I Bl. in Quart. Ursprünglich f. 49–70 einer Handschrift, die im 19. Jahrhundert aufgelöst und getrennt gebunden und aufgestellt wurde. Der erste Teil ist Clm. 24842. Bayern 1477. Die folgenden Angaben beziehen sich auf die Handschrift als ganze.

70 Bl. (einschließlich der in der modernen Foliierung nicht berücksichtigten leeren Bl.). Leer sind f. 40v, 41r, 46v–48r

(hier jeweils Schriftraum vorgezeichnet), 56v–58v, 70. *Wasserzeichen*: Lage 1 nicht bei Briquet (Berg mit Kreuz); Lage 2–4 var. Briquet 6382–84 (Niederlande und Norditalien 1408–37); Lage 5 = Briquet 2469 (Bayern, Österreich, Norditalien 1447–70); Lage 6 = Briquet 2505 (Bayern, Venedig 1471–80). 6 *Lagen*: 4VI + (= cgm. 5377) VI (–2) + VII (–2). 5 *Schreiber*: 1) 1r–40r; 2) 41v–46r; 3) 49r–56r; 4) 59r–69r; 5) 69v (sehr viel flüchtiger). Dazu von einem 6. Schreiber rote Überschriften auf f. 41v und 48v.

Datierung und *Provenienz*: dem Papier und der Verteilung der Hände nach könnte es sich um ein Konvolut aus den beiden jetzt wieder getrennten Teilen handeln; andererseits läßt der allmähliche Übergang vom Latein zum Deutschen auf einen einheitlichen Plan schließen. In jedem Fall gibt die vom 4. Schreiber f. 69r gesetzte Jahreszahl 1477 einen *terminus ante quem* auch für den deutschen Teil, und der f. 69v folgende ‚Oswald'-Text gehört der Schrift nach in dieselbe Zeit. Über die Herkunft der Handschrift ist nichts zu erfahren; aller Wahrscheinlichkeit nach stammt sie aus einem bayerischen Kloster.

Inhalt:

1) 1r–40r: Lateinische Predigten (ohne Abschluß abgebrochen).

2) 41v–46r: Lateinische Predigt unter der roten Überschrift: *Sermo jn die cene ex discip*[*u*]*lo* (= Johannes Herolt).

3) 48v: Zwei rote Überschr.: a) (über der Umrandung) *Augustinus Amabil*[is] *andres mirabil*[is]; b) (in der Mitte) *Jtem in liber Canticor*[*um*].

4) 49r–56r: (rote Überschr.) *Incipiunt cantica canticorum.* [‚Das Hohe Lied'] Lateinisch und deutsch (interlinear); einspaltig.

5) 59r–69r: (rote Überschr.) *hie hebt sich an die bedewtung vnd auslegūg der heiligñ mess wer die götlich*

vnd andächtigklich hört der verdient gross genadt vnd antlas Als die heiligñ lerer sprechñ Von der mess. Deutsche Prosa.

6) 69v: [‚Der Münchner Oswald'], V. 673–687. Verse fortlaufend geschrieben; in der Mitte der Seite abgebrochen.

Die *Mundart* des deutschen Teils ist bairisch.

s Stuttgart, Württembergische Landesbibliothek, cod. theol. et phil. 4° 81. Beschr.: P. Mau, Gydo und Thyrus. Diss. Jena (Weida 1909); Verf., Ein neuer Fund zur Überlieferung des ‚Nackten Kaiser' von Herrand von Wildonie, in: ZfdPh 86 (1967), S. 22–58.

Papier. 288 Bl. 21,2 x 14,4 cm. Reutin (Württemberg) ca. 1479–81.

Ich fasse kurz zusammen: die Handschrift ist in Leder und Holz im 15. Jahrhundert gebunden, einheitlich einspaltig geschrieben (21 Lagen), mit roten Initialen, Rubrizierungen und roten Überschriften in allen Teilen. Bastarda; (mit Ausnahme eines kurzen Stücks von einer dritten Hand auf f. 46v) 2 *Schreiber*: 1) 1r–41v und 125v (Mitte)–286r; 2) 49r–125v (Mitte). Der 2. Schreiber nennt sich 125v: *Amen P[er] me Michaelem Lapicide d[e] w[ildberg] 1479*[no].

Datierung und *Provenienz:* Besitzereintrag des 15. (oder 16.) Jahrhunderts f. 1v: *Diß büch gehört jn dz closter Ruthe p[re]diger ordens.* Die Handschrift stammt aus dem Dominikanerinnenkloster Reutin bei Wildberg an der Nagold und ist auch dort geschrieben und gebunden, wobei der 1. (ungenannte) Schreiber die Oberaufsicht führte: er korrigierte und ergänzte das von Michael Lapicida Geschriebene und legte 1r ein Inhaltsverzeichnis an. Die Datierung 1479 – etwa 1481 ergibt sich aus der von Michael Lapicida angegebenen Jahreszahl und einer zur Verstärkung des hinteren Einbanddeckels benützten

Urkunde mit den Namen Conrad Barth und Conrad Spieß. Sie ist vom 2. Januar 1481 datiert, und Conrad Spieß, Kaplan an der Stadtpfarrkirche von Wildberg, ist dort 1482 und 1498 urkundlich bezeugt.

Inhalt: Ausschließlich deutsche Prosa. Auf einen mystischen Traktat (2r–41v) folgen insgesamt 22 Marienexempel (–f. 93v), dann Annalen der Päpste (–114r), ein Exempel aus den ‚Vitae Patrum' und die Jakobslegende der ‚Legenda Aurea'. Die wieder von dem 1. Schreiber geschriebene 2. Hälfte der Handschrift enthält Legenden und legendarische Erzählungen, die in den meisten Fällen direkt aus lateinischen Prosaquellen bzw. deutschen Versfassungen geschöpft sind: zwei Bekehrungsgeschichten (‚Der nackte Kaiser' von Herrand von Wildonie; ‚Barlaam und Josaphat' in der Fassung Rudolfs von Ems); zwei Märtyrerlegenden (Bartholomäus und Barbara); zwei im Inhaltsverzeichnis als Nikolaus- bzw. Katharinenexempel geführte Abenteuererzählungen; zwei kürzere Bekehrungsexempel nach Stephan von Bourbon; dann der ‚Münchner Oswald' und schließlich zwei legendarische Freundschaftserzählungen (‚Gydo und Thyrus' und ‚Amelius und Amicus'). – Näheres zum ‚Oswald': f. 248v–276r (rote Überschr.) *Von dē hochgeloptē miltē vñ edeln könig sant oswalt vō engellant*. Ed. I. V. Zingerle bzw. A. Ph. Edzardi (Korrekturen zu Edzardis Text gibt G. Baesecke, S. 173 f.).

Die *Mundart* beider Schreiber ist schwäbisch.

u Budapest, Széchényi-Nationalbibliothek, cod. germ. 31. Beschr.: A. Vizkelety.

Papier. 59 Bl. 21,4 x 15,5 cm. Bayern 1471.

5 *Lagen* (Sexternionen); am Schluß fehlt ein Bl. und f. 43v–48v und 55v–59v sind leer. *Schriftraum* (umrandet): 17,0 x 11,0 cm. Bastarda; 2 *Schreiber*: 1) 2r–7r; 2) 7v–Schluß.

Ausstattung: Holz- und Ledereinband des 15. Jahrhunderts. 2r eine große Initiale in Rot und Gold. Farbige Auszeichnung (von Anfangsbuchstaben) sonst nur auf f. 2r und 42v.

Datierung und *Provenienz*: der 2. Schreiber gibt f. 42v 1471 als Jahr der Niederschrift an. Wie Vizkelety nach den Besitzernotizen ermittelt hat, gehörte die Handschrift um 1500 einem Münchner Bürger, Caspar Preumeister; im 16. oder 17. Jahrhundert gelangte sie in den Besitz eines ungarischen Geistlichen, Josef Wagner aus Nemes-Kér.

Inhalt:

1) 2r–42v: (rote Überschr.) *Von dem milten kunig sand oswolt.* [,Der Münchner Oswald']. Prosa. Ed. A. Vizkelety (mit den Lesarten von b).

2) 49r–55r: [,Alexius']. Prosa.

Die *Mundart* ist mittelbairisch.

b Berlin, Staatsbibliothek der Stiftung Preußischer Kulturbesitz, Ms. germ. 8° 288. (Kurz-) Beschr.: H. Degering, Kurzes Verzeichnis der germanischen Handschriften der Preußischen Staatsbibliothek III (Leipzig 1932), S. 97.

Papier. 81 Bl. 14,2 x 10,6 cm. Bayern, 2. Hälfte 15. Jahrhundert. 7 *Lagen* (5 VI+V [+1] +V). Leer ist Bl. 81. *Schriftraum* (umrandet): 9,1 x 6,0 cm. Bastarda; 1 *Schreiber*. Eine 2. Hand hat gelegentlich korrigiert.

Ausstattung: Holz- und Rotledereinband des 15. Jahrhunderts. Große rote Initiale auf f. 1r und 14r; gelegentliche Rubrizierung.

Datierung und *Provenienz*: auf einer in Streifen zerschnittenen und in die Einbanddeckel geklebten (vorn inzwischen teilweise von einem Exlibris verdeckten) Nachlaßregelung sind (z. T. mit Hilfe einer älteren Abschrift, die dem Codex beiliegt) noch einige Namen zu erkennen (dazu die Jahreszahl *viertzehn̄ hundert vnd*): *Schilhing* (oder *Schilling*); *Hans Harlannter Statschre[iber]; Oswoldn̄ Richter* (oder *Tichter*) *zu Swatts; Alexn̄*

Zeller zu Zellekewt. In Schwazer Urkunden von 1478 und 1479 ist ein Oswald Tichter als Landrichter im nahegelegenen Freundsberg bezeugt; die anderen Namen sind in Schwaz nicht nachzuweisen, aber Familien mit den Namen Harlanter und Zeller waren im 15. Jahrhundert z. B. in Innsbruck ansässig. Somit ist zu vermuten, daß die Handschrift in Nordtirol und um die gleiche Zeit wie u entstand.

Inhalt:

unter der gemeinsamen Überschr.: *Hie heben sich an dy legent von Allexius vnd sannd Oswollt*:

1) 1r–14r (Mitte):	[‚Alexius']. Prosa.
2) 14r (Mitte)–80r:	(Überschr., nachträglich von derselben Hand:) *Von sand Oswolds leben*. [‚Der Münchner Oswald']. Prosa. Ed. M. Haupt (einige Fehler berichtigt Baesecke, S. 176).

Die *Mundart* ist mittelbairisch.

II. *Überlieferungsgeschichte.*

Ein detailliertes Stemma, wie es noch G. Baesecke anstrebte (S. 199), ist aus mehreren Gründen nicht zu gewinnen: Modernisierung und mundartliche Umformung der Sprache (SsI_2: MW!) führen naturgemäß vielfach unabhängig zu gleichen Ergebnissen. Formelhaftigkeit und Stereotypik der Diktion, ein entsprechend eng begrenzter (primitiver) Wortschatz und die sehr lockere metrische Fügung lassen nur selten eine Entscheidung über die Priorität der einen oder anderen Variante zu. Auch das Kriterium der *lectio difficilior* hilft allenfalls in Einzelfällen weiter. Man muß schon mit einem sehr viel groberen Raster arbeiten, d. h. sich (mit der auch hier gebotenen Vorsicht) an Reimen, größeren Verslücken bzw. -zusätzen und bestimmten, immer wiederkehrenden Fehlertypen orientieren. Dann allerdings ergibt sich zumindest ein ungefährer Überblick über die Entwicklungsgeschichte des Textes in ihrem letzten Teilstück, d. h. von etwa 1350 bis 1470, der die relative Qualität einzelner Handschriften deutlich macht, die bairische Provenienz des Ganzen sichert und den Ansatz eines allen Textzeugen gemeinsamen Archetypus gestattet, für dessen Niederschrift aus kultgeschichtlichen Gründen am ehesten Regensburg und die Zeit um 1300 in Frage kommen. Für die Beurteilung einzelner Lesarten ist damit weiterhin wenig gewonnen: die folgenden Ausführungen dienen in erster Linie zur Illustration der Vorgänge, denen der Text seine uns vorliegende Vielgestalt verdankt, und als Grundlage eines bestimmten kritischen Verfahrens nur insofern, als sie damit zugleich die Konzentration auf die relativ altertümlichste Handschrift M nochmals rechtfertigen.

Mk Das im Apparat im vollen Wortlaut mitgeteilte Fragment Mk ist zu kurz, als daß es in einen weiteren Zusammenhang eingeordnet werden könnte.

u/b Die Prosahandschriften u und b gehören nicht nur nach ihrer weitgehenden textlichen Übereinstimmung (vgl. Baesecke, S. 175–181), sondern auch nach Sprache, Lokal und Aufmachung eng zusammen (s. auch o. S. IX). Sie überliefern eine wohl für den Gebrauch wohlhabender Bürger bestimmte, volksbuchartig-legendarische Bearbeitung, die kaum lange vor der Mitte des 15. Jahrhunderts entstanden sein dürfte. Sie weist in die Zeit und in den Gebrauchsraum der Vershandschriften M und I, und der Bearbeiter hatte zweifellos ein Exemplar dieser ‚Klasse' vor sich, denn nur hier und nicht auch, wie nach Baeseckes Apparat zu schließen, in S findet sich der Name von Oswalds Vater, Sewart, um den herum der Bearbeiter *ub eine genealogische Vorgeschichte entwirft. Diese neue

Einleitung konnte ohne Schwierigkeit *ad hoc* erfunden werden; daß sich für den Schluß, „der das Ganze in welthistorischen Zusammenhang rücken soll" (Baesecke, S. 179), und für die Datierung der Ereignisse auf den Anfang des 8. Jahrhunderts keine unmittelbaren Quellen historischer oder sonstiger Art finden lassen, überrascht nach dem Auftauchen des oben (S. IX) erwähnten Linzer Fragments nicht mehr. Offenbar war die Oswald-Tradition in Deutschland noch sehr viel breiter und vielfältiger als bisher angenommen und aus dem Überlieferten ersichtlich. Anders als der Reutiner Prosaist (s) setzte der Bearbeiter *ub seine Vorlage nicht systematisch in Prosa um, sondern gestaltet, wie schon aus den genannten Beispielen ersichtlich, selbständig. Er schreibt einen flüssigen, rationalistisch glättenden Prosastil, stellt im Einzelnen um, erweitert gelegentlich und kürzt häufig. Das meiste, was auch späteren Kritikern ‚ungereimt' vorkam, ist erklärt, verschliffen oder beseitigt; technische Einzelheiten des höfischen Zeremoniells, der heimlichen An- und Abreise, des Briefschreibens und dergleichen gewinnen breiteren Raum. Verse der Vorlage scheinen dabei zwar immer wieder durch, aber insgesamt hat die Prosa *ub keinerlei Wert für die Kritik dieses Textes. Ich lasse sie deshalb ganz beiseite, umsomehr als jetzt beide Handschriften gedruckt vorliegen.

S In S fehlen etwa 125 Verse des Gedichts, 58 davon in einer einzelnen größeren Lücke (847–904). Dem stehen etwa 45 Zusatzverse gegenüber. Daß der Text auch noch in der schwäbisch-alemannischen Phase dieser Überlieferung umorganisiert wurde, geht aus Reimen wie î:i (2561, 3381, 3396), au:â (2449) oder *botschaftan*:*kan* (906) hervor. Die Kontraktionsformen *sait* und *(un)verzait* liegen auch den späten bairischen Abschreibern nicht recht, aber der Reim *unverzägt:stât* (1571; lautlich entspricht *wild-*

pret: *berait* 129) und damit wohl auch *vnuerzagt*: *clag* (2911) ist eher schwäbische als bairische Zutat, ebenso die (anfängliche) Umgehung des bairisch reinen Reims *frau(en)*: *getrau(en)* (150 ff., 246). Das Reimsystem *ciprion:nun* (2986;:*son*[= *suon*] 3416) bzw. :*man* (3073) könnte noch aus bairischem Sprachgebiet stammen; eindeutig auf Veränderungen in einer (spät)bairischen Vorlage gehen die Reime ei:î (1169, 1555, 2753, 3055, 3211) zurück. *fin*: *rain* (1169) folgt letztlich aus Mißverstehen der Assimilationsform *maspaum* (1167; vgl. I!), die den ebenfalls bairischen Reim *bauen*: *traum* (hsl. *buwen*; vgl. auch 1395) hervorbringt; aus 2753 folgt nebenbei, daß die Aversion gegen den Reim -b- : -g- (vgl. 2899) bairischen Ursprungs ist. Die Auseinandersetzung eines schwäbischen Bearbeiters mit einer bairischen Vorlage spiegelt sich dementsprechend in vielen Details: bairisch w für b führt zu Mißverständnissen in 1943, 2907, 3227; Unsicherheit gegenüber der Schreibung i bzw. ei zu Umbildungen in 1577, 3157, 3382, 3467; und fast durchgehendes *krentz* geht als orthographisches Mißverständnis offensichtlich auf die bairische Schreibung *kreuz* zurück. Ähnlich erkläre ich mir das an sich naheliegende *roup galin* (2072, 2741) als aus *rot* (bairisch *rout* oder *raut*) *galein* assoziiert (559 ist der Reim *rot*: *pot* vermieden; W hat hier *paut*!).

Dafür, daß der letzte Schreiber maßgeblich an der Umgestaltung beteiligt ist, ergeben sich keinerlei Anhaltspunkte. Es gehen also der Handschrift S, wie schon Baesecke vermutete (S. 198 f.), mindestens eine weitere schwäbische und eine bairische Handschrift voraus. Neben den zahlreichen Änderungen der angedeuteten Art sind für S zahllose Variationen im Detail charakteristisch, meist Zusätze, die z. T. der Regulierung des Metrums gedient haben mögen, z. T. den Ausdruck präzisieren oder modernisieren, vielfach aber ganz willkürlich gesetzt scheinen. Besonders häufig zugesetzt sind die Adverbien *zwar* (am Zeilenanfang), *gar*, *nu*, *hin*, *her*, *vil*; die Konjunktionen *und*, *auch*, *wann* und *daz* und das Adjektiv *sant* vor *Oswald*. Wesentlich häufiger und wahlloser verwendet als in den übrigen Handschriften erscheinen in S die Adjektive *groz*, *edel*, *liep* usw.

W Die hinter S stehende bairische Tradition ist am genauesten durch W vertreten, eine Handschrift, der nur etwa 80 Verse, meist Einzelverse oder Verspaare, fehlen und die nur etwa halb soviele Verszusätze aufweist wie S. Deutlicher als in S treten in W die Schreiber noch der letzten Handschrift als Umgestalter ins Bild: sie modernisieren in Wortwahl (*vingerl* zu *ringlein* 1282) und Wortform (*enck* zu *euch* 2851) und verdeutlichen den Ausdruck (*waydenlichs* statt vorher angesetztem *guot* 2242) oder den Zusammenhang (273; 3472ff.). 3375 deutet der Erhalt des fem. Pers.pron. an, daß die Umstellung von *twechel* auf *tuoch* relativ jung ist, aber Vieles reicht sicher auch hier weiter zurück.

Allen bairischen Schreibern macht der alte (literarische) Reim *künigin/în*: *sîn*, *mîn*, etc., Kopfzerbrechen, aber W zieht am häufigsten die Konsequenz und ersetzt das eine Reimwort oder baut ganz um (200, 285, 1825, 2005, 2202, 2342, 2643, 3529 usw.). Mit *peweist*: *aribait* (2143) stellt sich W zum Lautstand der (spät)bairischen Vorstufe von S, der nach Ausweis von 3212 u. U. auch schon für den Archetypus gilt. In jedem Fall ist die Tradition W einheitlich bairisch, auch mit dem Reim *laisten* (= *lêsten*):*besten* (525; Imp. *leste* schon im Vorauer ‚Ezzo').

Weiterhin ist für W die Verdeutlichung des Ausdrucks kennzeichnend. Dauernd ist z. B. das Personalpron. der 3. Pers., das Indefinitpron. *man* oder der Artikel durch das entsprechende Substantiv ersetzt. Diese Rationalisierungstendenz schafft neue Überleitungen, wie etwa an der korrupten Stelle 380 mit Vorgriff auf 383, oder führt zum Umbau des Satzgefüges, wie in 281 f., wo aber dann trotzdem das jetzt sinnlose *doch* stehen bleibt. Gegen Schluß versuchte man übereilt, auch die Königin mit einzubeziehen (3555 f.), nur um dann festzustellen, daß das in der nächsten Zeile schon die Vorlage getan hatte (so sind ein Vers zugesetzt und die folgenden Verse 3557 f. ausgelassen). Daneben stehen die üblichen Mißverständnisse, Versehen und Ungeschicklichkeiten (besonders zu Anfang), die immer wieder auch zu Zusätzen führen (etwa nach 1157 oder 1686, hier veranlaßt durch die Schreibung *drat* statt *trat*), und auch in W hat die formelhafte Sprache öfter Verwirrung gestiftet (etwa 3138 ff., 3346).

Insgesamt aber geht die Umgestaltung im Kleinen wie im Großen längst nicht so weit wie in S, und W bewahrt so auch öfter etwas sonst verloren Gegangenes, z. B. das von Baesecke konjizierte *abepirt* (1943). Der kritische Wert der Handschrift liegt also darin, daß sie S als weitgehend sekundär und unzuverlässig neutralisiert. Oder positiv ausgedrückt: insbesondere dort, wo bisher nur S zur Verfügung stand, ergibt sich jetzt ein (auch quantitativ) verläßlicherer Text, und wo M bisher mit einer verdächtigen Lesart alleine stand, warnt vielfach jetzt W vor voreiligen Emendationen.

***WS** Die Verslücken und -zusätze wie auch die Umgestaltung der Reime in S und W gehören fast ausnahmslos jeweils nur einer dieser beiden Handschriften zu, aber einige Male stimmen derartige Korruptelen in einer Weise zusammen, die es erlaubt, eine gemeinsame Vorlage *WS anzusetzen: 2470 fehlt W, Flickvers in S; 2612 fehlt W, S springt auf der Suche nach dem Anschluß auf 2624 ab; 997 f. fehlt W, S bildet um. Vergleichbare Störungen in *WS erklären die Lesarten von W und S z. B. in 446–50, 1025 f., 1219 f. 1247 f., 1263, 1709 f., 1923 f., 2450, 3471, sowie 1665 f.

und 3077f. (Ersatz des Reimworts *herren* [:*werden*] in *WS). Auch diese Handschrift war also schon recht verderbt, hat aber, soweit der Vergleich mit M und I diese Annahme gestattet, kaum Verse verloren und nur einmal einen zugesetzt: 1782, wo erläuternd die Ankunft des rettenden Engels direkt auf das Schicksal Oswalds bezogen wird, vermutlich im Anschluß an das suspekte *in* in Vers 1781.

I Wie die Handschrift als ganze, so gibt auch der ‚Oswald'-Text von I die meisten Rätsel auf. Offensichtlich hat dieser Überlieferungsstrang eine besonders bewegte Vergangenheit. Es fehlen etwa 930 Verse (über ein Viertel des Gedichts), und der Löwenanteil entfällt auf acht größere Lücken von 345 bis 5 Versen: 1) 1–345; 2) 387–678; 3) 751–805; 4) 1287–1331; 5) 1887–1930; 6) 1967–1974; 7) 2417–2464; 8) 3559–3564. Teilweise sind sie notdürftig gefüllt bzw. überbrückt: durch insgesamt 42 Plusverse in 1, 2, 5 und 7 und durch Umgestaltung der Anschlußverse in 3, 5 und 7. Dabei ist die neue Einleitung immerhin lang genug, um zu dialektgeographischen Spekulationen herauszufordern, aber sie ist entweder so nachlässig konzipiert oder so schlecht überliefert (ersteres ist mir wahrscheinlicher), daß auch das höchst fragwürdig bleibt. Klar ist nur, daß die Schreiber von I nicht als Verfasser dieser Lückenbüßer in Frage kommen (vgl. Baesecke, S. 191) und daß der Text insgesamt letztlich auf eine bairische Handschrift zurückführt (s. u.).

Zur Erklärung der Lücken könnten Seitenausfall (etwa zu Beginn) oder Absprünge geltend gemacht werden. Absprung hat vielleicht früh zu der M und I gemeinsamen Lücke Nr. 3 geführt, und hinter der M gegenüber größeren Lücke Nr. 2 mag, wie zusätzlich s andeutet, ein ebensolches Versehen stecken. An anderen Stellen aber verfängt diese Erklärung nicht, und in den Fällen 2 und 7 setzen die Füllverse Kenntnis zumindest von

Teilen des Ausgelassenen voraus (bei Nr. 7 auch des später Folgenden). Man kann denn auch die meisten Fälle auch als Resultat bewußter, wenn auch ungeschickter Kürzungsversuche auffassen: die Handlung konzentriert sich auf Höhepunkte in Form von Gesprächssituationen und zwar solchen, in denen die Figur des Raben die Hauptrolle spielt: ein der Oswald-Ikonographie des späten 14. und beginnenden 15. Jahrhunderts durchaus angemessenes Verfahren. Technisch gesehen wäre das das Werk eines Mannes, der den Text hatte vortragen hören, dann mit der Abschrift des schon etwas zerflederten Vortragsmanuskripts beauftragt wurde, dort aber, wo er nun kürzte, einfach aus dem Gedächtnis arbeitete. Es muß bei der Vermutung bleiben, aber hier sehe ich am ehesten die Möglichkeit, daß wenigstens in einem Fall einmal das Moment der Mündlichkeit eine Rolle bei der ‚Oswald'-Überlieferung gespielt hat.

I formuliert auch sonst vielfach neu oder unterdrückt Vers- und Wortmaterial. Einiges davon ist vielleicht den Schreibern I_1 und I_2 aufzurechnen: I_1 bemüht sich noch um den Text, merkt z. B. rechtzeitig, daß er von 1261 auf 1353 abgesprungen ist, und verbessert sich (die für einen solchen Absprung relativ große Distanz verringert sich mit der Annahme, daß die Verse 1283–1331 schon in der Vorlage fehlten). Dem entspricht, daß in diesem Teil mehrfach tatsächliche oder vermeintliche ältere Fehler ‚gebessert' sind (etwa 380 [s. den Apparat auf Seite 33], 978, 1178, 1404, 1407, 1431, 1434, 1563, 1601, 1650; 968 ist allerdings wohl älter), während bei I_2 solche Besserungen kaum mehr vorkommen (aber z. B. 2114, 2199). Dieser Schreiber arbeitet völlig unkonzentriert und bei ihm verstärkt sich die Neigung zur Zusammenziehung von Kurzzeilen unter Ausfall des Reimworts des ersten Verses und ohne Ausfüllung der so entstehenden Verslücke (z. B. 2639) bzw. zur Auslassung eines bereits zusammengezogenen Verspaars (2733 f.).

Der Text von I ist also aufs Ganze gesehen noch sehr viel weniger repräsentativ als der von W oder S. Wenn er trotzdem vielerlei alte Formen überliefert, die M stützen oder ergänzen, dann deshalb, weil der Überlieferungsstrang, dem er entstammt, den Text an sich in WS gegenüber passiverer Weise tradiert.

M Sehr viel authentischer vertritt diesen Überlieferungsstrang die Handschrift M. Für sich genommen ist sie lückenhafter als W oder S: es fehlen 138 Verse, 24 bzw. 54 davon durch zwei größere Lücken (483–506; 751–804). Die zweite dieser Lücken hat aber auch I, und für die erste besteht zumindest teilweise Übereinstimmung der beiden Handschriften. Für 15 der verbleibenden Verse entfällt I zum Vergleich, für die anderen aber zeigt dieser Vergleich, daß nur etwa 30 davon erst in M ausgefallen sind, insgesamt also beträchtlich weniger als in W oder S. Fast immer ist dabei ein Schreiber durch formelhaft gleichen Reim oder Wortlaut bzw. durch Unsicherheit über die Reimverhältnisse in die Irre geleitet worden (Ähnliches gilt auch für einige der nicht durch I kontrollierbaren Ausfälle: 218 f., 286, 609–12). M vertritt mit anderen Worten eine ältere Überlieferungsstufe sehr viel genauer nicht nur als I, sondern auch als W und S. W und S kombiniert ergeben zwar einen vollständigeren Text, aber die Nachlässigkeit der Überlieferung in M hat auch eine positive Seite, die das quantitative Plus von *WS mehr als ausgleicht: der für alle anderen Handschriften mehr oder weniger bezeichnende Versuch, den Text zu erweitern, umzuschreiben oder zu bessern, fehlt hier weitgehend. In M alleine stehen z. B. keinerlei Zusatzverse (Ausnahme ist die Beseitigung der alten Konfusion 1537 f., wo alle Handschriften ähnlich, aber gesondert reagieren; vgl. u. S. XLVIII): was auf 1120 und 2622 folgt, ist auch in I belegt (Ersatz für 1119 bzw. unkorrigierter Beginn eines Absprungs auf 2632), und die zwei Verse nach 1088 entstanden durch Absprung auf 1131, den der Schreiber zwar bemerkte, aber zu korrigieren vergaß.

Auch im Einzelnen ist der Vergleich mit I aufschlußreich: I reagiert auf ältere Verderbnisse häufig mit einer Korrektur, während M den Fehler einfach weitertradiert: 380, 978, 1178, 1404, 1407, 1431, 1601, 1650, 1813, 2114, 2712, 2733 f. Durch Nachlässigkeit gehen auch in M Reimwörter verloren oder rücken durch syntaktive Umstellung ins Versinnere, aber das führt nur in ganz wenigen Fällen zu weiteren Konsequenzen. Gerade daß man sich noch die Mühe macht, durch *do* statt *und* (507) die Lücke 483–506 leicht zu übertünchen. Im allgemeinen wird der Text in M gerade so, wie er ist, weitertradiert und allenfalls mechanisch verschlechtert, häufig einfach durch Vor- oder Rückgriff auf ein Wort einer benachbarten Zeile.

Der allen anderen (auch W) gegenüber höhere Wert dieser Handschrift besteht also grundsätzlich darin, daß sie ‚passiv' überliefert. Ein Nebenergebnis dieser Passivität, das zugleich die auch *WS gegenüber größere Altertümlichkeit der Tradition M dartut, ist, daß M in Syntax (Verwendung des Genetivs z.B.), Wortwahl (Wörter wie *vaigtag*, *westerbar*, *porgen*, *schiel* usw. haben sich nur hier erhalten) und Formenbestand (die Form *dhain* und — mit zwei Ausnahmen in I (beide Male fälschlich: 1743f.) – der Dativ *eu* stehen allein noch in M, die alte Flexion von *selp* ist noch relativ gut bewahrt, ebenso der unflektierte Gen. *ir* usw.) bei weitem am häufigsten die *lectio difficilior* bzw. die ältere Form bietet. Man darf dieser Handschrift also auch dann vielfach vertrauen, wenn sie auf den ersten Blick eigenwillig abweicht: etwa mit dem Vierreim 1991 ff., der bei näherer Betrachtung im Sinn der Poetik dieser Art Dichtung ganz legitim aus dem Zusammentreffen zweier formelhafter Couplets folgt; dem Wortlaut der Verse 2739 f., die nur deshalb völlig aus dem Kontext herausfallen, in dem sie hier wie in allen anderen Handschriften stehen (s. u. S. XLVII f.), weil M keine Konsequenzen aus einem alten Fehler gezogen hat; oder dem Reimwort *vinden* (*:sinne*) gegenüber dem *gewinnen* der restlichen Überlieferung (1434).

***MI** Daß ein *MI als gemeinsame Vorstufe von M und I anzusetzen ist, hat sich bereits nebenbei ergeben. Neben zahlreichen kleineren Lücken und Reimfehlern sind für dieses *MI die Lücken 483–506 und 751–804 anzunehmen (die erstere allerdings nur mit großer Wahrscheinlichkeit), und weiterhin steht in der Reihenfolge der Verse 1597–1616 *MI in Opposition zu *WS. Was den Versbestand betrifft, stellt die Kombination aus W und S ein notwendiges Korrektiv zu M dar, und es liegt deshalb weiterhin nahe, Plusverse von WS auch dann aufzunehmen, wenn I ausfällt und die Annahme einer Lücke in M vom Zusammenhang her nicht unbedingt erforderlich ist, oder, wenn W und S im Wortlaut der Plusstelle stärker von einander abweichen (einige Beispiele: 218 f., 609–612, 1903 f. [vgl. S!], 2213 f., 2463 f.). Andererseits gilt für *MI dasselbe wie für M: die Handschrift verliert und verunklart, aber sie bearbeitet nicht und setzt nicht zu. Letzteres trifft weitgehend auch für *WS zu, aber, wo sich, wie oft, MI und WS in Einzellesarten gegenüberstehen, hat man meist den Eindruck, daß die Version von WS glättet, und in jedem Fall ist durch M ein älterer Zustand der Überlieferung ungebrochener bewahrt als etwa durch W.

s Damit, daß S jetzt durch W besser kontrollierbar geworden ist, hat sich die Situation auch im Hinblick auf die kritische Rolle von s geändert, einer Handschrift, die in Baeseckes Stemma insofern eine Schlüsselstellung einnimmt als sie in der Form *sb (= Zusammenfassung von s, u/b und Mk) ebenso wie *MI und *(W)S direkt aus dem Archetypus stammen soll und ihr somit (zumindest in der Theorie) häufig die Entscheidung zwischen diesen beiden Strängen zufällt (vgl. S. 186–189; 199).

Nun ist es von vornherein nicht sehr wahrscheinlich, daß neben vier (auch im Fall I) sehr viel vollständigeren Vershandschriften eine Prosaauflösung von etwa 1480 noch Entscheidendes zu sagen hat (bei der in der gleichen Handschrift überlieferten Prosaauflösung von Herrands ‚Nacktem Kaiser' ist die Lage schon deshalb anders, weil es sich hier um den einzigen neben Hans Rieds Kopie erhaltenen Textzeugen handelt und der Prosaist sich überdies kaum zu Kürzungen genötigt sah). Der Schreiber von s hatte zwar eine Vershandschrift vor sich liegen, die er systematisch auflöste (vgl. Edzardi, Germania 20, S. 198 f., und Verf., Ein neuer Fund [o. S. XXIX], S. 43), aber er kürzte drastisch und baute vielfach um. Daß das Gespräch zwischen dem Raben und dem Engel (1785–1878) von fast 100 auf 20 Verse zusammenschrumpft, ist ein extremer Fall, aber insgesamt wird doch gut die Hälfte aller Verse fehlen. Unter diesen Umständen auch hier mit dem Kriterium der Textlücke zu arbeiten, ist also nicht unbedenklich. Einiges sei aber erwähnt: die Lücke 751–804 paßt genau zu MI und vorher deutet das Fehlen der Verse 464–506 in dieselbe Richtung, aber hier fällt I ohnehin aus, und in s beginnt die Lücke 20 Verse früher als in M bzw. es wird konsequent und ohne erkennbaren Bruch ein kleines Stück Nebenhandlung ausgeklammert (vgl. 1929–1950!). Die Lücke 833–884 deckt sich größtenteils mit einer Lücke in S (847–904), was bei strikter Anwendung dieses Kriteriums jegliche stemmatische Einordnung unmöglich machen würde.

Wie bereits erwähnt, stehen die Verse 1597–1616 in MI (einheitlich) in anderer Reihenfolge als in WS, und in diesem Punkt stimmt nun s im großen und ganzen zu WS:

W	S	s
1609—1612	1609—1612	(1609)—1612
fehlt	1607/8	fehlt
1613—1616	1613—1616	1613—1616
	1605/6	1617
1597—1602	1597—1602	1597—(1600); 1601/2 [fehlt
1605/6		1605/6
1603/4	1603/4	1603/4
1617	1617	

u/b fällt insofern ganz aus, als hier das Hirschmotiv völlig unterdrückt ist und die in MI folgenden Verse 1609–1617 einer erweiternden und erläuternden Paraphrase Platz machen. Es zeigt sich einmal mehr, daß S im Zweifelsfall sekundär umbaut; umso größere Bedeutung gewinnt aber jetzt die Stellung des Verses 1617 in s als Indiz für eine ebenfalls sekundär erstellte, ‚logischere' Handlungsabfolge, erreicht durch Umstellung der Blöcke 1597–1606 und 1609–1617. Wie dem auch sei, letzten Endes hängt die Entscheidung davon ab, was man für ‚richtiger' hält: daß die Ritter die Kreutze sofort aufnehmen, nachdem Oswald sie hat ausschütten lassen (W[S]s), oder daß diese Szene durch einen Seitenblick auf die helfenden Tiere, Hirsch und Rabe, unterbrochen, daß also auch einmal ‚gleichzeitig' erzählt wird. Letzteres geschieht z. B. auch bei dem abschließenden Fest (3220–3234), wo Baesecke konsequent – aber diesmal gegen die gesamte Überlieferung – ebenfalls umgestellt hat. Nachdem alle weiteren Einzelargumente Baeseckes für die Stellung von s in seinem Stemma entweder auf ebensolchen Erwägungen zur Logik der Handlungsfolge (S. 188) oder auf Varianten beruhen, die nur jeweils einer der Handschriften aus den Gruppen MI und WS zukommen, sehe ich keine Möglichkeit, s genau einzuordnen, und keine Veranlassung, dieser Prosaauflösung irgendwelchen Einfluß auf die Textgestalt einzuräumen. Sie ist deshalb auch im Apparat nur in begrenzter Auswahl berücksichtigt (s. u. S. LXVIII f.).

III. Die Überlieferung und der Archetypus

Was den ‚Münchner Oswald' beinahe im letztmöglichen Augenblick noch vor dem Vergessen bewahrt hat, ist das gesteigerte Lesebedürfnis des 15. Jahrhunderts, in dem sich für diesen Fall geistliches und weltliches Interesse etwa die Waage halten: die Suche nach erbaulichen Stoffen für das Kloster (s), die weitere Christengemeinde (S), schließlich den Bürgerhaushalt (u/b), und die *lust an alten geschichten*, wie sie Aventin dem Bayernherzog Ludwig dem Gebarteten nachsagte[10]. Ludwig (er regierte 1413–1447), dessen Schwester Isabeau im Zentrum des Literaturbetriebs am Pariser Hof stand und dort einen Minnehof ins Leben rief, trieb selbst einen höfischen Minnekult, in dem die Oswalderzählung eine wichtige Rolle spielte. Möglich, daß eine der beiden Handschriften, die sie gesondert überliefern, letztlich in diesen Zusammenhang gehört; jedenfalls deutet Einzelüberlieferung eher auf höfisch-literarisches Interesse, während die geistlich-erbauliche Rezeption sich in Sammelhandschriften abspielt. I wäre als Typ zwischen diesen beiden Bereichen anzusiedeln, und Mk bezeugt, inwieweit das Werk im Kloster auch ohne systematische Vermittlung gegenwärtig war. Die Sammelhandschriften I und s greifen auch sonst bis in den Fundus des 13. Jahrhunderts zurück; S ist moderner, auch in der Form (Prosa) der beiden anderen Stücke.

‚Lebendig' im Sinn aktiver Aneignung ist der Text aber nur noch dort, wo er selbst in die zeitgemäße Form der Prosa übergeht: typologisch gesehen, in der Reihenfolge (Mk) — s — u/b — B (die im Anhang veröffentlichte Berliner Prosa). Die mehr oder weniger durchgreifenden Verände-

[10] Zum Folgenden vgl. Verf., Der Münchener Oswald, S. 209 ff. Die Druckfassung der Arbeit von Th. Straub, auf die sich die dortigen Ausführungen weitgehend stützen, enthält die betreffenden Kapitel nicht mehr. Zum Verhältnis Ludwigs zu Isabeau und dem französischen Hof vgl. Th. Straub, Die Gründung des Pariser Minnehofs von 1400, in: ZfrPh 77 (1961), S. 1—14.

rungen, die er in den einzelnen Vershandschriften erfahren hat, lassen nur in einem Fall (I) begrenzten Einfluß auch mündlicher Überlieferung vermuten; in keinem Fall erstreben diese Veränderungen eine Umgestaltung im Hinblick etwa auf eine neue ästhetische oder literarsoziologische Gebrauchssituation[11]. Das sei ausdrücklich festgestellt, um der Annahme vorzubeugen, man könne sie einzeln als im rezeptionsästhetischen Sinn voll gültige Vertreter ‚des' Werkes betrachten und entsprechend editorisch behandeln.

Auf der anderen Seite ist das Bemühen der Schreiber keineswegs auf Bewahrung des Alten gerichtet. Bestenfalls verhält man sich, wie in M, weitgehend gleichgültig. Was wir sonst beobachten, ist in erster Linie Schreibstubenmechanik: Verschreibungen, Mißverständnisse, Beseitigung ‚schlechter' Reime, Überbrückung von Lücken, Zusätze, die den Sinn klären sollen, Beseitigung unziemlicher Ausdrücke oder Vorstellungen, wie *lîp*, *minne* und *kus*, Ersatz altmodischer Wörter, Formen und Konstruktionen, Angleichung an den jeweiligen Dialekt. Schließlich, was den heutigen Leser überrascht, der meint, in diesem primitiven Formelstil unbegrenzt selber weiterdichten zu können: kaum einer der vielen Verszusätze, der sich nicht sofort schon stilistisch als Neuerung zu erkennen gäbe!

Diese ausgesprochene Buchtradition führt über die zwei Stränge MI und WS auf einen ebenfalls schriftlichen, einzelnen Archteypus zurück. Auch diese Handschrift ist ge-

[11] Die wenigen kulturhistorisch allenfalls interessanten Details, die der Text enthält, sind meist gründlich mißverstanden, — ritterliche wie bürgerliche! 1595 f./1616: nicht, um sich gegenseitig zu erkennen, legt man vor der Heidenfahrt Kreuze an, sondern um sich als Heerschar Christi auszuweisen; so versteht es auch Aron (2257 ff.) und ähnlich spielt das Kreuz als Kennzeichen auch z. B. in der ‚Kudrun' eine wichtige Rolle. 2113 ff.: schon früh wird unklar, wie die Goldschmiede in das Ritterheer passen, nämlich als Handwerker, die durch ihre Beteiligung an der Heidenfahrt dem Versprechen Oswalds gemäß (1547) automatisch in den Ritterstand aufsteigen, ohne damit ihren Beruf aufzugeben.

legentlich noch als Durchgangsstufe des Texts erkennbar. In der Annahme größerer und kleinerer Lücken bin ich wesentlich skeptischer als Baesecke (s. u.), aber es gibt genug eindeutigere Beispiele von Fehlern, die sich im wesentlichen aus den selben Quellen nähren, die die meisten Verderbnisse der späteren Handschriften verursachen. Ich erwähne unter den entsprechenden Rubriken nur einige Beispiele: 1) Ausfall von Einzelversen: am ehesten unterschlagen alle Handschriften die Berufung auf *daz buoch* oder generell die Wahrheit; ebenso beliebig setzen sie solche Formeln emphatischer Rede aber auch zu. Bereits in *A fehlten entsprechend die Verse 248 (die Version von W ist als typische Möglichkeit zu akzeptieren) und 3222 (wohl deshalb, weil durch graphische Verwechslung 3221 *leut* und 3223 *spent* zu einem Reimpaar zusammenrückten; MI beläßt die Lücke, W und S ergänzen, unabhängig oder in *WS, durch Umkehrung der Formel 3096/3212, die in S dann nochmals schwäbisch umgedreht wird [*geschrift* ist Eigenheit von W]). 224 deutet M darauf hin, daß die Lücke erst später entstand, aber sicher fehlte in *A der Vers 2114, in einer Störung des Zusammenhangs, die von 2113–2119 reicht. – 2) Absprung, der zwar wahrgenommen, aber nicht mehr korrigiert wird: der durch formelhaften Gleichklang veranlaßte Absprung oder der assoziative Rückgriff auf früher gebrauchtes Formelmaterial ist in dieser Überlieferung naturgemäß besonders häufig. Wie dabei manchmal der Schreiber den Fehler zwar merkte, das schon Geschriebene aber nicht mehr tilgte, dokumentieren u. a. M (nach 1088) und *MI (nach 2622). W demonstriert zweimal, wie ein solcher unkorrigierter Absprung ohne die Kontrolle der anderen Handschriften leicht zur Annahme von falsch verarbeiteten Randglossen im Sinne Baeseckes verleiten kann (3138–44 und 3346; vgl. o. S. XIII). Ein ähnliches Versehen lag in *A bei den auf 2716 folgenden Versen vor: diese Teilvariation einer typischen Abfahrtssituation (1621 f.; 2133 f.; 3197 f.) verrutschte nach falscher pluralischer Auffassung von *haiden* in 2737 f. (nach dem Pl. in 2733); der ursprüngliche Zusammenhang steht in genauer Parallele zur Abfahrt Oswalds (2617 ff.): er sammelt sein Gefolge und eilt auf die Schiffe und er ist Subjekt der Aussage. Als (fälschliche) Wiederaufnahme einer formelhaften Phrase ist mir auch Vers 2345 verdächtig (vgl. 587 usw.), ohne daß ich doch wage, die ganze Passage entsprechend umzuformulieren. – 3) Zusammenziehung zweier Verse in eine Zeile: in den Handschriften wimmelt es von Beispielen; auch an Fällen, in denen sich dann dazu eine neue Reimzeile gebildet hat, mangelt es nicht (etwa in S: 107, 761, 1311, 3429). Als Fehler von *A verdächtig sind in dieser Hinsicht 1205 f., 2055 f. und 1537 f. Nur im letztgenannten Fall bin ich mir allerdings (mit Baesecke) sicher. – 4) Fehlender oder zur Verdeutlichung ersetzter Reim: es erübrigt sich, Beispiele anzuführen. In *A 818 fehlte sicher *herab*, verdrängt durch das konkretere *in den sal*; denn daß S nur eine zufällig richtige Regeneration bietet, beweist W, wo ein Verszusatz einen neuen Reim auf *sal* herstellt, auf Kosten des alten Reimzusammenhangs.

Wie dieser Archetyp im einzelnen ausgesehen hat, bleibt allerdings unklar, und allenfalls vermuten läßt sich, wann und wo er entstand. Kein Zweifel, daß die hinter den erhaltenen Handschriften zu erschließenden Vorgänge sich zum großen Teil noch im 14. Jahrhundert abgespielt haben. Der allen Handschriften gemeinsame Bezug auf den Nothelferkult (3513) ist seit etwa Anfang dieses Jahrhunderts und am ehesten in Regensburg möglich (vgl. dazu insbesondere J. Dünningers Untersuchung und Verf., Der Münchener Oswald, S. 193 ff.). Ob man in Erkenntnis ihrer offensichtlichen Defekte diese Handschrift *A als nachlässige Abschrift einer besseren Vorlage, als qualitativ minderwertige Neubearbeitung oder als relativ genaue Vertreterin eines nie ‚zur Vollendung' gediehenen Werkes (das wäre das neuerdings so viel bemühte *opus imperfectum*) betrachten will, das ist letzten Endes eine Frage des wissenschaftlichen Temperaments. Nicht umhin können wird man auch weiterhin, aus literarhistorischen Erwägungen heraus eine Fassung des 12. Jahrhunderts anzusetzen, die bis zu *A hin im einzelnen, v.a. sprachlich, umgestaltet wurde. Wie aus der Nothelferstelle ersichtlich, ist auch *A an dieser Umgestaltung beteiligt, im übrigen möchte ich selbst aber jetzt in dieser Handschrift nicht eine systematische Neubearbeitung sehen, sondern eher das (vorläufige) Endergebnis eines allmählichen Entwicklungsprozesses analog dem, dem das schließlich Erhaltene seine Gestalt verdankt. Jemand, der das Gedicht durcharbeitete und dabei Reime wie *saz*: *was* einführte (der einzige Reimtyp, nebenbei bemerkt, der im 12. Jahrhundert auch bairisch ungewöhnlich wäre), hätte den Reim *künigin*: *min*, *din* usw., zumindest akzeptieren, wenn nicht selbst gebrauchen müssen: ein literarischer Reim auf der Basis eines zeitweilig verkürzten î, der auch in anderen bairischen Denkmälern des 13. Jahrhunderts häufig neben der einheimischen Variante *küniginne: sinne* usw., auftritt (u.a. ‚Nibelungenlied', ‚Kudrun', ‚Wolfdietriche', ‚Ortnit'), aber schon um 1300 kaum mehr möglich war. Ähnlich steht es mit *präut: leut (briute: liute* 3205) oder *getaete: haete* (2567.) Immer vorausgesetzt natürlich, daß das Denkmal auch in diesem früheren Stadium bairisch war; aber das ist einer der wenigen durch die notgedrungen lückenhafte Rekonstruktion der Entwicklungsgeschichte völlig gesicherten Tatbestände. Auch die Mischung von assonantischen (*kung*: *purg*; *heben*: *degen*), nur mundartlich reinen (*werden*: *herren*, *worden*: *zoren* = *wern*: *hern*, *worn*: *zorn*) und literarischen Reimen (hier etwa noch hsl. *getät: het* = *getaete*: *haete*) ist gerade für bairisch-mundartliche Dichtungen vom 12. bis ins 15. Jahrhundert typisch.

Das Interesse der Regensburger an der Person Oswalds, verbunden mit dem Bestreben, ihm nun zusätzlich in dem um 1300 aufkommenden Nothelferkult einen Platz zu sichern, hat dafür gesorgt, daß der ‚Münchner Oswald' wenigstens in einer Handschrift an das spätere Spätmittelalter weitervermittelt wurde. Diese Konzentration auf eine von vermutlich mehreren älteren Überlieferungen erklärt wiederum die in Anbetracht des literarischen Typs und der Lebensbedingungen spätmittelalterlicher Literatur insgesamt doch erstaunlich konstante Bewahrung des Denkmals in den nächsten 150 Jahren und legt es nahe, auch in der sprachlichen und rhythmischen Form des Textes die Spur zumindest bis zu diesem neuen Ausgangspunkt der Tradition zurückzuverfolgen. Aber selbst eine partielle Restauration dieser Art bereitet unüberwindliche Schwierigkeiten. Nicht nur, weil zur Rekonstruktion einer Handschrift vom Anfang des 14. Jahrhunderts nichts der sprachlich-metrischen und graphischen Norm des Lachmannschen Mittelhochdeutsch Vergleichbares bereitsteht, sondern v. a., weil die Poetik des Denkmals selbst den Verzicht auf die beiden anderen möglichen Korrekturinstanzen bedingt: die Annahme kunstbewußter Sprachgebung und die Annahme einer metrisch einheitlichen Form.

IV. Metrik und Sprache

Auch im ,Münchner Oswald' bildet der epische Vierheber das formale Grundgerüst, reichlich, insbesondere bei der Einleitung von Situationen oder Reden, mit Dreihebern durchsetzt. Streckenweise bewahrt die späte Überlieferung auch das noch mit beachtenswerter Konsequenz, z. B. in der Schilderung des Kampfes von etwa 2867–2950. An anderen Stellen schält schon eine geringfügige Retouchierung glatte mittelhochdeutsche Vierheber heraus, z. B. 2443 ff.:

daz diu küniginne guot
wurde vesticliche behuot.
der hirz umbeblikte:
o wie harte er erschrikte
an den selben stunden
ab den haíden und áb den húndèn.

Daß ebenso oft die Restitution von Nebensilben das metrische Bild verunklart statt zu erhellen (man werfe dazu nur einen kurzen Blick in Baeseckes Ausgabe), hängt z. T. mit der Modernisierung der Sprache, z. T. damit zusammen, daß sich auch rhythmisch offensichtlich verschiedene Schichten überlagern. Davon wird noch zu sprechen sein. Zunächst muß man sich klarmachen, daß neben der metrischen Norm des vierhebigen Reimpaarverses noch andere formale Kräfte im Spiel sind, die weder den Unbilden der Überlieferung noch dem Unvermögen des Verfassers bzw. der Bearbeiter aufgelastet werden können. Ich erwähne nur die wichtigsten Punkte: 1) die dramaturgische Organisation; 2) das Ausdrucksprinzip der sprachlichen Formel; 3) die Langzeile der heldenepischen Strophenformen.

1) Schon seit Lachmann ist die Frage sporadisch erörtert worden, inwieweit eine verseinleitende *inquit*-Formel u. U. als metrisch nicht zum Vers gehörig anzusehen ist[12]. Diese Diskussion bezog sich zunächst auf ausgewählte Beispiele aus klassischen Denkmälern und neuere Kritiker neigen im Gegensatz zu Lachmann dazu, dieses *er sprach*, auch wenn es den Vers ‚sprengt', aufzunehmen, solange die Handschriften es hinreichend überliefern. In näherer Nachbarschaft des ‚Münchner Oswald' hat man sich jüngst dieselbe Frage für den ‚Meier Helmbrecht' und die Märenliteratur insgesamt gestellt, bezeichnender Weise mit unterschiedlichem Ergebnis: P. F. Ganz neigt entschieden dazu, diese Redeeinleitungen dem Autor zuzuschreiben, während Hanns Fischer — gestützt auf das metrische Argument — eher die Schreiber verantwortlich machen möchte, die in dieser Weise einen

[12] Briefwechsel der Brüder Jacob und Wilhelm Grimm mit Karl Lachmann, ed. A. Leitzmann, I (1927), S. 158; Lachmann zu ‚Iwein' 3637 und anders jetzt L. Wolff (ed.), Iwein, II ([7]1968), S. 113 (nach H. Paul, PBB 1 [1874], S. 377); G. Bonath, Untersuchungen zur Überlieferung des Parzival Wolframs von Eschenbach, I (1970), S. 15, zu ‚Parzival' 259, 15. Diese Angaben verdanke ich einem freundlichen Hinweis von Helmut Lomnitzer.

„Vortragstext" in einen „Lesetext" umwandeln[18]. In einem noch weitgehender auf Szene und Dialog angelegten Werk wie dem ‚Münchner Oswald' begegnet einem das Problem naturgemäß noch häufiger, auch insofern, als auch hier die *inquit*-Formel in der Überlieferung sehr labil ist. Sie gehört aber so eng zum Stil dieser Dichtung, daß sie auch dort einmal in allen Handschriften erscheint, wo sie schon wegen des vorhergehenden, die Rede *expressis verbis* einleitenden Verses völlig überflüssig ist (213). Sie ist so oft als ganzer Einleitungsvers gefaßt (*do sprachen die helt hochgemuot* 111, usw.) oder Bestandteil eines regelmäßigen Vierhebers, daß es offensichtlich nicht dem Geschick des Vortragenden allein überlassen bleiben sollte, zwischen Rede und Erzählung bzw. zwischen Rede und Gegenrede histrionisch zu differenzieren, daß sie also auch dann nicht fehl am Platz ist, wenn sie ‚vor' dem Vers steht oder mangelhaft integriert ist (mit beschwerter Hebung auf *sprach*). Auf diese Weise entstandene überlange Verse sind in den meisten Fällen als Vierheber zu lesen, denen das *inquit* als (nach Belieben gesprochene oder unterdrückte) ‚Regieanweisung' vorausgeht (213, 299, 544 usw., insgesamt etwas über 20 Verse dieses Typs), und entsprechend kann man eine beschwerte Hebung *sprach* als Hebung + Pause interpretieren. Metrisch gesehen, sind demnach z. B. 345 und 1668 gleich. Neben metrischen spielen also ‚dramaturgische' Gesichtspunkte eine wichtige Rolle, und in diesem Sinn sind dann weiterhin *inquit*-Zusätze am Versende (257, 1923) oder Verse, die durch Personenanrede 5-hebig oder sonstwie unregelmäßig werden (45, 509, 682, 691 usw., insgesamt etwa 20), durchaus ‚normal'.

2) In anderer Weise wird das metrische Gefüge überspielt durch die formelhafte Wendung, die als formale Grundeinheit

[18] P. F. Ganz, On the Text of ‚Meier Helmbrecht', in: Oxford German Studies 2 (1967), S. 25—42, S. 28 (zusammenfassend und mit weiterer Literatur); H. Fischer, Studien zur deutschen Märendichtung (Tübingen 1968), S. 269.

mit dem Prinzip des Vierhebers konkurriert. Wie im Fall des *inquit*, integriert man formelhafte Wendungen formal, solange das zwanglos möglich ist. So ist es gewiß kein Zufall, daß die Formel *an der selben stund*, wenn sie alleine steht, immer (potentiell) klingend reimt (entsprechend dem Pl. *stunden*: *funden*), in erweiterter Form (etwa *ich füert in an der selben stund* 757) aber durchwegs einsilbig männlich (der dabei gelegentlich gebrauchte Dat. *grund* ist apokopiert, d.h. er reimt auch auf *chunt* 1211 u.ä.). Der Pl. reimt natürlich klingend und in der erweiterten Form entfällt *selben* (nur S setzt es fast immer), so daß die Hebungszahl konstant bleibt. Schon bei der zum selben System gehörenden Formel *an der selben vart* sieht das aber anders aus: es fehlt jeglicher Versuch, diesen Dreiheber an die folgende vierhebige Reimzeile anzugleichen (761, 983, 1609, 3413). Die modale Variation des Systems, *in aller der gepär*, erscheint nicht nur als (potentiell vierhebig-klingender) Einzelvers, sondern u.U. mit dem Zusatz *die junkfrau stuond* ... (2515), und es wäre falsch, den resultierenden Vers überhaupt messen zu wollen. Die sprachliche Formel hat ihr eigenes spezifisches Gewicht. Sie kann beliebig aufgeschwellt werden: *ainer hin, der ander her* (2480) zu *ainer stieß in hin, der ander her* (3322) oder *ich wil dir raten, ob ich chan* (345) zu *nu wil ich deinem herren raten, ob ich kan* (2069). Sie tritt als ganze in einen weiteren Verszusammenhang: *die weil ich han mein leben* (1186, 2132) zu *daz muoß mich reuen die weil*... (972; vgl. 34, 1078), wobei auch die entsprechende Reimzeile instruktiv ist: 1185 f. und 1561 f. tritt das Couplet in seiner Grundform auf, 2131 f. bleibt die 2. Zeile so, aber die 1. ist durch *inquit* und, dem besonderen Zusammenhang entsprechend, *darumb* erweitert. Weiter wird die Formel der Zeitstufe entsprechend variiert, und weitere Überlegungen zu den dadurch u.U. veränderten Kadenzverhältnisse erübrigen sich damit: *do si nu gen hof waren komen/und daz sant Oswalt het vernomen* (101 f.) zu *do si sein potschaft vol vernamen, / wie pald sie gen hof kamen* (87 f.).

3) Über diese Formelhaftigkeit des Ausdrucks ist der ‚Münchner Oswald' u. a. einigen Werken verwandt, in denen dieselben Formelsysteme, dem strengeren Zwang der Strophe folgend oft glatter, in Langzeilen einhergehen. Mancher Vers, der, ähnlich wie viele der schon erwähnten, zunächst als (über)lange Zeile wirkt, ist in Wirklichkeit eine Langzeilenreminiszenz: *der was so groß, als wir noch horen sagen, / tausent wagen möchten in nindert haben getragen* 3091 f. Man ist versucht, zu bessern (warum nicht wenigstens *der was so groß, daz tausent wagen/in nindert möchten haben getragen?*), aber im ‚Nibelungenlied' steht (92,1 f.): *er sach so vil gesteines, so wir hoeren sagen,/hundert kranzwägene ez möhten niht getragen*, und dazu vergleiche man Stellen wie ‚Wolfdietrich' B 229,1 f. und 505,1 f. oder ‚Kudrun' 1500,1 f. Wem eine Formulierung wie *diu junge küniginne lenger niht enlie* (‚Wolfdietrich' B 180,2) im Ohr lag, der mochte wohl *die jung(e) kun(i)gin(ne) begund(e) sich von dannen heben* (2512) selbst im anderen metrischen Rahmen nicht als störend empfinden. Zu vergleichen wäre unter diesem Gesichtspunkt etwa noch 3393 f. mit ‚Nibelungenlied' 1999,3 f., ‚Dukus Horant' 75,5,1 f., ‚Wolfdietrich' B 500,3 f. Die Verse 2083–85 enthalten eine Konstruktion, die sich in den Langzeilen des ‚Ortnit' wesentlich besser anhört (243,3 f.): *swer dich der maere frage wanne die kiele gan, / so sprich, du gerst geleites, du sist ein koufman.*

Das Facit dieses kurzen Überblicks ist, daß die Verse des ‚Münchner Oswald' vielfach nicht nur deshalb nicht nach der Norm des Vierhebers beurteilt (und u. U. ‚gebessert') werden dürfen, weil sie keinerlei entsprechenden ästhetischen Anspruch erheben, sondern v. a. auch deshalb, weil schon die frühe Überlieferung (um nicht zu sagen: der Verfasser) mit mehreren Ordnungssystemen arbeitet. Ein zusätzlicher kritischer Grundsatz ist damit allerdings nur in diesem negativen Sinn gewonnen, denn es liegt in der Natur der Sache, daß die Verhältnisse im einzelnen meist undurchsichtig bleiben.

Es folgt die Frage, ob in anderen Fällen wenigstens das Verhältnis der Schreiber zu Rhythmus und Wortlaut einige Besserungsgrundsätze an die Hand gibt.

Selbst bei der Beurteilung klassischer Texte rückt in letzter Zeit der Gesichtspunkt der normativen Formgebung immer mehr in den Hintergrund, und, was schon im Fall des ‚Parzival' zu berücksichtigen ist, gilt umso mehr natürlich für ein Werk wie den ‚Münchner Oswald': große Freiheit der Taktfüllung, zwischen Vortrags- und Lesemanuskript schwankende und deshalb unzulängliche und inkonsequente Fixierung metrischer Feinheiten in den Handschriften und dazu überhaupt das Desinteresse der Schreiber am Rhythmus[14]. Und, ebenso unbekümmert wie die späten Kopisten klassischer Texte, modernisieren auch die ‚Oswald'-Schreiber den Ausdruck und die Syntax, nur daß uns hier eben die Kontrolle durch frühere Textzeugen fehlt.

Ein wichtiger Faktor ist bei all dem selbstverständlich der Verfall der Nebensilben durch Synkope und Apokope des e. Jede Handschrift geht in dieser Hinsicht ihre eigenen Wege. In S sind dem Dialekt gemäß relativ viele Nebensilbenvokale erhalten, diese Handschrift hat aber auch die meisten Wortzusätze. Dazu gestalten schon der Einheitspl. oder Wortformen wie *kemerling* das rhythmische Bild so um, daß Rückschlüsse auf ältere Verhältnisse ausgeschlossen sind. Die meisten Nebensilben-e hat I, besonders I_2; aber daß sich darin eher eine Tendenz der Schreiber als ein älterer Zustand spiegelt, geht schon aus zahlreichen unorganisch-epithetischen e (vorwiegend im Reim) hervor und weiterhin aus dem in I am stärksten ausgeprägten Bedürfnis, überlange Verse zu kürzen. Unverfänglicher sind die in W überlieferten Nebensilben-e; aber ihre Anzahl ist naturgemäß sehr viel kleiner als in S oder I und sie sind unsystematisch ge-

---

[14] Zu allen diesen Punkten jetzt H. Lomnitzer, Beobachtungen zu Wolframs Epenvers, in: Probleme mittelalterlicher Erzählformen (Marburger Colloquium 1969; 1972), S. 107—132.

setzt. M, die am stärksten mundartlich gefärbte Handschrift, synkopiert und apokopiert noch sehr viel gründlicher, aber hier finden sich die wenigsten kompensierenden Wortzusätze.

Zweifellos stehen, aufs Ganze gesehen, Nebensilbenschwund und kompensierender Wort- oder Silbenzusatz vielfach in ursächlichem Zusammenhang, v. a. in der diesen späten und eher nur kopierenden Handschriften vorausgehenden Überlieferung. Einige einfache Beispiele: Vers 1: *stille tagen* MW, *still gedagen* S; 141: *stille dagen* W, *still dagen* M, *still gedagen* S; 1801: *stil dagen* MIW, *still gedagen* S. Vers 114: *zuo tische saß* M, *ze tisch saß* WS; 3348: *zuo tisch gesaß* MW, *zu tisch saß* IS; 3362: *zu tisch gesaß* M, *zu tisch saß* IWS. Vers 1000 (Akk.) *stang gehie* M, *stange hie* IWS. Das Prinzip wird hinreichend deutlich, zugleich aber auch die Willkür, mit der es in der Praxis gehandhabt bzw. nicht beachtet ist. Zum selben Ergebnis führt immer wieder die nähere Betrachtung typischer Kombinationen, etwa des an den Reim *vie: gie* (*enlie*) gebundenen Formelsystems: der dieser Überlieferung eigenen Vorliebe für die Vorsilbe *ge-*[15] entsprechend steht in M fast immer *gevie*, womit in folgenden Fällen eine Senkung im vorletzten Takt gewonnen ist (in Klammern die Handschriften, die jeweils sekundieren): 547 (S) 1005 (I), 1325 (I), 1936 (W), 1948 (S), 2193, 2374 (IS), 2878 (S), 3064 (S), 3330, 3455. M hat *vie* einmal, wo schon eine Senkung vorhanden ist (650[W]), nur zweimal nicht *ge-*, wo sie fehlt (1076[IS]), 2606[IS]) und einmal *ge-*, wo es, zumindest aus diesem Grund, nicht nötig wäre (660[S]). I und S schwanken im Gebrauch des *ge-*, S behilft sich gelegentlich auf andere Weise (1325, 2193, 3330). W hat im Gegensatz zu M kaum jemals *gevie*, und dem entspricht, daß in dieser Überlieferung dreimal stattdessen der Nebensilbenvokal des Praefixes (*umbe* 1076, 2606; *ane* 2374) erhalten ist. In diesen drei Fällen stim-

[15] Das ist im Zusammenhang kein Merkmal fränkischen Dialekts, wie G. Baesecke meinte (S. 206); auch Hans Ried arbeitet z. B. viel mit dieser Vorsilbe.

men zugleich MIS in ihrer Reaktion überein, zweimal in der Weise, daß sie nicht kompensieren. Man kann daraus schließen, daß sich hier aus irgendeinem Grund das e länger erhalten hat als anderswo, und daß die senkungsfüllende Vorsilbe in der Überlieferung sehr weit zurückreicht. Wie steht es dann aber in den Fällen, in denen nicht ein u.U. apokopierter Vokal, sondern der endungslose Akk. *hant* vorausgeht (547, 1936, 1948, 2878, 3064, 3330, 3455)? Hier käme man schließlich nur weiter, wenn man sich vorstellen dürfte, daß wenigstens einmal in der frühen Tradition jemand sich um solche metrischen Details wirklich gekümmert hat.

Metrische Erklärungen drängen sich genauso bei der Häufung der verschiedenen Adverbien auf, aber ähnlich wie in dem eben erwähnten Beispiel, beruht die Kombination *vast (pald) hin nach* nicht notwendig auf *vaste (palde) nach*, denn die Reime belegen apokopierte Formen *vast* und *pald* zur Genüge. Und v.a.: man müßte dann auch weitergehen und schreiben: *beginnet uns verschmahen* (2870) statt *begint uns hart verschmahen; abent unde morgen* (22) statt *abend und den margen; nu vallet...* (1766) statt *nu vall iegleicher; gottes hilfe wol erschain* (652) statt *gottes hilf da wol erschain* usw.

Mit ähnlichen metrisch begründbaren Erwägungen könnte man versuchen, Modernisierungen der Wortwahl, der Wortform und der Syntax zu beseitigen: *gedruchet an ir wange* statt *gedrucht an ire wange* (1428); *deu leuchte von golde sam si prunne* statt *deu leucht von golt als ob si prun* (1643); *daz tet man nicht wan* (oder *niuwan*) *umbe daz*, statt *daz tet man auch nür umb daz* (2945); *sie enwesten selbe nicht wie* statt *si westen selber nicht wie* (2482); *der haide enlie nicht bleiben* statt *der haiden lie da nicht beleiben* (2303; mit entsprechender Restitution der Negationspartikel in 79, 567 [*Enlaß...*], 579, 1481); *er enhiet mich nimmer lan genesen* statt *er hiet mich halt nie lan genesen* (1812) usw. Zu erwähnen ferner die Umschreibung des Konj. Praes. oder des starken Praet., die ungeschickte Verwendung konkurrierender präpositionaler Ausdrücke wie *durch dich / durch deinen willen / von deinen schulden*: also *durch dich* statt *von deinen schulden* (1932), *durch meine eren*, statt *durch den willen meiner eren* (2289), *durch dich* statt *durch deinen willen* (2806, 3409).

Auf dem Weg zu diesem ‚besseren' Text, der natürlich auch graphisch normalisiert werden müßte, stört dann weiter das für die ältere Zeit untypisch häufige *dienst* vor *her* oder *man*, und man würde regulieren: *wann ich han mangen stoltzen herren* (2016) gegenüber *wan er hat mangen dienstherren* (2062). Schließlich stören auch die langen Verse, die u. U. nicht als Langzeilenreminiszenzen eingeflossen sind, sondern lediglich eine inhaltliche oder syntaktische Beziehung in im Sinn des klassischen Mittelhochdeutschen unnötiger Weise konkretisieren. Gestrichen werden könnten z. B. *ich weiß wol* 1236, *wann der wil* 1266, *und hilf mir* 2299 oder, wie schon Keim vorschlug (S. 61 f.), *daz man sech* 522, *die hat er pracht* 2050, *daz si dan sprechen* 2085, *und darzuo gruntlos* (wo Keim *salz* zu *soß* ändert) 3045. Die Verse 2298 ff. sähen dann z. B. etwa so aus:

tuo ez durch die güete dein,
daz ich nimmer ersterbe auf erden
unz diu lüge gebüezet werde
die ich hie han getan.

Meine kurze Beispielreihe ist unter dem Gesichtspunkt der rhythmisch-formalen Gestaltung angelegt, der bei anderen Denkmälern u. U. eine untergeordnete Rolle spielt. Hier, d. h. unter besonderen stilistischen und überlieferungsgeschichtlichen Bedingungen, dominiert dieser Gesichtspunkt automatisch in dem Maß, in dem die üblicherweise zuerst angesetzten Instrumente der Kritik an der Primitivität der Sprache und der additiv-symbolischen Fügung von Handlung und Gedanken abgleiten. Insofern sind diese wenigen Beispiele durchaus beweisend. Negativ gesprochen: eine einheitlich durchgeführte ‚Restauration' dieses Textes ist allenfalls in der Form einer weitgehenden Rückübersetzung in klassisches Idiom möglich (denn, wer will sagen, wie im einzelnen in *A das Verhältnis von apokopierten und synkopierten zu den vollen Formen beschaffen, oder, wie weit die Modernisierung fortgeschritten war?), die bestenfalls auf rein eklektisch-ästhetischer Exzerpierung der Handschriften beruht, sehr häufig aber ohne jegliche handschriftliche Gewähr bleibt. Ein Kompromiß zwischen diesem Abstraktum und der Textgestalt des 15. Jahrhunderts scheint mir nur in der Form einer um die fehlenden Verse ergänzten und von den offensichtlichsten späten Fehlern gereinigten Wiedergabe der altertümlichsten Handschrift M möglich.

V. Text und Apparat

A. Der Text

I. Grundsätze: angestrebt ist ein Text, der, auf der Basis von M, formal, sprachlich und orthographisch möglichst dem entspricht, was im 15. Jahrhundert tatsächlich gelesen wurde. M fehlende Verse sind aus der übrigen Überlieferung ergänzt, in ganz seltenen Fällen auch ohne diese Stütze, d. h. über *A hinaus. Dabei richte ich mich im Wortlaut möglichst nach jeweils *einer* Handschrift. Um die bei der Einsetzung dieses Versguts wie auch einzelner Wörter möglichen Inkonsequenzen der Schreibung zu vermeiden, v. a. aber auch, um den Text insgesamt etwas lesbarer zu gestalten und doppeldeutige Wortbilder auszuschalten, habe ich die Schreibgewohnheiten von M in Grenzen vereinheitlicht und auch einige grob mundartliche Formen unterdrückt (Näheres dazu unten).

Sonst habe ich M nur korrigiert 1) bei schweren und als solche deutlich erkennbaren Störungen des Gedankengangs, des syntaktischen Zusammenhangs oder der Reime. Dies notfalls, aber selten, auch über *A hinaus. Nur zu diesem Zweck ist gelegentlich eine ältere Form gewählt, im übrigen bleibt die Mischung aus Jung und Alt und Mundart und literarischer Sprache so erhalten wie sie M bietet. Das gilt auch für ein Wort wie *tran*, das ursprünglich wohl aus falscher Trennung von *meres stran* entstand, in der gesamten Überlieferung des ‚Münchner Oswald' aber als selbständiges Lemma aufgefaßt ist, für *kunst* (durchgehend die Form von M für *kunft*) oder für die Schreibung einiger Reime, in denen der Kopist lautliche Diskrepanzen festhält, die ursprünglich nicht bestanden. – 2) Wenn im Wortlaut (nicht in der Wortform!) und in der Wortfolge die gesamte sonstige Überlieferung gegen M spricht. Dies allerdings mit großer Zurückhaltung: in der Wortfolge, bei Satzanschlüssen (*do, und, er,* usw.) und bei Possessivpron. gegenüber bestimmtem Art. u. ä. meist nicht, bei Wortersatz, -zusatz oder -ausfall nur dann, wenn dies mit dem Gebrauch von M in anderen, formelhaft verwandten Fällen übereinstimmt. Durchbrochen ist dieses Prinzip nur an wenigen Stellen, wo ich ein Wort ausscheide, das auch in S, der am meisten zusetzenden Handschrift, steht, und besonders zurückhaltend ist es gehandhabt, wenn I ohnehin ausfällt. – 3) Wenn geringfügige Änderungen den syntaktischen Zusammenhang verdeutlichen helfen, oder zur rhythmischen Erleichterung ein Nebensilbenvokal restituiert werden konnte, weil M selbst ihn anderweit in derselben Position bewahrt (hierzu unten).

Oberster Grundsatz war, das Gedicht nach Umfang, Erzählzusammenhang und Gedankengang ‚verständlich' zu machen, wo es M oder auch die gesamte Überlieferung am offensichtlichsten verunklart hat, zu Gunsten des historisch Verbürgten jedoch auf weitere Restaurationen zu verzichten, sobald sie Konsequenzen nach sich ziehen, die weit über die einzelne Lesart hinausreichen. Das bedeutet u. a., daß manchmal M sogar in einer Form zu bessern war, die etwas Altes nicht direkt, sondern jung verhüllt wiedergibt, und das bedeutet v. a., daß der kritische Gesichtspunkt je nach Fehlerkategorie wechselt: für Versergänzungen gilt das ‚Stemma' insofern, als fast alles in *WS Überlieferte als in M bzw. *MI ausgefallen betrachtet ist; für die Korrektur von Fehlern, die den Sinn oder die Syntax stören, gilt ein eklektisches (u. U. auch konjekturales) Verfahren, bei dem allenfalls die relative Gesamtqualität der Einzelhandschriften in Betracht gezogen ist; weniger gravierende Eingriffe erfolgen nach quantitativen Gesichtspunkten, und in noch geringfügigeren Fällen ist die Handschrift aus sich selbst korrigiert.

Das Ergebnis ist ein Text, der im Großen *A und der *A vorausgehenden Tradition näher kommt, als irgendeiner der erhaltenen Textzeugen, im einzelnen aber allenfalls auf *MI (minus die Verslücken) hin tendiert (das quantitative Verfahren enthüllt immer wieder eine Opposition M[I]:WS). Niemand kann er ganz befriedigen, mich am allerwenigsten, aber das Verfahren als solches ist in der Kombination besonderer Gattungs- und Überlieferungsbedingungen wohl begründet. Ein großes Manko bleibt u. a. die oft sehr harte rhythmische Fügung, die ich meist pedantisch beibehalten habe, um nicht durch die dann unausweichlich folgenden nächsten Schritte auf ein anderes editorisches Gleis gedrängt zu werden.

Hierzu kurz noch Folgendes: auch in den offensichtlichsten durch Apokope oder Synkope entstandenen Härtefällen, ist das e nur eingesetzt, wenn das dem sonstigen Verfahren des Schreibers von M nicht widerspricht und wenn dieser Silbenzusatz keine Korrektur im Wortlaut des restlichen Verses nahelegt. Die Endung *-en*, die Vorsilben *be-* und *ge-* und der Sproßvokal zwischen r und n können, dem Gebrauch von M entsprechend, jederzeit stehen. Anderes ist gesondert aufzuführen.

Verbum: 1) *-et* ist nur nach langer Silbe belegt: 3. Sg. Ind. Praes. *haisset* 298, *cloffet* 857, *isset/trinket* 887, *beginnet* (hsl. *begunnet*) 975; 2. Pl. Imp. *wisset* 1271, *luoget* (hsl. *lügent*) 669, (fälschlich) *schaidet* 373; als Form der 3. Sg. Ind. Praet. schw. V. *verwaiset* 19, *freuet* 72, *trauret* 192, 379, *saumet* 375 u. ö., fälschlich *schonet* 2944, *dienet* 3528, und eindeutig als Praes. mißverstanden *behütet* 1777, *grüsset* 836; Part. Praet. *genennet* 297, *besamnet* 1511, *verwaiset*

1752, *zerzerret* 1865, *gerastet* 2000, *enpfestet* 2274. Ich restituiere den Vokal gegebenenfalls bei *saumet*, ebenso bei formelhaft gebundenem *eilet* und einmal bei *freuet* (1517); ferner im Part. Praet. *versaumet* (3137) und bei den Imp. *haisset* (1435), *werdet* (1572) und *volget* (1669). – 2) In der Endung *-est* ist e mit einer Ausnahme nur nach langer Silbe bewahrt: 2. Sg. Ind. Praes. *wi(u)rfest* 425, *dunkest* 907, *fuogest* 1055; 2. Sg. Konj. Praes. *wellest* 909 u. ö., *mügest* 1402; 2. Sg. Konj. Praet. *hietest* 337, *möchtest* 338, *sandest* 354, *woldest* 2199, 3505. In Vers 339 sind ohnehin Tempus und Modus genauer zu bezeichnen, sonst ist (nach den angegebenen Kriterien) nirgends restauriert. – 3) In Reimen wie *erhort:vart* bzw. *wort* (761, 1061), *vart:enspart* (2897), *muot:guot* (3317), *begert:gewert* (1273 u. ö.), *erlost:trost* (1209), ist die Möglichkeit der Apokope des auslautenden -e schon im ursprünglichen Entwurf ausgiebig genützt. In M hat es sich nur in der 3. Sg. Konj. Praet. *erdächte(:prächte)* erhalten (77, 1479). Danach restituiere ich 860 und 2559 im Versinnern und 55, 365, 729 und 903 im Reim.

Nomen, Adjektiv, Adverb: 1) Synkope ist nicht eingetreten in *haubet* 372, *kunig* 235, 307, 507, *kunigin* 65 u. ö., *manig* 1161, 1389 und (öfter) in *michel* und *Engellant*. Ich ergänze gegebenenfalls das e in diesen Wörtern. Das -e- des Gen. Sg. (Nomen und Adj.) und des Pron. ist reich belegt und von mir entsprechend verallgemeinert. – 2) Apokope ist schon für eine große Anzahl alter Reime maßgebend. Ich erwähne nur einige Typen: Pl. *maid:prait, pischof*: (Akk.) *hof, tag:pflag, chiel:geviel*; Nom. Sg. *rab*: (Akk. Sg.) *tag, gesind*: (Pl.) *kind*; Dat. Sg. *land:bechant* bzw. *genant* oder *gesant, stund:chunt* bzw. *Warmunt* etc., *fleiß:weiß, guot*: (Akk.) *muot* bzw. *fluot, gold*: (Akk.) *solt, pfant*: (Akk.) *lant, huot:guot, schaid:vermaid, zeit*: (Akk.) *leib* bzw. *weit* oder (Akk.) *weib, veld*: (Akk.) *zelt, tod:not*; Akk. Sg. *kron:Aron*. Andererseits setzt M das e in folgenden Hauptwörtern: Gen. Sg. *helle* 3030, 3188; Dat. Sg. *lande* 185, *ringe* 381 (*:pringe[n]*), *tische* 114; Akk. Sg. *ende* 191, 1355, *treue* 284, 564, *stimme* 913, *wange* 1428 (*:-vangen*); Nom. Pl. *sinne* 853 u. ö. Ich verallgemeinere die Schreibung, beschränkt auf diese Wörter und dazu (Pl.) *ringe:grimme* 2185, 2721, (Adv.) *ringe:pfenninge* 3287, (Dat.) *geschelle:helle* 855, *wende:ende* 1217, *spende: hende* 3223, *tische:vische* 125. In der Adjektivflexion sind Nom./Akk. Sg. fem. (e oder eu) und Nom./Akk. Pl. n. so oft ausgeschrieben, daß ich sie auch für die Adjektive verallgemeinere, bei denen die Handschrift immer apokopiert (*jung*). Den mehrfach belegten Nom./Akk. Pl. mask. *alle* setze ich nur in diesem Wort (von daher *schalle* 100). Die vereinzelt belegten Adverbialformen *stille* (1), *(dar)inne* (223, 1666 u. ö.), *lange* (1453, 3538; jeweils :-*gangen*) verwende ich ebenfalls nur bei diesen Wörtern. Andere Adverbien, wie *pald*, sind auch im Reim überwiegend apokopiert gebraucht.

Ausgleich im *Reim*: bei Reimen auf -en setze ich -e ohne Rücksicht auf die eben erläuterte Beschränkung (z. B. *haiden:laide*).

II. Korrekturen oder Vereinheitlichungen der Schreibung und der Wortformen von M, die weder im Text noch im Apparat kenntlich gemacht sind.

1) Großschreibung bei Eigennamen, Kleinschreibung in allen anderen Fällen.

2) Zusammenschreibung von Verbalkomposita wie *umbgie*, *anplikt* (aber *umb gevie* usw.), von Adjektiv- und Adverbverbindungen wie *wolgetan*, *auserwelt*, *darzuo*, *darin* usw., und von Nominalkomposita wie *hauser*, *hofschalk*, *merweip* usw.

3) Moderne Interpunktion, aber meist kein Komma vor einfachen Relativsätzen.

4) Gliederung in Abschnitte. Keine der Handschriften weist eine solche Abschnittsgliederung auf; sie stellt auch keinen Vorschlag zu einer bestimmten Erzählstruktur dar, sondern dient der Übersichtlichkeit.

5) Korrektur gelegentlicher Nachlässigkeiten, durch die ein Buchstabe zugesetzt (z. B. *spracht* 183, *micht* 1347) bzw. versetzt wird (z. B. *himlichs* 591, *hirchs* 2483) oder ausfällt (z. B. *giegñ* 163, *vser* 925 [umgekehrt *vñs*' 3033, *vñl*' 3325], *nen* 957, *hrczen* 1183, *hncz* 1200, *dreistud* 1238, *nach* 1362, *stůn* 1644, *nich* 2877, *tewsch* 3212, *sauptñ* 3543), von Schreibungen wie *ritther/rither* statt norlamem *ritter* oder graphischer Assimilation an den folgenden Anlaut (*pein* 896, *erd* 440, *potzschaft* 908).

6) Auflösungen der Abbreviaturen: ¯ als m, n, e, d (*vñ*) oder b (*vm̄*); ' als *er* bzw. r (*vo*'; *her*', *hr* und *hrrñ*, *h'rn* einheitlich als *her* bzw. *herren*); *jhs* als *Jesus*. Anmerkung zu *-er:*

bei vorausgehendem geschäfteten s tritt der Haken vielfach, insbesondere im Pron. *uns*, unten an den Schaft an, wodurch die Form einem ß manchmal zum Verwechseln ähnlich sieht und von Schreibern gelegentlich auch fälschlich so aufgefaßt wird.

7) Vereinheitlichung der diakritischen Zeichen ″, ′, ᵉ und ᵒ zu ¨ bzw. (u)e/(u)o. Auch die seltene Schreibung ıͤ (das e ist meist nachgetragen) gebe ich als ie wieder. Dem fast ausschließlichen Gebrauch der Handschrift folgend schreibe ich einheitlich *nu(n)* und *nür*. Wo ′ lediglich der Unterscheidung von u und Nasal dient, lasse ich es weg.

8) Beseitigung graphischer Doppelkonsonanz im Anlaut, im Inlaut vor weiterem Konsonanten und im Auslaut in nicht der Apokope unterliegenden Formen wie *brieff*, *hann*, *kann*, *inn* usw. Vereinfacht habe ich auch nach langem Vokal und Diphthong (hsl. *greiffen, weillen, graffen, eillen* usw.); einheitlich schreibe ich *immer*, obwohl hier die Handschrift gelegentlich vereinfacht.

9) Verteilung von i/j und u/v nach dem Lautwert und Ersatz des v. a. im Inlaut häufigen y durch i (j steht oft im Anlaut; in der gleichen Stellung immer v statt u; relativ selten u für v); u statt überwiegend im Diphthong gebrauchtem w.

10) Reduzierung der Schreibungen tz, cz, z bzw. s, ss, ß, sß auf die Formen z (anlautend) und tz (in- und auslautend) bzw. s, ss und ß (Einzelnes s. unten unter 12); s für rundes und geschäftetes s, einheitlich sch vor Nasal, l und w (Ausnahme hsl. nur 1298) und pf (Ausnahme hsl. nur 104, 1282).

11) Ausgleich der Schreibung bei anderen Vokalen:

i statt ie (ganz selten) vor r und statt ei in *sider* (so nur einmal).

e für ee (ê; selten), einmaliges ei (*seil* 1554), und einmaliges ä (*liebär* 1333) und für i bzw. ei, soweit es sich dabei um irrational verstärkte Nebensilbenvokale handelt.

o für ou < ô (dreimal zu Beginn: *enpowt* 83, *schown* 217, *schown'* 232). Wo durch den Zusammenfall von a/o Unklarheiten hinsichtlich des Wortbildes, des Reims oder der Zeitstufe entstehen, ändere ich, mache die Änderung aber kenntlich.

ie für gelegentliches ï bzw. i (y), z. B. in *ymāt* 846, *prist'* 3544, oder e (*nemē* 2163) und, mit der Mehrzahl der Belege, für i (y) in *iegleich*.

ai für gelegentliches a in *vrlab* (1118).

uo einheitlich für ů, ü oder u, soweit etymologisch gerechtfertigt (ue bzw. ů ist selten, aber belassen).

Die Umlautsbezeichnungen sind wie folgt verteilt (bei den Verben *chomen/chömen* und *mugen/mügen* folge ich der Handschrift genau): der Sekundärumlaut von a/â ist am konsequentesten bezeichnet; wo die Bezeichnung in einem sonst gut belegten Paradigma einmal fehlt, gleiche ich stillschweigend aus bzw. schreibe ä statt e (*werlich* 807, *geperden* 2995). Ohne Umlaut schreibt M *magedein, trachtein/trochtein.* Angelehnt an die Mehrzahl der Belege schreibe ich *wachter* bzw. *värchlein* und *wäch.* ö: beseitigt ist gelegentliches *chöst* (3310), Pl. *rock* (2527) und Konj. Praet. *mocht,* o schreibe ich in allen Formen von *schœn* und *hœren* (die Handschrift hat überwiegend o, und zu *schon* vgl. die anfängliche Schreibung ou). u/ů/iu: nur gelegentliche Umlautsbezeichnung beseitige ich bei *fur, ubel, uber, suln, furst, kunig(in), gewun, kunden, nutzer, schussel,* (Pl.) *purg.* Den 1612 einmal geschriebenen Umlaut *cräwtz* bestätigt dreimaliges *crewtz* (1465, 3137, 2855; die Handschrift scheidet sonst ziemlich genau zwischen eu = iu und äu = ů bzw. iü), und ich schreibe einheitlich äu; dies auch in *läut* (3206 einmal *lewt*) und *täutsch (tewsch* in 3212). Das Nebeneinander von äu (hsl. meist aw) und eu in *freud* belasse ich dagegen. Die Schreibung üe, die sich nur in der seltenen (falschen) Form des Adv. *fruo* findet, setze ich für den Umlaut von uo an, der in den umlautbaren Formen von *müezen, grüezen* sowie in *füezen* ziemlich gleichmäßig als ü bezeichnet ist. Danach vereinheitliche ich weniger konsequente Schreibungen der Handschrift zu *füeren*, Konj. Praet. von *varn*, *schnüer*, *gemüet* (in 2529 damit auch *hüet* gegen hsl. hůt); gegen mehrfaches *vngefüg(en)* aber *ungefuog(en)*.

12) Ausgleich der Schreibung bei anderen Konsonanten:

Labiale: p für b im Anlaut sowie zwischen Nasal und Dental (b kommt nur in bestimmten Wörtern wie *brief*, *burg*, *baide* öfter vor). Ausgenommen ist davon die Vorsilbe *be-*, wo ich einheitlich b durchführe (*we-* ist häufig, *pe-* selten). w für häufiges anlautendes b in *beib* usw. und b für ganz seltenes anlautendes w wie *witt* 2793 oder *westerwar* 1555. Labiale Spirans als f vor u, l und r und als v vor e, i, o und a (entsprechend der nur selten durchbrochenen Regelung der Handschrift; im In- und Auslaut erscheint nur f).

Dentale: ganz seltenes anlautendes d statt t ist, soweit es nicht textkritische Bedeutung hat, stillschweigend ausgeglichen, das etwas häufigere t statt d dagegen nur im Fall *trat* (= *drâte*). Seltenes auslautendes dt ist durch t ersetzt, außer wenn es durch Ekthlipsis zustandekommt. Seltenes, modernes z für t in *zwehel*, *zwang* gleiche ich aus. — ts statt tz, wenn nach Synkope t und Endungs-s zusammentreffen. — Für die Spirans (soweit aus germ. t entstanden) schreibe ich ss zwischen Vokalen (hsl. meist so, selten zz oder s). In den bekannten Sonderfällen folge ich dem jeweils überwiegenden Gebrauch der Handschrift. Eindeutig sind in dieser Hinsicht Praep./Adv. *aus;* Konj./Praep. *piß;* Pron./Konj. *daz;* Pers. pron. 3. Pers. n. *ez* (*-s* in Enklise); Nom./Akk. Sg. n. und Gen. Sg. *-es* (außer Nom./Akk. *allez*). Etwas willkürlicher sind danach die weiteren Fälle vereinheitlicht: Pron. *waz;* Ind. Praet. *was;* Gen. Pron./Art. *des;* Fragepron. *wes;* Nom./Akk. *allez* (bzw. *alz*), Gen. *alles* (bzw. *als*); Adv. *als* (hsl. immer *alz*). Sonst setze ich für germanisch t im Auslaut ß (hsl. oft s, besonders Ind. Praes. *wais*, *muos*, Imp. *hais* und Praet. *hies*, während z außer in den besprochenen Fällen fast ganz fehlt).

Gutturale: k für auslautendes gk (dies häufiger nur bei synkopierten *kungk, mangk*), ck, ch (vereinzelt) und kch (selten); ck für (hsl. häufigeres) zwischenvokalisches k. – Die Spirans germanisch h ist vor Konsonant und im Auslaut so einheitlich ch, daß ich die wenigen Ausnahmen (*geschiht* 938, *geschah* 1027, 3039, *hohgeporen* 1735; *zoh* 1883, *zuht-* 2196; *stahlein* 2724) angleiche, ebenso die umgekehrten Schreibungen (*schmäh* 2208, *-leih* 3051) zu ch. Zwischenvokalisch gleiche ich zu h aus (etwa 30 Schreibungen wie *leichen, sachen, nachen, gachen, fliechen, hocher, zacher, twechel*). Die umgekehrte, ebenfalls beseitigte Schreibung h für ch ist sehr viel seltener. Beseitigt habe ich auch einige c für ch (*tractein, hoczeit*).

13) Die Assimilationsform *sampt*, die immer auch im Reim steht, ist dort durch *sant* ersetzt, desgleichen *pischolff* (hsl. immer so) durch *pischof*. Gelegentlichen Nasalausfall vor stimmloser Spirans (*neustund, diestman*) und in *junkfrau* (häufig, aber wohl nur durch Vergessen des Nasalstrichs) sowie Einschub von ch vor t (*wilprächt*) mache ich rückgängig. st statt ft behalte ich nur in *kunst* (=*kunft*) bei (hsl. je einmal *claster* 3095, *funsten* 3244, und öfter *krestic-*).

14) *-e* statt zahlreichen *-eu* im Akk. Sg. und Pl. fem. des Adj. bzw. Art. – Dat. des Pers. pron. *dir* statt häufigem *der (d')*, *wir* statt gelegentlichem *mir; dich* und *sich* statt *di* und *si* (kommt öfter vor; einige textkritisch interessante Fälle habe ich gekennzeichnet). – *er-* statt relativ häufigem *der-*, aber nicht in der durchwegs verwendeten Form *aus der massen* (hsl. auch *auster-*), und *ge-* statt auch nicht seltenem *be/we-*, außer in *benomen* und *(pei)bestan*. – *-en* statt *-ent* in der 1. Pl. Ind. Praes. und im Praet. Pl. (wenige Fälle); – *was* statt *war* (dreimal).

III. Einrichtung: fast alle nicht unter diese Rubriken fallenden Veränderungen des handschriftlichen Bildes sind im Text selbst dem Typ nach markiert, damit wenigstens die Leithandschrift als ganze deutlich vor Augen bleibt: *ergänzte Verse* stehen in *fetten eckigen Klammern.* Von mir innerhalb solcher Ergänzungen vorgenommene Besserungen sind im Text nicht gekennzeichnet. *Wortergänzungen* in *einfachen eckigen Klammern.* Alle Ergänzungen sind graphisch an die vereinheitlichte Schreibung von M angeglichen. Wenn ein *Wort ausfällt,* ist es durch leere *runde Klammern* ersetzt (Verse entsprechend am Rand nach der vorhergehenden Zeile). Änderungen der *Wortfolge* sind durch *Sperrdruck* der Passage, der vertauschten Wörter oder (bei Umstellung nur eines Wortes) des betreffenden Wortes hervorgehoben. Auf *Ersatz* eines Wortes oder einer Vorsilbe (gelegentlich auch einer Phrase) weist *Kursivdruck* dieser Silbe, dieses Wortes oder (bei gleichem Stamm) des ausgetauschten Wortteils hin. Auch *Buchstabenzusatz, -tausch* oder *-ausfall* innerhalb oder an den Rändern eines Wortes ist *kursiv* gesetzt (bei Ausfall oder Zusatz die beiden benachbarten bzw. der vorhergehende oder folgende Buchstabe. Mit einer *Ausnahme:* Ergänzungen von Buchstaben, die sich von selbst verstehen bzw. wie im Fall der Nebensilbenvokale, durch eine generelle Regelung begründet sind, stehen in *eckigen Klammern.*

Nur aus dem Apparat ersichtlich sind dann lediglich Schreiberkorrekturen und Zusammenziehungen zweier Verse in eine Zeile. Umgekehrt enthält in allen Fällen, in denen im Text (fette oder normale) eckige Klammern steht, der Apparat keinen eigenen Hinweis auf M mehr. Fehlt ein Vers oder ein Wort auch in anderen Handschriften, dann sind natürlich diese benannt; für die in eckigen Klammern gesetzten Buchstabenzusätze erübrigt sich auch dieser Nachweis.

B. Der Apparat

I. Grundsätze: die Vershandschriften sind in vollem Umfang berücksichtigt, die Prosa u/b überhaupt nicht und die Prosa s nur in Auswahl. Aus s verzeichne ich 1) einige größere Lücken und kleinere, d. h. meist einversige, nur dann, wenn noch zwei weitere Handschriften dieselbe Lücke aufweisen oder wenn ich im Hinblick auf einen Lesartenkonflikt angeben will, daß s hier nicht weiterhilft. 2) Bezeichnende Lesarten zu Namen, Zahlen und textgeschichtlich interessanten Wortformen. 3) Lesarten, die bei systematischer Berücksichtigung von s als Mittler zwischen MI und WS die gewählte Textform u. U. wieder in Frage stellen könnten. 4) Im vollen Wortlaut Stellen, an denen s für schwer Verständliches, ungeschickt Formuliertes oder irreparabel Verderbtes, wenn nicht eine textkritische Lösung, so doch eine Interpretation bietet.

Vielfach habe ich die Lesarten nicht einzeln verzettelt, sondern Einzelverse und v. a. auch längere Abschnitte im Wortlaut mitgeteilt. Bei Einzelversen ergibt sich das oft schon daraus, daß der Vers ohnehin mehrfach zitiert werden müßte, ohne daß sich aus diesen Einzellesarten bezeichnende Übereinstimmungen mit anderen Textzeugen ergäben. V. a. aber steht bei einer Überlieferung (und Dichtung) dieser Art vieles Abweichende in einem weiteren Zusammenhang, der die Einzellesart erst verdeutlicht; oder umgekehrt: die Abweichung im einzelnen ist relativ unwichtig gegenüber der Tatsache, daß die Passage ganz um- oder neugestaltet ist. Im größeren Maßstab heißt das, daß ich z. B. nicht nur den Anfang von I und dann erst wieder die Lückenfüllsel ab 387 ausschreibe, sondern I bis Vers 678 hin als selbständige Einheit fasse, obwohl zwischendurch ca. 40 Verse im wesentlichen den ‚Standardtext' wiedergeben.

Dieses zweigleisige Verfahren bedingt, daß manchmal die Entscheidung für die eine oder andere Form der Mitteilung ‚nach Gefühl' getroffen werden muß. Ich habe lieber zu viel als zu wenig ausgeschrieben, aber versucht, dabei den Kontakt mit den Varianten der anderen Handschriften nicht zu verlieren. Wenn damit die Überlieferung und ihre besonderen Probleme jetzt lebendiger vor Augen treten, dann ist in jedem Fall der Hauptzweck erreicht.

Die im traditionellen Verfahren systematisierten Angaben betreffen (vollständig) Abweichungen in Versbestand und -anordnung sowie in Wortlaut und -folge. Bei Abweichungen in der Morphologie, bei mundartlich oder zeitlich bedingt verschiedenen Wortformen und bei Schreiberversehen waren drastische Einschränkungen erforderlich (rein orthographische und durch Verlust oder Zusatz von Nebensilbenvokalen verursachte Unterschiede entfallen ganz), ich habe aber auch in diesem Bereich versucht, den Charakter der Überlieferung zur Geltung zu bringen.

Grundsätzlich ist aufgenommen, was irgendwie von textkritischem Wert sein kann oder die Lesart einer anderen Handschrift deuten hilft. Verschreibungen und Korrekturen darüberhinaus auch, soweit sie die Arbeitsweise illustrieren (ausgenommen die meisten nachträglichen Korrekturen des Korrektors in I), und alles, was den Reim stört (etwa *gieng: ließ*, aber nicht *gieng:hieng* statt *gie:hie*).

Es fehlen Fälle wie *wann/wenn, dann/denn, nit/nicht, mer/me, nicht mer/nimmer, gegen/gen/gain/, nindert/nienert, als/also, der-/er-, di/dich, si/sich, mir/wir, werben/werfen, beslahen/beslagen, hirsch/hirs, hiet/het, kom(en)/kum(en), wir sein/wir sint*; ferner kontrahierte und nicht kontrahierte Formen wie *haben/han, lassen/lan, saget/sait, gieng/gie, ließ/lie, maget/mait, geschehen/geschen;* auch Enklise, *komen/kom wir* und Fälle von Ekthlipsis wie *ein/einen (kein/keinen* usw.) im Akk. Sg. mask., Dat. Pl. *sein/seinen* usw., oder Dat. Sg. *eim*.

Verschiedene Charakteristika dieser Art habe ich bei der Beschreibung der Handschriften erwähnt und schon deshalb mit gutem Gewissen ausgeschlossen. Einiges andere, das zum Teil sonst aufzunehmen wäre, stelle ich zusammenfassend dar: M allein hat *dhain* neben *kain, anderst* und Pl. *paideu* statt *anders* und *(b/p)aid(e)*. I hat durchwegs *Warmüt* und *erwider*. W hat bis einschließlich 289 *warmuet*, durchwegs *oswolt* und *oran* und kürzt ab 2746 häufig *sant* zu *S* ab. S hat immer *obnen* (= *oben*), *sibegz* (wenn nicht Zahlzeichen), *kuinstrich* und meist *an ander* für *einander*. Zu erwähnen wäre auch, daß der Schreiber von S (besonders am Anfang), wenn er zwei Verse in einer Zeile zusammenfaßt, den Beginn des zweiten durch Majuskel bzw. Rötung anzeigt: 7, 15, 81, 89, 97, 99, 107, 125, 837, 841, 905, 949, 957; später auch die sekundären Verse nach 1430, 2503 und 2625. *hirsch* ist die Form von M und W, S und I schreiben *hirs* oder *hirz*.

II. Einrichtung: die folgenden Regelungen können der Deutlichkeit halber nicht immer eingehalten werden, gelten aber ganz überwiegend:

Angaben zum Vers als ganzem: Fehlen, Zusammenziehung oder Tausch mit dem folgenden Vers ist in Klammern zu *Anfang* verzeichnet, z. B. 389 (f. W), 17 (+ 18 W), 69 (∞ 70 W). Ausfall mehrerer Verse ist *vor* der betreffenden Stelle summarisch angegeben, bei längeren Passagen in Fettdruck. Im Wortlaut zitierte Verse folgen den Einzellesarten zu der betreffenden Zeile, desgleichen der Hinweis, daß der Vers auf zwei Zeilen verteilt ist (in der Form 891 ... *wein/Und* I). Plusverse sind durch Pluszeichen angesagt, nach Strichpunkt (und nicht nach Punkt), wenn der vorausgehende Vers mitzitiert ist. Partien von mehr als einer Verslänge sind abgesetzt gedruckt. Sie stehen am *Ende* der betroffenen Stelle, aber bei längeren Zitaten ist zu Beginn eigens darauf in *Fettdruck* und mit dem Zusatz „anders" verwiesen. Wenn es sich ohne Schwierigkeit bewerkstelligen ließ, habe ich durch +/ bzw. f. angegeben, wo kürzere Passagen dieser Art zusetzen bzw. auslassen.

Die Lesarten sind im allgemeinen diplomatisch getreu wiedergegeben, bei Zusammenfassung mehrerer in der Form der erstgenannnten Handschrift. In einigen Punkten weicht die Wiedergabe von der handschriftlichen Schreibung ab: 1) Zeilenanfang groß, alles andere klein. – 2) Diakritische Zeichen ˎ, ″, ˙ einheitlich ¨; Punkte über y entfallen. – 3) s ist rundes und geschäftetes s. — 4) ' steht auch dort, wo der Haken an den Schaft des s angesetzt ist. — 5) Bei Wortumstellung, auf die nur durch *vor* oder *nach* verwiesen ist, wird die Schreibung des

Textes beibehalten, ebenso, wenn es um die Bezeichnung einer Zeilengrenze geht. — 6) Die Handschrift S verwendet in der Stellung, in der traditionell j häufig ist, eine Buchstabenform mit stark geschwungenem Aufstrich, die Baesecke meist als y wiedergegeben hat. Ich schreibe j, im Unterschied zu y, das in der Verwendung wie in der Form (ÿ, ij) sich deutlich unterscheidet.

Zitiert wird in der Reihenfolge MIWSs. Nur wenn der Zusammenhang nicht ohne weiteres klar ist, wird eckige Bezugsklammer verwandt. Abweichende Position eines einzelnen Wortes ist mit dem Zusatz *vor* oder *nach* gekennzeichnet, sonst ist die Passage (in Wortlaut oder abgekürzt) als ganze angegeben (auch bei Umstellung benachbarter Wörter). Um Wortzusätze zu markieren, führe ich die benachbarten Wörter mit auf: in abgekürzter Form, wenn sie nicht ohnehin als eigene Lesarten zu behandeln waren. Im letzteren Fall ist meist nur eins der Nachbarwörter gekennzeichnet, und nachdem Zeilenanfänge groß geschrieben sind, erübrigt sich bei Zusätzen an 2. Stelle im Vers meist der Hinweis auf das Vorhergehende. In anderen Fällen bezeichnen solche Abkürzungen Anfang oder Ende einer Lesartengruppe oder füllen die Lücke bis zur nächsten Lesart.

Genauso wie Wortzusätze identifiziere ich falsche Wortansätze etc., gegebenenfalls mit dem Vermerk „gestr.(ichen)" hinter dem Wort oder Wortteil. Handelt es sich um mehr, dann geht dieser Hinweis (mit Doppelpunkt) voraus und gilt, wenn nicht anders angegeben, bis zum Schluß des Verses. Nachtrag von Wörtern oder Buchstaben durch den Schreiber oder einen Korrektor sind durch v als über der Zeile und mit v Rd. als am Rand eingeschoben gekennzeichnet (gegebenenfalls mit dem Zusatz „K.[orrektor]").

C. Einzelnes zu Text und Apparat

Zur Rechtfertigung einzelner Emendationen und Konjekturen fehlt mir der Raum. Mancherlei stützende Parallelstellen, Diskussionen bestimmter Wortformen und Vorschläge zum Text findet man in Baeseckes Anmerkungen. Ich bespreche nur kurz einige Unterschiede zwischen der alten und der neuen Ausgabe, um die Benützbarkeit beider zu erleichtern.

Die neue Ausgabe hat insgesamt 11 Verse mehr, setzt keine Textlücken voraus und hält sich in der Versanordnung enger an die Überlieferung. Unbezifferte Lücken in der alten Ausgabe (in Klammern deren Verszählung): nach 178 (178), 356 (351), 458 (453), 506 (501), 2438 (2429), 2448 (2440), 2702 (2694), 2738 (2730), 2830 (2822), 3404 (3393). Einige Male hat Baesecke durch eigene Zutat solche Lücken gefüllt: nach 464 (459ab), 2152 (2144a), 3308 (3297ab). Nur in einem, noch nicht erwähnten, Fall hat sich mir diese Annahme bestätigt (2114, = Baesecke nach 2106), ich habe aber nach Baeseckes eigenem, in der Anmerkung dazu notierten Vorschlag den Wortlaut ergänzt. Sonst ist entweder der Text durchaus verständlich oder die Syntax verderbt. Es fehlen bei mir auch Verse, die Baesecke allein aus S geholt (und mitgezählt) hat: nach 756 (750f.), 762 (760), 2448 (2440), 2160 (2153). Sie werden durch W als Zusätze von S erwiesen. Hinzutreten demgegenüber folgende Verse: 218f. (nach 217), 224f. (nach 221), 248 (nach 243), 790/792 (nach 787/789), 795 f. (nach 790), 1650 nach 1643), 2114 (nach 2106; hierzu oben), 2213f. (nach 2205), 2925f. (nach 2916), 3222 (nach 3211). Damit sind u. a. alle von Baesecke als Leerzeile offengelassenen, aber nicht mitgezählten Lücken gefüllt.

Im Unterschied zu Baesecke habe ich die Anordnung der Handschriften beibehalten in 113ff. (113ff.), 1597–1616 (1591–1610; s. o. S. XLIV), 3225–3234 (3214–3223). Umgestellt habe ich dagegen innerhalb der Verspaare 1903 f. (1896 f.), 2419f. (2410f.), 2116f. (2109f.). Die sich aus all dem ergebenden Differenzen sind nicht so groß, daß es nötig gewesen wäre, die Zählung der alten Ausgabe fortlaufend zu vermerken.

Die wesentlichsten Unterschiede in Text und Apparat ergeben sich natürlich aus den ganz verschiedenen editorischen

Prinzipien. Es bleiben im Apparat aber selbst nach großzügiger Interpretation von Baeseckes Grundsätzen zahlreiche Divergenzen übrig, die nicht nur Flexionsformen, sondern v. a. auch Wortbestand und Wortlaut betreffen. Ich haben sie abschließend noch einmal überprüft und kann deshalb, soweit sich das jemals mit Sicherheit behaupten läßt, sagen, daß meine Lesung die richtige ist.

Vorschläge zur Textgestalt hat nach Baesecke selbst in größerem Umfang nur noch W. Wilmanns in seiner Rezension gemacht (zu H. W. Keim s. o. S. LVIII). Ich führe sie an, soweit ich sie akzeptiert habe (in Klammern „B", wenn auch Baesecke später zustimmte: Zur Kritik...): 22 streiche *Den* (B.), 197 *erwallen* (B.), keine Lücke nach 506, 815 *lieb*, 818 *herab* (aber unter Beibehaltung von *in den sal*), 2160 keine Störung, 2198 *porgen* (B.), 2344 *dem hirschen*, 3088 *enpart*, 3383 *bessern* (B.).

An anderen Stellen hat Wilmanns zumindest auf eine mögliche *crux* der Überlieferung hingewiesen (daß er hier wie auch sonst Baeseckes Anmerkungen dazu nicht verglich und sich für S auf Ettmüller verließ, erklärt Baeseckes ärgerliche Reaktion). Ich erwähne nur: 650 (Wilmanns: *crappen*), 1173 f./1401 f. (Subst. *glast*; das Verbum ist aber durchaus belegt), 1629/2655 (*auf*; obwohl W dies jetzt für 2655 stützt, ist bei solchen Richtungsadverbien doch schwer zu sagen, welche Vorstellung zugrundeliegt), 1728/29 (S gibt den Gedanken richtig wieder; mir scheint alte Verderbnis vorzuliegen). 2114 (die ganze Stelle interpoliert; vgl. o. S. XLVII), 2152 (Ergänzung irgendwelcher Art nötig).

Zum Schluß noch ein paar Bemerkungen zu einigen Namen: *Sewart* 1574 steht nur in MI (und danach in u/b) und scheint mir verdächtig, ohne daß ich eine Konjektur anzubringen wagte (...*vaters art*?). *Paug* 239 ist durch W völlig gesichert (R. Bräuer, Das Problem des ‚Spielmännischen', S. 26 ff., setzt *Pang* an; vgl. Verf., ‚Spielmannsepik', S. 99) und gehört zum weit verzweigten Stamm *pug*-, der Orts- und Rufnamen liefert. Im ‚Wolfdietrich' B heißt z. B. der eine Bruder Wolfdietrichs *Bouge* (258,3 u. ö. Lesarten *paug, püg, bug*). *Salunders* 480 ist mit *Suders* (‚Ortnit' 1,1 u. ö.; Lesarten: *lunders, sunders*) zu vergleichen[16] und u. U. eine entstellte Form dieses Namens (Bräuer, a. a. O., S. 53). Näher scheint mir aber jetzt doch die Basis *Lunders* = London zu liegen, sowohl geographisch wie auch im Hinblick darauf, daß es eine der durch ihre Goldschmiede berühmten Städte des Nordens war. Etwa ‚Die Minneburg' (ed. H. Pyritz, 1950, V. 185 f.): *es kunde so vil wunders/kein meister nie von Lunders.*

[16] = Tyrus: vgl. Ortnit und die Wolfdietriche, ed. A. Amelung und O. Jänicke, Bd. 1, S. XXX, Anm.

BIBLIOGRAPHIE

Einzelaspekte (einschließlich der Sprache) des Werkes sind nur selten gesondert behandelt worden, so daß die Literaturangaben wenig detailliert ausfallen. Ich beschränke mich ohnehin auf eine Auswahl und verweise (v. a. auch für alle Fragen, die die spielmännische Epik insgesamt und das Problem der Verfasserschaft und Datierung betreffen) grundsätzlich auf G. Baeseckes Untersuchung und die unter 2 genannten jüngsten Forschungsberichte.

1. Ausgaben

L. Ettmüller, Sant Oswaldes Leben. Ein Gedicht aus dem 12. Jahrhundert. Zürich 1835 (*S*).
Rezz.: A. Schmeller, in: (Münchner) Gelehrte Anzeigen 1 (1836), Sp. 993—998, 1001—1007, 1009—1016. F. J. Mone, in: AfKddt Vorzeit 4 (1835), Sp. 414—421.

I. V. Zingerle, Eine prosaische Bearbeitung der Oswaldlegende, in: AfKddt Vorzeit, N. F. 4 (1857), Sp. 38—40 (zwei Proben aus *s*).

M. Haupt, Oswalt, in: ZfdA 13 (1867), S. 466—491 (*b*).

A. Ph. Edzardi, Die Stuttgarter Oswaltprosa, in: Germania 20 (1875), S. 190—206, und 21 (1876), S. 171—193 (*s*, mit Ausnahme der von Zingerle mitgeteilten Stellen!).

G. Baesecke, Der Münchener Oswald. Text und Abhandlung. Breslau 1907 (der kritische Text).
Rezz.: W. Wilmanns, in: GGA 171 (1909), S. 108—127. G. Ehrismann, in: AfdA 32 (1908), S. 174—193, und 33 (1909), S. 123. Dazu G. Baesecke, Zur Kritik des Münchener Oswald, in: ZfdA 53 (1912), S. 384—395.

A. Vizkelety, Der Budapester Oswald, in: PBB (Halle) 86 (1964), S. 107—188 (*u*).

2. Forschungsberichte

W. J. Schröder, Spielmannsepik. Stuttgart 1962 ([2]1967).

M. Curschmann, ‚Spielmannsepik'. Wege und Ergebnisse der Forschung von 1907—1965. Mit Ergänzungen und Nachträgen bis 1967. Stuttgart 1967.

3. Kritisches zum Text und zur Sprache

K. Bartsch, Die deutschen Gedichte von St. Oswald, in: Germania 5 (1860), S. 129—174 (Kollation von M mit Ettmüllers Text).

I. V. Zingerle, Über zwei tirolische Handschriften. II: Sant Oswalt, in: ZfdPh 6 (1875), S. 377—404 (Kollation von I mit Ettmüllers Text).

A. Ph. Edzardi, Die Stuttgarter Oswaldprosa ... (oben unter 1).

W. Wilmanns, Rez. Baesecke (oben unter 1).

H. W. Keim, Rez. G. Baesecke, Der Wiener Oswald (Heidelberg 1912), in: AfdA 36 (1913), S. 240—251.

H. W. Keim, Das Spielmannsepos ... (unten unter 4).

A. Vizkelety, Zur Orthographie und Lautlehre des Budapester Oswald, in: Acta Linguistica Academiae Scientiarum Hungaricae 9 (1959), S. 375—383.

4. Entwicklungsgeschichte, Interpretation, Datierung

K. Bartsch, Die deutschen Gedichte (oben unter 3).

J. Strobl, Über das Spielmannsgedicht von St. Oswald, in: SBW, phil.-hist. Kl. 64 (1870), S. 457—504 (Strophentheorie).

A. Ph. Edzardi, Untersuchungen über das Gedicht von St. Oswald. Hannover 1876.

G. Ehrismann, Rez. G. Baesecke (oben unter 1).

W. Wilmanns, Rez. G. Baesecke (oben unter 1).

H. W. Keim, Das Spielmannsepos vom heiligen Oswald. Diss. Bonn, Düsseldorf 1912.

E. Schreiber, Untersuchungen zur mhd. Spielmannsdichtung König Oswald. Diss. (Masch.) Wien 1943.

J. Dünninger, St. Oswald und Regensburg (unten unter 5).

M. Curschmann, Der Münchener Oswald und die deutsche spielmännische Epik. Mit einem Exkurs zur Kultgeschichte und Dichtungstradition. München 1964.

R. Bräuer, Das Problem des ‚Spielmännischen' aus der Sicht der St. Oswald-Überlieferung. Berlin 1969. Vom selben Verfasser zu vergleichen:
Literatursoziologie und epische Struktur der deutschen „Spielmanns"- und Heldendichtungen. Berlin 1970.

W. Haug, Struktur und Geschichte. Ein literaturtheoretisches Experiment an mittelalterlichen Texten, in: GRM (N. F.) 23 (1973),

S. 129—152 („Der Münchner Oswald' als eines der vier diskutierten Beispiele).

5. Legende, Kult und Ikonographie

I. V. Zingerle, Die Oswaldlegende und ihre Beziehung zur deutschen Mythologie. Stuttgart/München 1856.

A. Berger, Die Oswaldlegende in der deutschen Literatur, ihre Entwicklung und ihre Verbreitung, in: PBB 11 (1886), S. 365—469.

S. Schultze, Die Entwicklung der deutschen Oswaldlegende. Diss. Halle 1888.

J. Dünninger, St. Oswald und Regensburg. Zur Datierung des Münchener Oswald, in: Gedächtnisschrift für A. Hämel (Würzburg 1953), S. 17—26.

A. Vizkelety, Der Budapester Oswald (oben unter 1).

M. Curschmann, Der Münchener Oswald (oben unter 4).

wolt ir herschaft stille tagen,
so wolt ich euch chunden und sagen
von dem miltisten man
so er daz leben ie gewan:
daz was sand Oswalt aus Engellant,
also tuot uns daz puoch bechant.
dem dien*ten* chreftikleich
zwelf kun[i]kreich;
zwelf kunk die dien*ten* im schon,
iegleicher under seiner gulden kron;
vier und zwaitzig hertzogen he*r*
die dien*ten* im durch sein grosse er;
sechs und dreissig grafen lobsam
die dien*ten* im mit mangem werden man;
neun edel pischof
die dien*ten* im auf seinem hof;

Überschr.: (*rot*) Liber sancti oswaldi *M*, Hie hebt sich die hystory an von sand oswalt wie er erwarbe chünigs aronis tochter üwer mer alleluia *I*, Von dē hochgeloptē miltē vñ edeln könig sant oswalt vō engellant *s*, *f. WS.*

1–680 *anders I.*

1 Wǒlt jr hören stil gedagen *S.*

2 wil *S.*

3 milten *S.*

4 ers *W*, er deß *S.*

5 jn *WS.*

7 dienēt *M.*

7.8 *in W/S:*

Dem dieñt pürg vnd
[weyte landt
jm dient czweliff chünig-
[reich

Dem dientent frintlichen
[zwölff küngriche

9 die *f. WS*; dienēt *M.*

11 herczog *W;* herr *M*, her'en *S.*

12 Die *f. WS*; dienēt *M*; eren *S.*

14 Die *f. WS*; dienēt *M*; pider man *WS.*

15 + 16 *S.*

16 Die *f. W*; dienēt *M*; seinen *W*; Dientent jm ze hoffe *S.*

ritter und knecht
die dien*ten* im gar recht.
nun verwaiset sand Oswalt frue,
daz im gie grosseu sarg zuo;
er lebt mit sargen
abend und den margen;
des twang in grosseu not,
wann im was vater und muoter tod.
er was jung zuo der stund,
daz er sich nicht versinnen kund:
der milt kun[i]g Oswalt
was nür vier und zwaitzig jar alt.
doch wie gar er ain kind was,
des reichen gots er nie vergaß:
er was ze allen zeiten i*n* [dem] ge*trächt*,
wie er got wol gedienen mächt.
er sprach: »himlischer degen,
ich wil dir dienen die weil ich han mein leben.«
er sprach: »solt ich mich sein nicht schämen,

17 (+ 18 *W*) u. och k. *S*.
18 Die *f*. *S*; dienēt *M*, diettena *W*; vil *WS*.
19 verwasent *S*; Vnd v'wayse sich sant oswolt früe vnd spat *W*.
20 grosseu *f*. *W*; not *S*.
21 (+ 22 *MW*) m. grossen s̊. *S*.
22 Dē a. *WS*.
23 Des] Sorg *WS*; i. in g. *S*.
27 (+ 28 *W*) k. sant o. *S*.
28 nū *S*.
19–28 *in s:*
Nu starbe sin vatt' vñ mûtt' do er nümen xxiiij jar alt was do was er in grossen sorgē wañ er noch so jung was dz er sich nit v'synnē künt als jm wol not were
30 gots] chinds *W*.
31 im gerecht *M*.
32 wol *f*. *S*.
34 mein] daß *S*.
35 s. vñ s. *S*; schemen *S*.
31–35 *in W:*
Er was zu aller czeit
jn dem gedracht wie er got
[gedienē möcht
er sprach himelischer de-
[gen ich wil mich dir er (v)
[geben
dy weyl ich han mein leben
er sprach dez solt ich
[mich schamen

so wolt ich geren ain frauen nemen.
nun pin ich ain kindischer man:
herr, wie sol ich ez greifen an?
ich näm geren ain magedein,
möcht ez nür an sund gesein.
ei himlischer furst her,
nu gib mir rat und ler!«
daz geschach aines nachtes do lag er und schlief:
sein hertz im zuo den sinnen *rief*:
»Oswalt, sullend deineu land an ein frauen stan?
treun, daz ist nicht guot getan!
zweu sullen dir weiteu kun[i]kreich,
du hiets[t] dann ain frauen tugentleich?
sturbstu, so wurd ez erblos:
nim dir ain*e* die sei dein genoß!«
er gab im selber rat und ler
und gedacht auch hin und her
an der selben stund,
wo er sein genossen fund.
er het in seinem geträcht[e],
daz er nindert vinden mächt[e]
in zwelf kun[i]kreichen

36 geren *f. S.*
37 i. so gar a. *W*; kintlicher *S.*
38 H. got w. *WS.*
39 megedlin *S.*
40 nū *S*; Möcht es deÿ will gesein *W.*
41 Ei *f. W*; Er sprach himelschlicher got vñ her' *S.*
43 Daz geschach aines] Deß *S*, Eines *s*; er lag *WS*; nachtes/ Do *M.*
44 im *vor* Sein *W*; rüft *MW*, riefft *S.*
45 O. czwe s. *W*; stan *f. W.*
46 wol *WS.*
47 Zwai sint *S.*
48 frauen] kunig *W*; Darvmb hettest den ain fraẘen tugent rich *S.*
49 Vnd (Deñ *S*) s. *WS.*
50 aineiu *M*; Nym aine dy dir sey genos *W.*
52 Er *S*; auch *f. W*; a. fast h. *S.*
53 + 54 *W.*
54 genose *S.*
55 dracht *W.*
56 nienen *S.*
57 chünigreich *W.*

daz im möcht geleichen.
nun gab im sein engel in den muot:
»ich wil *dir* rat[en], furst guot:
nim dir dhain frauen in den landen dein.
ich wil dir ez raten auf die treuen mein:
du muost varen uber mer
mit ainem kreftigen her
nach ainer haidnischer kunigin*ne*:
die soltu uber mer her pringen.
[du muost in die haidenschaft cheren]
und kristenleichen glauben meren.
nim di*r* ein haidmische kun[i]gin,
daz ist gots will und () der lieben muoter sein!«
do er den rat wol vernam,
des fräuet sich der werd man.
er sprach: »himlischer furst guot,
nun hilf mir uber des meres fluot!«
sand Oswald dannoch in sargen lag
die lang nacht huntz an den tag,
wie er im aines sinnes erd*ä*chte,
daz er die seinen zuosamen prächte.
nu lie er nicht beleiben
und *hieß* im prief schreiben:
() poten er gesant
in alleu seineu lant;

58 Die *S*; i. nicht m. *W*.
59 e. rat i. *W*; dem *W*, sinen *S*.
60 euch *M*; r. edeler f. *S*.
61.62 *f. W*.
61 den landen dein] dinen landen *S*.
62 ez *f. S*; truwe *S*.
64 krefftigem *S*.
65 haidnischen *WS*; kunigin *MWS*.
66 her *f. W*.
67 in *f. W*; haidenischen *S*.
69 (∞ 70 *W*) die *M*.
70 Durch gotteß willen *S*; u auch d. *M*.
71 vol *W*.
75 dannoch *f. W*.
77 im *f. W*; erdachte *M*, bedacht *W*, bedåcht *S*.
80 Er *S*; lie *M*; in *W*.
81 (+ 82 *S*) Ainē p. *M*; e. dar (do *S*) sand *WS*.

er enpot [mit eren]
allen seinen landes heren;
von den wolt er rat nemen,
des mocht er sich nindert schämen.
[do si sein potschaft vol vernamen,]
wie pald sie gen hof k*a*men!
ritter und knecht
die im waren gerecht;
zwelf kun[i]g kamen im schon,
iegleicher under seiner gulden kron;
vier und zwaitzig hertzogen her
die chomen im durch sein grosse er;
sechs und dreissig grafen lobsam
die chomen mit mangem werden man;
neun edel pischof
chomen *im* auf seinen hof;
die pesten herren all[e]
chomen dar mit schall[e].
do si *nu* gen hof waren komen
und daz sant Oswalt het vernomen,
hort, wie er unter in umbgie
und si gar wirdikleichen enpfie:

83 (+ 84 *M*) gebot do m. *S*.
84 Vber all *M*; land *W*.
85 denen *S*.
86 bedorft *S*; nit *S*; schamen *W*, schemen *S*.
87 die her'en *S*; vol *f*. *S*; vernumen *W*, vernomen *S*.
88 gen hof] zů ain ander *S*; kämen *M*, chumē *W*, komend *S*.
89 + 90 *S*.
90 recht *W*.
92 gulden *f*. *W*.
93 zwaiczigñ *M*.
94 siner *S*.
96 Die *f*. *S*; c. jm m. *WS*; bider man *S*.
97 + 98 *WS*.
98 im] den kung *M*, *f*. *W*.
99 + 100 *S*.
100 dar] jm *S*.
99.100 *in W:*
Vñ dy pesten all
dy chomē dar auf seinē [hof mit schall
101 im *M*.
103 Nū h. *S*; jnen *S*.
104 si gar *f*. *W*.

[frein und dienstman sunderbar,]
daz sag ich eu fur war;
ritter und knecht,
jeden man nach seinem recht;
er e*n*pfieng sein landes heren
wirdichleichen noch grossen eren.
do sprachen die helt hochgemuot:
»nun dank euch got der guot!«
sant Oswal*t* hau*s*er nie vergaß,
mit den herren er zuo tische saß;
er begund zuo haus laden,
als wir noch horen sagen.
do sprachen die dienstheren:
»her, wir tuon ez recht geren.«
also begunden si all[e] jehen:
»waz ir welt daz muoß geschehen.«
sand Oswalts er die waren groß,
den herren man do wasser goß;
die hochgeporen degen
satzt man do zuo tisch[e] eben:
er satzt si schon zuo tisch[e]
und gab in praten visch[e];

105 sunderbar *f. W*; Fryen grauffen sunder baür *S*, Fryē vñ grauē *s*.
106 euch *WS*.
108 Jedem *W*; geslächt *Ws*.
107.108 *in S:*
Ritter vñ knecht die jm [warend gerecht
vñ enpfeng iederman nach [sinem recht
109 erpflng *M;* land *W*.
110 Willikleich *W*; mit *S*; seinen *W*.
111 her'en *S*.
113–117 (*Rd.*:) c d a b c *S*.
113 oswalcz *M*; der h. *S*; haws er *MWS*; nicht *W*.
114 e. schon z. *S*.
115 gūnd *W*; sy z. *WS*.
116 noch *f. W*.
118 Her' wisten recht geren *S*.
119 alle *f. W*.
120 muoß] sey *W*.
121 oswolt *W*; die *f. W*; ward *W*, waß *S*.
122 daß w. bott *S*.
123 hochgelobtē *WS*.
124 Die s. *S*; Seczt *W*; do *f. W*.
125 + 126 *S*.
126.127 *f. W*.

er gab in semel und guoten wein
und waz da raines mocht gesein;
er gab in *za*mes und wilprät,
guoter kost alz gerät,
der aller pesten speis genuog
so mans fur heren ie getruog.
der edel furst wolgetan
begund mit den heren wirdschaft han:
vollikleichen zwelf tag
er ir mit grossen er[e]n pflag.
do sich die wirtschaft erlie,
sand Oswalt fur den tisch gie.
er sprach mit grossen er[e]n:
»nun merkt, all mein landes heren:
ir sult all sampt still[e] dagen
und merkt waz ich euch hab ze sagen.
ich han euch nicht umb sunst zuosamen pracht,
merkt wes mir sei gedacht:
einen rat wil ich von euch nemen,
des turft ir euch nindert schämen.
ritter und knecht,
ir sult mir raten recht;
hertzen lieben freunt mein,

126 Er *S*.
127 semelen *S*.
128 zameß *S*; möcht *MS*.
129 zämes *M*, czairs *W*.
130 alz *f. W*; Gůter spiß alß wol berait *S*.
132 trůg *S*.
133 edel *f. W*.
134 wirdschaft < vierdschaft *M*; habē *W*.
135 Vollikleich *WS*.
137 sich *nach* wirtschaft *W*; czergie *WS*.
139 gůten *S*.
140 land *W*.
141 sampt *f. WS*; getagen *S*.
142 hab ze] wil *W*.
143 e. vmb sunst her (nit *S*) nicht (zuo samen *S*) p. *WS*.
144 was *W*; Vnd merckent waß jch mir hab gedacht *S*.
145 e. gern n. *W*.
146 dürst *W*, bedurftent *S*; schamē *W*, schemen *S*.
147 Min r. u. min k. *S*.
149 Jr herczogen l. *S*.

nun rat mir waz daz pest mug gesein
mit treuen der ich euch getrau.
ir wist wol, () mein*e* land sta*n*t an ein frauen:
chun*t* ir mir indert gezaigen
unter kristen und unter haiden
ein kungin edel und reich
der leib sei kluog und minnekleich,
ir er michel und groß
und diu müg wesen mein genoß?«
man[i]k helt der frag erschrikt,
ie ainer den ander[n] anplicht:
sei besarg[t]en an den stunden,
daz si sein genossen nindert funden.
die herren giengen da zuo rat
paideu fruo und darzuo spat:
vollikleichen drei tag
ain iegleich*er* () seiner witz pflag.
ir aller treu da wol erschain:
die pesten wurden uberain

150 r. mit m. *W.*
152 w. daz *M*; mein land (ryche *s*) stat *Ms.*
150–152 *in S:*
Nu rauttent mir waß üch [dunck daß (v) biest sin
mit trüwen der jch (v *Rd.*) [üch getrüwe
vnd daß üch got dar vmb [beschawe
jr wissent wol mine land [stent on ain fraẅen
darvmb sond jr üch vm̃ [aine schawen
153 Cchund *M*, Kündend *S*; nindert czaigen *W.*
157 u. och g. *S.*
158 müg wesen] mir wessen *W*, och wol sey *S*; Die mir gemesse sy *s.*
159 Maniger *W*; f. hart e. *W.*
159.160 *in S:*
Vil menger hartt ab der [fråg erschricket
vñ für sich nider plicket
161 Die *S*; d. selben s. *S.*
162 genoß nienen *S.*
163 giengen] würdent *S*; da] doch *W.*
164 Paidew spat vnd frue *W.*
165 Vollichleich *W*; d. gancz t. *S.*
166 yegleich man da *M*; Ain yegleicher (*K*:) den andern ansach *W.*
167 da *f. W*; erschin *S.*
168 p. da w. *S.*

und sprachen zuo de*m* heren:
»nun riet wir euch daz pest geren,
nun ku*n* wir euch geraten nicht,
wie halt uns darumb geschicht.
eur gwalt ist aus der massen groß,
wir vinden nindert eur genoß;
in zwelf kun[i]kreichen
vind wir nindert euren geleichen,
si sein eur freunt oder eur aigen.
[davon chun wir euch nicht gezaigen,]
daz gelaubt uns, lieber herr mein:
wir wissen nindert ain kun[i]gin
der wir des mügen getrauen,
daz si euch gezäm zuo einer frauen.«
er sprach, als uns daz puoch vergicht:
»kunt ir mir dan geraten nicht,
so sult ir haim zu lande varen;
got der mag uns wol bewar[e]n!«
der hochgeporen degen
begund dem rat ein urlaib geben.
do in daz urlaib ward bechant,
do fuoren die herren haim zu lant;
do der rat ein ende nam,
do trauret der furst lobsam.

169 den *M*.
170 rat *W*.
171 kund *M*, künden *S*.
172 vns halt *WS*.
173 an d' mass *W*.
174 nienan *S*; ewrn *W*.
176 Do v. *S*; nienan wuer *S*.
177 sein] sy *S*; eur$_{1/2}$ *f. W*.
178 (*f. s.*) kundent *S*; nindert *W*, nienan *S*; zaigen *S*.
179 mein *f. W*.
180 nienan (niergē [*gestr.*]*s*) kein *Ss*.
181 eß *S*.
182 Daz si] Die *S*; czäm *W*, zim *S*.
184 Kindent *S*.
186 Got mües vns àll pewarn *W*, Der milt got mu̍ß üch bewaren *S*, Got müß üch alle bewarē *s*.
187 hochgelobt *WS*.
188 ein *f. S*.
189 ward] waß *S*.

nun ch*a*m auf seinen hof gega*n*
ein ellender waller wolgetan:
der was gehaissen Warmunt,
zwai und sibitzg land waren im ***kund***:
die hiet er erwallen mit er[e]n
in dem dienst unsers lieben heren
und durch die himlisch kun[i]gin,
darzuo stuond im daz gemüet sein.
er truog ein palm in seiner hant,
in gruest sand Oswalt in Eng[e]llant:
do in der kun[i]k ansach,
do begund er in grüessen und sprach:
»Warmunt, ellend pilgrein,
du solt mir gotwilchomen sein!
seit du mir zuo hof pist chomen,
dein kunst han ich geren vernomen.«
er gevieng in under sein arm drat
und fuort in in sein pest chemnat.
do si niemant hort weder sach,
hort, wie er fragt und sprach:
er sprach: »Warmund, ellender pilgrein,
sag mir auf die treue *d*ein:

193 chäm *M*; gegangẽ *MW*; Jm kam uff sin hoff gan *S*.
194 edler *WSs*; bilgrin *Ss*.
196 bechãt *M*; waren im kund *f*. *W*.
197 erwelt *W*, gewandlet *S*.
198 Zü *M*; vns' *W*.
199 Vnd durch die er der himelschliche küniggin *S*.
200 Dar czu stuend sein muet vñ sein syñ *W*.
202 Vñ *Ss*.
204 Er begund jn enpfachen vñ sprach *S*.
205 W. du *S*; edler *WS*, lieber *s*. +/ Aber etliche bücher sagẽ es were ein engel *s*.
207 Seint du mir pist ze hof (v*Rd*.) kömen *W*.
208 chunft *W*; Wañ er hatt vil v'nůmen võ siner kůnste *s*.
209 vieng *W*, nam *S*.
210 Er *W*; pest *f*. *S*.
211 n. weder h. *S*; weder] noch *WS*.
212 Nun h. *S*; e. jn f. *WS*.
213 w. du *S*; edler *WSs*.
214 Nu s. *S*; mein *M*.

kanst du mir indert gezaigen
unter cristen und unter haiden
ain kungin schon und [wol gestalt«
(also fragt sant Oswalt)
der leib sei hübsch und] minnekleich,
deu mir gezäm uber mein*e* reich?«
do sprach der pilgrein Warmunt:
»zwai und sibitzig land sind mir wol chund,
darinne waiß ich nicht«.
[Er sprach, als uns daz puoch vergicht:]
»edler furst lobsam,
noch wil ich euch raten, ob ich kan:
enhalb des [wilden] meres fluot
do waiß ich ain kungin also guot,
ich muoß dir der warhait jehen,
ich han halt so schons nie gesehen
als ir *werder* leib;
ich gesach halt nie schoner weib;
ir schön ist aus der massen groß,
an schön lebt nindert ir genoß.

215 nienant zaigen *S*.
218 f. jn s. *S*.
219 (∞ 220 *WS*) Vnd jr werder leyb hübsch vnd tugentleich *W*, Vñ die sy schön minenklich *S*.
220 mein *M*; Die mir gezim vnd minem rich *S*.
223 Darvm̄ *W*, Dar jn so *S*.
224 Ssprach er *W*, *f*. *S*.
226 dir *W*.
227 Enethalb d. witen *S*; flucht *W*.
228 künig *W*; so *S*.
230 halt *f*. *S*; so (v*M*) schons] schoners magedein *W*, so schônes bild *S*; geschehē *W*
231 Allso ist i. *WS*; schon' *M*.
232 Zwar i. *S*; halt *f*. *S*.
233 ist] waß (*auf Rasur*) jst (v*Rd*) *S*.
234 An schön] Schöner *W*; nienan *S*.
217–234 *in s:*
Ein königin schöne vnd wol gestalt vñ darzu jůng die mir gezeme zu einer königin über min ryche do sprach der pilgerin mir sint .lxxii. lant bekant vñ ich wil dir sagen edeler fürste einhalbe deß meres do weyß ich eī

milter kunig Oswalt,
ir leib ist min*ne*kleic*h* gestalt,
si ist tugentleich,
si gezäm dir wol uber deineu reich.
si ist die schon frau [Paug] genant
d*a ze* Aron in dem land.
da ist auch ir vater gesessen,
ein haidem so vermessen.
si ist ein haidmischeu kun[i]gin
und gelaubt an got und an die muoter sein.
si selb vierdeu junkfrau*e*
(her, des sult ir mir getrauen),
si hat cristen gelauben
[(her, daz ist an laugen)]
haimleich vor de*m* haidmischen man,
und west ers, er gewun ir daz leben an.
si wolten zuo der tauf keren
und kristenleichen glauben meren

königin die ist so schöne dz ich nye keī (v) schöner gesach
235 k. sant o. *S.*
236 mīkleik *M.*
237 i. rain vnd t. *W.*
236–238 *in S:*
Jr minenklicher lib ist so [wol gestalt
si jst och gar tugentklich
wañ si zimpt über ẅuer rich
239 frau paug] fraw *M*, paug *W*, fraẅ pamig *S*, fraẅe pauge *s.*
240 Dacz *M*, Zů *S.*
241 auch *f. S.*
240.241 *in s*:
Jr vatt' sitzet jn dē lande araon.
242 also *S*; vnuermessen *W.*
244 Sy *W.*
245 vierdeu] vnd ir (*gestr.*) drey *W*, vier' (r' *auf Rasur*) *S*; jukfrawn *MWS.*
246 daz s. du *W*; Her' jr sond mir daß geloben *S.*
247 (*f. S*) habent cristenleichen *W.*
248 *f. Ss.*
249 Haimleichen *W*; den *M.*
250 Und *f. WS*; twung *W*, gewin *S*; in *W.*
247–250 *in s:*
Vñ habēt cristē glaubē heÿlich vor dē haidischē könig west er es aber er neme jn ir lebē
251 w. geren z. dem *S.*

paideu spat und frue,
nun habent si niemant der in helf darzuo.«
do sprach der werd furst guot:
»nu muoß ich uber des meres fluot!
ich hilf in zuo der tauf,« sprach der jung degen,
»und gieng ez mir an mein werdes leben.«
er sprach, als wir horen sagen:
»nu solt ich ainen poten haben
uber des wildes meres fluot
zuo der werden kungın guot,
daz er mir erfüer die mär,
wes ir zuo muot wär:
wolt si cristen gelauben han,
daz solt si mich wissen lan,
so prächt ich zesamen ein mich[e]l her
und füer nach ir uber mer.«
do deu red vol geschach,
hort, wie der pilgrein sprach:
»Oswalt, hochgeporen degen,
du solt dich der maid verwegen!
daz ich dir han gesait
daz ist mir mit treuen laid.
hiet ich dir ez nicht geraten, furst her,

254 Vnd *S*; si *f. S*; n. dar (*gestr.*) d. *W*; hulf *W*.
255 werd *f. WS*.
257 dem *S*; t. gern (geren/Also *S*) s. *WS*.
258 mein werdes] dez *W*, min jungeß *S*.
259 w. eß h. *S*.
260 můß *S*.
261 Hin u. d. wilden *S*.
263 erfar *S*; mår < mer *M*.
264 Wie *W*; Ob jr můt zů mir wer *S*.
265 cristenleichen *W*.
267 i. (*gestr.*:) ein michel z. *M*.
268 i. hin u. *S*.
270 Nū h. *S*.
271 vil h. *S*; hochgelobter *WS*.
272 küniggin *S*.
273 d. nū h. *S*; h. ges (*gestr.*) von der chunigin g. *W*.
274 intrüwen *S*; laid < lait *M*.
275 ez *f. S*; furst her] furst vnd her' *W*, edler' her' *S*.

ich geriet dir ez nimmer mer.
du macht ir nicht gewinnen
mit allen deinen sinnen,
ez tuo dann got sein steur darzuo
paideu spat und fruo.«
»an gots hilf«, redt der werd man,
»treu ich sei nimmer gewinnen von dan;
doch [tuon] ich ez in dem namen [sein],
[warleich] auf die treue mein,
er hilft mir mit den genaden sein,
[daz mir werd die junge kunigin.«]
sand Oswalt der furst her
begund den pilgrein fragen mer:
»sag mir, pilgrein Warmunt,
dir ist doch wol chunt,
wie der haiden sei genant;
daz ist dir doch wol bechant.
sag mir seinen rechten namen,
des darft du dich ninder schamen.«
der pilgrein sprach mit eren:
»treun, daz tuon ich geren:
er ist genennet schon

276 riet *W*; es dir *WS*.
279 sein steur] sein genant *W*, selber *S*.
281 sprach *S*.
282 sei] jr *S*; von *f*. *S*.
281.282 *in W*:
Mit der hilff gocz sprach [der werd man
traw ich sey gewinen von [dan
284 Jmmer *S*.
285 helff *S*.
286 Vnd solt ich verliesen daz chünigreich mein *W*.
283–286 *in s:*
Jch tue es jn sinē namē vñ getrüwe jm er helffe mir zu der edeln königin
287 f. vnd her' *W*.
289 Nun s. *S*.
291 ist *W*.
292 dir doch jst *S*; chund *W*.
293 Nun s. *S*; rechten *f*. *S*.
294 Das *MS*; bedarft *S*; nit schemen *S*.
295 s. da m. *S*.
296 Trew *W*, Lieber her' *S*; i. recht g. *WS*.
297 genant *WS*.

und haisset kun[i]k Aron.«
er sprach: »Warmunt, dar soltu mein pot sein,
daz er mir geb die tochter sein!
darumb gib ich dir reichen solt,
paideu silber und golt;
ich wil dir geben ein hertzogtuon,
du macht die potschaft wol mit eren tuon.«
do sprach der pilgrein:
»des uberhebt mich, lieber her mein!
milter kunik Oswalt,
ez ist so groß des haidens gwalt,
ez ist nie kain pot dar chomen,
der haidem hab im sein leben genomen;
ez ist chain pot nie chomen dar,
der haidem nem sein vil guot war;
der in pit umb die kun[i]gin
dem schlecht er ab daz haub[e]t sein.
der haidem hat daz verschworen
(gelaubt mir ez, furst hochgeporen),
er wel die tochter niemant geben
all die weil er hab sein leben.
er hat ains in seinem muot,

298 Vnd (Er *Ss*) haist der reich chunig (*f. S*) oran (aaron *S*, võ Appion *s*) *WSs*.
299 dar soltu] du solt *WS*; pot *f. W*.
300 die tochter sein] daz magedein *W*, die tochter sin (v *Rd.*:) die jungen künig-gin *S*.
303 ainen hertzogen tům *S*.
305 + 307 (306 *f.*) *W*.
306 über heb *S*.
307 k. sant o. *S*.
308 alß *S*; hayden *W*.
309.310 *f. W*.
309 nie *vor* dar *S*.
311 nie *vor* chain *W*.
312 näm *W*; seines leben *W*, sein vil eben *S*.
313 bätt *Ss*.
315 dez gesworn *W*; Er haut eß geschwren *S*.
316 Gelaub mir es *W*, Daß gelopt mir *S*.
317 sin *S*.
318 daz *W*.

daz unterste im got der guot:
sterb im die alt[e] haidenin,
er wel die tochter selber minn.«
do sprach der furst wolgetan:
»daz *sol got selber understan,*
daz der haidem sein tochter icht minn!
si sol werden zu ainer cristin.«
also sprach der furst lobsam:
»nu han ich mangen dienstman,
die füer ich uber daz mer pald
und füer sei dannen mit gewalt!«
do sprach der pilgrein Warmunt:
»Oswalt, dir ist nicht wol chunt:
er hat ein purk vest und guot,
die ist vor schanden wol behuot.
daz cristen und haiden,
all deu welt wär dein aigen,
und hietest dich damit fur die purk erhaben,
du möchtest ir nimmer geschaden.
du m*üestest* davor ligen dreissig jar

320 vnderstand *S*; im *f. S.*
321 die] sin *S*; chunigin *W.*
322 die] sin *S*; nemen *Ws*, zů ainer fräwen nemen *S.*
324 selber *f. W*; Daz vnt’ste jm got d’ gůt mā *M*
325 nicht nem *W*, nit zů ainer’ fräwen nem *S*, nit selber neme *s.*
328 i. och m. *S.*
326–330 +/ *in W:*
Sy sol werden mit der hilf [gocz ein christin
allso sprach der furst hoch- [geporn
nu han ich doch vil werden [man ausder chorn̄
dy fuer ich vber daz mer [palt
vnd füer sy von dan mit [gewalt
vnd tuen daz gewaltichlei- [chen pald
332 i. vmb sin land n. *S*; wol *f. W.*
334 schaden *Ss*; so w. *S.*
336 Vnd a. *WS*; deu *f. S.*
337 damit *f. S.*
338 So möchst du i. *W*; Zwar du moͤchtest da vor jr nücz geschaden *S.*
339 můst *MW*, moͤchtest wol *S*; davar < davarb *W;* xl *W.*

(Oswalt, daz sag ich dir fur war),
dannoch wur*dstu* nicht innen pald,
wie die junkfrau sei gestalt.«
do sprach der pilgrein:
»herr, nu volg der ler mein,
ich wil dir raten, ob ich chan,
recht als ain getreuer man:
du hast auf deinem hof erzogen
(des soltu got immer loben),
– du hast erzogen ainen edlen raben:
den soltu zuo poten haben.
ez lebt auf erden nindert als () weiser man
wan der rab dir ez paß gewerben chan.
er ist dir nutzer uber () mer,
dan ob du sandest ain gantzes her.
er hat von unserm herrn daz gepot
(daz gelaub mir, her, an allen spot),
daz dein rab ist redent worden,
daz glaub mir furst hochgeporen.«
do sprach der furst lobsam:
»wie wenig ich daz gelauben chan!
ich han in gezogen, daz ist war,

341 wurst *M*, würstu *W*, wirst du *S*; furst n. in p. *W*.
342 wär *W*.
343 Auch sprach der edell bilgerin *S*.
344 nu *f*. *W*; volgent *S*.
345 üch *S*.
348 Daß *S*.
350 z. ainem p. *Ss*.
351 Er *M*; a. ein w. *M*.
351.352 *in W/S/s:*
Es lebt auf erd nye so [weyser man
wann es der rab pas er- [werffen chan

Eß lept och nienan so [ain wiser man
wenn der rapp der eß baß [werben kañ

Der rabe sol dir es baß werbē dañ kein wyser man
353 u. daz *MW*; wild m. *M*.
354 ob] daß *S*; senczt a. gancz *W*.
355 H' *M*.
357 der *S*; reden *W*.
358 D. (*gestr.:*) dein rab g. *W*.
361 erczogen *WS*.

vollikleich*en* zwelf jar,
daz ich kainer schlacht stimm[e]
von im nie pin warden inn[e].
niemant ich ez gelauben mächt[e],
ich hort dann sein geprächt[e].«
do sprach der pilgrein Warmunt:
»Oswalt, dir wirt noch wol chunt!
milter kun[i]k Oswalt,
nu send nach deinem raben pald:
sei nicht redent warden der rab dein,
so schlach mir ab daz haubet mein
und schai*d* mich von dem leben,
und sei dir vor got vergeben!«
  sant Oswalt saumet sich nicht mer,
er hieß im pringen den raben her.
nu was der rab vermessen
auf einen hohen turn gesessen.
des trauret der furst *wolgetan*,
daz er den raben nicht macht geha*n*.
nu rat all an dem ringe,
wie wir den raben ab dem turen pringe[n]!
sand Oswalt begund hart clagen,
daz er nicht het seinen lieben raben.
do sprach der pilgrein Warmunt
(dem *was* umb des raben vart wol chunt):

362 Vollikleich *M*; wol z. *S*.
363 geschlecht *S*.
364 nie *f. W*; jnnen *S*.
365 ich *f. S*; daz g. chan *W*.
366 Man *W*, Oder man *S*.
369 k. sant o. *S*.
370 dem *WS*.
371 reden *WS*.
373 schaidet *M*.
374 *f. Ws*.
376 pringen *vor* her *WS*.
378 Vñ a. *S*; t. gesche (*gestr.*) g. *M*.
379 (*f. W*) Do *S*; hochgeporñ *M*.
380 Dar vmb d. *S*; gehabñ *MW*, han *S*. +/ Daz begund er seinen holten chlagen *W*.
381 all *f. W*; Nū hőrt jr her'en jn dem ringen *S*.
382 ich *W*; pring *W*.
383 hart *f. S*.
386 wart *M*.

»her, ir sult euch wol gehaben:
wann got enpeut *eurem* raben,
– wan got wil durch eur er,
so sent er euch *den* raben her.«
der himlisch trachtein
tet da sein genad schein
und gab dem raben an der stund,
daz er alle sprach wol reden chunt.
der himlisch hailant,
den raben er schier [her ab] gesant,
daz er kam geflogen pald
fur den milten kun[i]g Oswald.
do er auf den tisch was chomen
(als wir ez seid haben vernomen),
den stoltzen pilgrein Warmunt
enpfieng er () an der [selben] stund.
daz erst wart daz er ie gesprach
(hort, wie ein zaichen da geschach):
»Warmund, ellender pilgrein,
du solt mir gotwilchomen sein!«
der milt kun[i]k Oswalt
er*h*ort [do] di red pald;
nu mocht im nicht liebers geschehen,

388 gepewt *WS*; erñ *M*.
389 (*f*. *W*) So *S*.
390 ewrñ *M*. +/ Her nider zu euch auf die erd *W*.
392 doch d. *W*; genand *W*.
393 in d. selben s. *S*.
394 Daz er zwo vnd sybenczigk sprach wol chund *W*.
396 er *f*. *S*; sant *WS*.
398 k. sant o. *S*.
399 was *vor* auf *S*; wechömē *M*.
402 der rab *W*; da a. *M*.
403 w. was (*gestr.*) d. *M*; d. der rab sprach *W*.
404 *f*. *W*.
401–404 *in s:* Dz erst wort das er je gesprach do enphing er den bilgerin vñ sp^a^ch
405 edler *WSs*.
406 got will chum *W*.
407 k. osp (*gestr.*) o. *M*, k. sant o. *S*.
408 Er hort *MS*.
409 Jm mocht nit *S*; lieber sein g. *WS*.

als wir noch horen jehen.
ez sprach der auserwelt degen:
»Warmunt, du solt mir ez vergeben,
daz ich nicht wolt glauben den worten dein;
vergib mir ez durch den willen mein!
ich han in gezogen zwelf jar
(pilgrein, daz sag ich dir fur war),
nu ist daz daz erst wort
daz ich noch ie von im han gehort.«
da sprach der edel rab:
»her, merk waz ich dir sag:
chainer menschen stim[me]
*wärs*tu [nimmer] von mir worden in[ne]
und hie[t]st ir auch noch nicht vernomen:
deu genad ist mir von got her komen.
du w*i*rfest umb ein edle kun[i]gin:
her, des wil ich dein pot sein!
ich wil dir die potschaft werben,
und solt ich darumb sterben;
ich erwirf dir die kunigin her
oder du gesichst mich zuo Engellant nimmer [mer!«
sant Oswalt kust sein raben
an sein haubt und an sein schnabel:
»*ich* wil sein got immer loben,

411 Do *S*.
412 ez *f*. *WS*.
414 Daz vergib mir *W*, Vergibß mirß *S*.
415 erczogen *WS*.
416 Warmund *W*.
417 daz$_1$] es *W*.
418 noch *f*. *W*; nie *S*.
420 Nun merckent waß jch üch sag *S*.
421 Chain' < Thain' *M*; menschlichen (-er *S*) *WSs*.
422 Waz du *M*; nimmer *vor* worden *S*; jnen *S*.
423 (*f*. *S*) auch *f*. *W*.
424 mir *f*. *W*; her *f*. *W*.
425 wurfest *M*; edellin *S*.
426 Her *f*. *W*.
430 zuo] jn *W*; zuo Engellant *f*. *S*.
431 den *WS*.
433 Werlich i. *W*; Vñ *M*; sein *f*. *WS*.

daz ich dich ie han erzogen!«
do sprach der rab drat:
»her, nu volg meinem rat:
haiß pald springen
und () ainen goltschmid her pringen.
haiß mir beschlahen daz gevider mein,
Oswald, durch die er dein
all sampt mit rotem golt,
darumb gib im reichen solt.
haiß mir wurchen [also] schon
auf mein haubt ein guldein kron:
wan ich kom under die haidmischen man,
so wirt mich ein michel volk gaffen an,
so mag ich desder paß einen frid gehaben
(her, daz wil ich dir fur war sagen)
fur vahen und fur schiessen.
her, la*ß d*ich *s*ein nicht verdriessen,
so wird ich a u c h dester schon[er] enpfangen

436 merkch meinen *W*.
438 u. hais dir *MW*; ainen] ein ein *W*.
439 Vnd h. *W*.
441 Alles schon *W*, Alleß *Ss*; m. gůttem r. *S*.
442 im] du *W*.
443 Vnd h. *S*.
445 käm *M*, chüm *WS*.
450 la sich dein *M*.
446–450 *in W/S:*
So wiert mich ain michel [chappen an
von den haydnischñ man- [nen
her' daz wil ich dir für [war (v *Rd.*) sagē
daz sy mich dañ nicht [erslahen
her' lasz dich nicht ver- [driessen
daz sy mich nicht slahen [noch schiessen

So wirt man mich fast gaf- [fen an
vnd mag och dester baß [frid han
vnd her wider fliegen võ [dannen
her' daß wil jch dir für [war sagen
daß man mich nit mag [geschlahen
für vahen vñ für schiessen
her' lauß dich sin nit [vertriessen
451 würd *S*; auch *vor* ich *M*, *f*. *S*; pas *W*.

paideu von frauen und von mannen;
mit ritter*n* und mit chnechten
mag ich desder paß geprächten;
wan ich var so mit grosse*n* er[e]n,
so sicht *mich* ieder man geren
(man hat den man nür als man in sicht
und pfligt d*es* guoter witz nicht).
darzuo dem reichen kun[i]k Aron,
dem sag ich dein[e] potschaft schon,
und der lieben tochter sein,
der sag ich desder paß den dienst dein.«
sand Oswalt volgt des raben ler
und hieß im den kamrer pringen her.
als er sein gedacht,
wie pald man [in] her pracht!
die weil wert nicht lang[e],
der chamrer cham gegangen.
do *er den heren* ansach,
nu mügt ir horen, wie er sprach:
»genad, [lieber] herr mein,
waz ir welt daz sol geschehen sein!«
do sprach der milt kunk Oswalt:
»ainen goltschmid soltu mir pringen pald!

453 ritter *MWS*.
454 prächten *W*.
455 grosser *M*; mit (also *s*) so (mit *s*) grossen (*f. s*) *WSs*.
456 mit *M*; man mich *S*.
457 nür *vor* den *W*, nū *S*; i. do s. *W*.
458 daz *M*, *f. Ws*, man darzů *S*; niṫht *S*.
459 Vnd d. *S*.
460 die *S*.
464 im *f. WS*; kemerling *S*; springen *W*.
464—507 *anders s.*
465 e. im s. *WS*; erdaucht *S*.
466 Wy palt man jm den chamrer (kemerling *S*) pracht (her p. *S*) *WS*.
467 w. och n. *S*.
468 kem̃erling *S*.
469 d' her den chamr' *M*, der chamrer (kem̃erling *S*) den hern *WS*.
471 g. vil l. *S*.
472 geschehen *f. WS*.
473 k. sant o. *S*.
474 p. her p. *W*.

den muoß ich haben,
daz wil ich dir fur war sagen.«
  der chamrer tet durch not
waz im sein aigen her pot;
der chamrer do nicht lenger pait,
wie pald er gen Salunders rait!
do er in die stat was chomen
(als wir ez sider haben vernomen),
[an der selben stund
einen maister er suochen begund:
den vant er vor der schmitten stan,
ein goltschmit, der was ein chunstreicher man.
»got grüeß euch!« sprach der chamrer,
»maister, ich sag euch fremde mär:
ir mugt nicht lenger hie bestan,
ir sult mit mir gen hof gan!“
der maister hart erschrikt,
hort, wie er umbplikt:
er sprach: »stoltzer chamrer,
beschaid mich der rechten mär:
waz mag der her mit mir ze schaffen han?
daz solt du mich wissen lan.«
er sprach: »daz wil ich euch sagen:
ir sult im seinen raben beschlahen
gar schon mit rotem golt,

475 i. zwar h. *S*.
477 kem̄erling *S*.
478 aigen *f. W*, aigner *S*; gepot *W*.
479 chamrer *f. W*, kem̄erling *S*.
480 soland *W*.
481 was wechömē *M*, cham *W*.
482 seyt *W*, sidher *S*.
484 an sehen *S*.
485 ainer *S*.
486 Ainen *S*.
487 (∞ 488 *W*) helff *W*; kem̄rer' *S*.
491 m. gar h. *S*.
492 Secht wie bald er vmb sich plicket *S*.
493 s. vil s. *S*; chamer *W*, kem̄rer' *S*.
496 söllent jr *S*.
497 dir *W*.
498 Du *W*.
499 rotem *f. W*.

darumb geit er euch reichen solt.«
der maister hort die red do,
des ward er aus der massen fro.
im was nicht mer schwär
und gieng mit dem chamrer.
do er nu gen hof was chomen
(als wir ez seit haben vernomen)]
und in der kunik ansach,
do begund er in grüessen und sprach:
»maister, ich han nicht umb sunst nach eu gesant,
merkt was ich euch tuo bechant:
ir sult mir meinen raben
(daz wil ich euch fur war sagen)
beschlahen schon mit golt,
darumb gib ich euch reichen solt!
beschlacht im daz gevider sein
(und tuot daz durch den willen mein)
mit euren kunstreichen henden,
wan ich wil in ze poten senden,
[und] wurcht mir im also schon
auf sein haubt ein guldein kron,
wenn er chom under die haidem frei,

500 er v*W*; gůtten *S*.
503 Es ducht jn nit zeschwer *S*.
504 Er hueb sich auf u. *W*; chamer *W*, kem̃rer' *S*.
505 Als er nu gen hoffe cham *W*.
506 sider *S*.
507 Do *M*, Vnd do *W*.
464–507 *in s:*
Vñ sant balde sinē kemmerer nach einē goltsmit do der golt smitt kam vñ jn der könig an sach
509 Maister *f. S*; nicht *vor* gesant *W*, *vor* nach *S*; euch *WS*.
510 Daz tuen wir euch wol bechant (< bekant) *W*, Nun merckent waß thůn jch üch bekant *S*.
513 wol *S*; m. rottem g. *S*.
514 Da von *M*.
515 Vnd b. *S*; b. mir i. *W*; i. wol d. *S*.
518 i. für ain p. en weg s. *S*.
521 chäm *M*, chümpt *WS*, kum̃e *s*.

daz man sech, daz er ains reichen kun[i]gs pot
[sei.«
der maister sprach zuo dem herren:
»waz ir welt daz tuon ich geren;
waz ir welt daz muoß ich leiden:
ich wurch euch daz geschmeid[e].«
der meister was ein kunstreicher man;
den raben er zuo im genam
und truog in zuo ainer schmitten drat.
daz geschach eines abents spat.
do waren si verpargen
untz an den vierden margen,
und drei nacht so lang[e]
was der rab und der goltschmid pei einander.
der maister warcht mit ringer hant,
deu chunst was im wol bechant;
er worcht mit aller seiner macht
paideu tag und auch die nacht.
an dem vierden margen fr*u*e
gie de*m* maister fräud zuo:
do het er den raben schon berait,
des taucht er sich gemait.

522 reichen *f. S*; Wie ains reichñ chunigs pot er sey *W*.
523 Da s. d. m. *W*.
525 Vñ w. *S*.
525.526 *in W:*
Was ir welt daz wil ich
[laisten
jch würkch euch daz ge-
[smeyt am pesten
527 chunstreich *W*.
528 nam *WS*.
529 Er *WS*; der *W*, siner *S*.
530 a. also s. *S*.
533 *(f. W)* also *S*.
534 Waß der goldschmid vñ der rapp by ain andrenn *S*.
535 (∞ 536 *M*) würkcht *WS*.
537 würkch *W*, würckt *S*.
538 auch die *f. W*.
539 früe *M*.
540 Do gengent *S*; d' *M*; freden *S*.
542 s. gar g. *S*. +/ *in S:*
Er sprach zû der selben
[stund
deß jst min hercz in fraid
[vñ in wun

do er den raben sach vor im stan,
er sprach: »wol mich (), daz ich die chunst
[gelernt han!
Oswalt der furst her
lat mich sein geniessen immer mer.«
den raben er auf sein hant gevie,
domit er auf den hof gie
und cham schier so zehant,
do er den milten kun[i]k vand.
er sprach: »lieber her mein,
ich han gelaist den willen dein;
edler furst wolgetan,
zwelf mark golts ich hart verdient han.«
do sprach der hochgelobt degen:
»maister, ich wil euchs geren geben.«
der milt kun[i]k Oswalt
hieß den kamrer pringen pald
zwelf mark () gol*des* rot:
dem maister er *daz p*ot.
der kunk den maister schon beriet,
froleich er von dannen schied

543 sach *vor* den *W*, *vor* stan *S*.
544 m. wart (*K*.)/ Daz *M*; Wol mich ward daz ich dy chunst chan *W*, Daß jch die kunst ye gelernet han *S*.
545 Sant o. *S*; der *f*. *WS*.
546 Laussent michs sin geniessen ym̃erme *S*.
547 dy h. vie *W*.
548 auf den] öch gen *S*.
549 c. och *S*; schier so] allso *W*.
550 k. oswolt v. *W*.
551 s. vil l. *S*.
554 m. sylber g. *W*; gold *S*; wol *WSs*.
556 euchs] eß *S*; Maist' dy wil ich euch gebñ (gerne g. *s*) *Ws*.
558 chamer *W*, kem̃erling *S*; springẽ *W*.
559 võ golt *M*.
560 do gepot *M*; Die gab er dẽ meist' *s*.
562 Fröleichen *W*.
559–562 *in S:*
Dem maister' sinen loñ
den gab der künig dem
[maister schon
vil fro̊lich er võ dannen
[schied
vnd sich mit fröden beriert

haim zuo den chinden sein,
daz habt auf die treue mein.
 do sprach der rab mer:
»herr, nu volg meiner ler:
nu laß nicht lenger beleiben
und haiß dir prief schreiben
hin uber des [wilden] meres fluot
zuo der werden kungin guot,
daz si daran müg beschauen,
deu schonst ob allen frauen,
fleissig den werden dienst dein.
nu saum dich nicht lenger, lieber her mein:
vertig mich von hinn
zuo der edel[n] kun[i]gin!«
der milt kun[i]g Oswalt
gieng zuo seinem schreiber pald:
»meister, ir sult nit lan beleiben,
ir sult mir prief schreiben
hin uber des wildes meres *tran*
zuo der kungin lobsam!«
der prief ward schier berait,
sant Oswalt sein insigel daran lait
und strikt [in] dem raben under daz gevider sein
und darzuo ein guldein vingerlein

563 Hin h. *W.*
564 hab *S.*
566 volgt *WS*; der ler mein *W.*
567 Vnd laussent *S.*
568 Palt *W*; haissent die *S.*
569 wildeß *S.*
570 werden *f. W*, edlen *S.*
571 müg daran *W*; gesehen *W*, schowen *S.*
573 Vleissichlich *W*, Mit fliß *S*; die (*gestr.*) den *M.*
574 sument *S*; mich *Ws*, üch *S*; lenger *f. W.*
575.576 *f. S.*
575 m. palt v. hineñ *W.*
576 werden chüniginē *W.*
577 k. sant o. *S.*
581 wilten *WS*; flůt *M*, tron *W.*
582 d. edlen k. *S.*
585 in dem raben] im den *W.*
586 e. rot gold ringelein *W.*

mit ainer seiden schnüer:
er solt ez uber mer () füern.
er sprach: »mein lieber rab,
nu merk recht waz ich dir sag:
und sent dich der himlisch *furst guot*
hin uber des [wilden] meres *fluot*
zuo der edel[n] kun[i]gin,
so sag ir den getreuen dienst mein:
nu sag der kungin frei,
daz mir an got () nicht liebers sei,
dann mir ist ir werder leib:
si sol, ob got wil, wer[d]en mein weib.
wil si cristen glauben han,
daz sol si mich wissen lan,
so pring ich zuosamen ain [michel] her
und var nach ir uber mer.«
der rab sprach zuo dem herren:
»waz ir () enpiet *daz sag ich ir* geren;
[ich wil irs allez nicht verdagen,]
ich kan irs allez sampt wol sagen.
pit neur die himlisch kun[i]gin,

587 zwain *W*; snuerñ *WS*.
588 Vnd *S*; m. hin f. *M*; Daz sol er v̊ber daz mer fuerñ *W*.
589 s. nu merkch (hör' *S*) lieber (min l. *S*) r. *WS*.
590 Vnd *WS*.
591 Nu *MWS*; h. drachtein (*gestr.*) f. *W*; hailāt *M*, fürste got *s*.
592 tron *M*.
594 Vnd *WS*; werden *W*, trẘen *S*.
595 Vnd *WS*; s. mir (öch *S*) d. *WS*; d. edlen k. *S*.
596 g. selber n. *M*; nyemandt lieb' *WS*.
597 Weñ *W*; w. czarder l. *W*.
599 christenlichñ *W*.
602 i. hin u. *S*.
603 Da s. d. r. *WS*.
604 gepiet *W*, mir enpfelchent *S*; Was jr jr enpiet ich sag jrs gerñ *M*, Was ir jr enbietent dz wil ich ir gern sagẽ *s*.
605 jr *S*; alsambt *W*.
606 sampt *f*. *WS*.
607 Vnd p. *S*; mir *W*, mirß *S*; himelschlichen *S*.

daz ich froleich kom von hin
[und her wider von dem haidnischen man,
daz er mir nit gewin daz leben an.«
er gab im sant Johannes minn
und enpfalch in der himlischen kunigin.]
er sprach: »lieber her mein,
ich enpfilch dich got und der lieben muoter sein,
dich und all dein dienstman!«
damit schied der rab von dan.
daz urlaib was schier zergangen,
der rab schied *froleich* von dannen.
von der purg was im gach,
sand Oswalt sach im vast hin nach.
er sprach: »himlischer trachtein,
ich enpfilch dir den poten mein!«
nu flog der [edel] rab
mer und land huntz an den zehent tag.
an dem zehent tag zuo non,
do schwebt er ob dem mer schon;
der rab flog mit eren
in dem dienst seins lieben herren.
er flog, daz im sein kraft entwaich
und in grosseu müed erschlaich;

608 köm *M*; Daß sy mir schier (*f. S*) helff von (frölich v. *S*) hiñ (hinen *S*) *WS*, Dz sie mir võ hynnẽ helffe *s*.
609 maneñ *W*.
612 Er enphalich in got vñ d' lieben muet' sein *W*.
613.614 *f. W*.
613 s. vil l. *S*.
614 d. och g. *S*; lieben *f. S*.
616 dañan *S*.
617.618 *f. S*.
618 schier *M*.
620 schaut *W*; hin *f. W;* Die her'en schwetet jm fast nach *S*.
622 d. lieben p. *WS*; raben *W*.
623 Da mit *S*.
624 land] lang *W*; czehenten *WS*.
625 zechenden *S*.
627 f. do m. *S*.
629 vncz *S*.
630 i. ain g. *S*; Vnd jm sein gros müed entslaich *W*.

sein craft was im entwichen,
in het die müed erschlichen:
daz lat euch nicht ein wunder dunken:
er flog zehen tag ungaß und untrunken!
er was geflogen vast
und hiet auch geren gerast:
auf einen hohen stain er gesaß
der aus dem wilden mer gewachsen was.
in het deu müed und der hunger
seins leben[s] hart betwungen,
daz er kain freud nicht mocht gehaben:
er begund trauren und klagen;
des raben clag die was groß.
ein visch zuo dem stain gefloß:
der rab den visch erplicht,
von freuden er erschrikt.
sein gevider er erschwang,
nach dem visch st*uo*nd aller sein gedank.
dem raben ez wol ergie,
daz er den visch under die cla*tt*en vie;
er fuort in auf ein hohen stain.
gottes hilf da wol erschain,

631 *f. W.*
632 gros muet enslichñ *W.*
633 Dez *W*; ein *f. S.*
634 f. vncz an den x t. *S*; vngeessen *Ws*, on gessen *S*; u. vnd gedrukchñ *W.*
636 U. er h. *W.*
637 e. do *W*; sass *WS.*
638 wilden *f. W.*
639 I. d' h. *W*; diemůd *S.*
640 gar *W*; betwungē < betrungē *W*; Sin leben nachet benomen *S.*
641 nicht *f. W*; chund habē *WS.*
642 b. fast *S*; trauren] wainē *W.*
643 die *f. W.*
644 v. hin z. *S*; stain *f. W*; flos *WS.*
645 Do d. *S.*
646 e. do e. *S.*
647 e. do swang *W.*
648 stand *M*; all *W*, jm *S.*
649 e. vil w. *S.*
650 Den visch er *W*; clappñ *M*, chräl *W*, clawē *s*; Daß er (v) den fisch schier' gefieng *S.*
651 ein] den *WS.*
652 Dem gocz hilff wol erschain *W.*

aller not het er vergessen,
den visch begund er essen.
ain wildes merweib in ersach,
dovon mert sic*h* des raben ungemach:
daz selb merweib
gie im nach ain lange zeit:
dem raben ez nicht wol ergie,
daz si in pei den füessen gevie.
si fuort in an der selben stund
hin *e*in zuo des meres grunt.
do er nu in daz mer was chomen
und *daz* die ander[n] heten vernomen,
do begunden si all gen im her gahen
und in gar wirdikleich enpfahen.
die in in daz mer het pracht,
der was freud mit im gedacht:
[si sprach:] »l*uoget*, lieben gespilen mein,
daz mag () wol ein engel sein!
der himlisch hailant
hat in uns her gesant:
durch den himlischen fursten her
süll wir im erpieten gross*e* er.«

653 A. siner' n. *S*; er het *S*.
654 e. frölichen e. *S*.
655 in ersach *f. W*.
656.657 *f. W*.
656 si *M*; des raben] sin *S*.
658 Die g. *S*; ain *f. WS*.
660 vie *WS*.
661 an] do by *S*; selben *f. W*.
662 ain zů *M*, in jn *W*, jn *Ss*.
663 nu *f. W*.
664 in *M*; Vnd daz an (*gestr.*) jn and' mer weyb hetē v' numē *W*.
665 her nach jm *S*, dar *s*; her *f. W*.
666 wirdichleichñ *WS*.
668 erdacht *S*.
667.668 *in W:*
Daz weyb daz dē rabē in [daz mer het pracht
was frewden sy mit dem [rabē het gedacht
669 Die *S*; lügēt *M*, *f. W*.
670 Da m. vil w. *M*.
671 Wañ d. *S*.
672 Der h. *S*; Hat vns den vogl her ein gesant *W*.
674 Darvmb s. *S*; grosser *M*, *f. W*.

do sprach *ein* ander merweib:
»die red laß () beleiben,
wann ez mag kain engel gesein,
daz hab auf die treue mein;
ez ist nür ein wilder vogel,
wir möchten mit im werden betrogen.«

675 sprachēt die *M*; anders *W*.
676 l. also b. *M*.
677 (∞ 678 *W*) Wañ es chain engel nicht mag gesein *W*.
678 habt *M*, hab ich *W*.
679 Wañ e. *S*; nū *S*, sust *s*.
680 m. wol m. *S*.
1–680 *in I:*
Es was ain kunig rich
nynert vant man sin glich
von herschschafft vnd ge-
[walt
sein nam was oswalt genant
der hat an sinem haff
beid fürsten h'czogñ vñ
ritter vnd knecht [groffen
die do im warn gerecht
auff seinem hoff erczogen
die do manhait wol pflagen
vnd im zu dienst worn be-
[rait
so si fürstliche gnade begert
oswalt der gutte
er het in sim müte
gotes dienst vñ sin gabe
dez er mit innikait pflage
er diente im sunder spott
got dem hailigñ trinitat
vnd wes er von im begert
des wart er fellicleich gew'rt
ains morgens früw
sant oswalt lag an siner rüw
vnd gedocht in sinem sinne
wie daz er weip neme
ains richen kaissers kint
die im wol zimpt
der kaisser an alle wan
der was ein hadnisch' man
der hett sin tochter so innen
daz kainer mit synē sinnen
komen mocht zu ir
daz was kunig oswalt laide
[nier (*oder* mer)
er rüfft sim se (*gestr.*) hoff
[gesinde
nu merket waz er begunde
mit siner dinern zu reden
vnd begunde sie zu bietten
ob chainer vnder in war
der da west vmb die mer
wie man zu des kaissers
[tocht' sult chomen
der solt er ÿmer habñ fro-
[men
do sprach ein alter grisser
[man
jch wil des gedechnus han
jch wil dir raten ab ich chan
recht alz ein yglich' getrüwr
[man
du hast zogen auf dem hoffe
[dein
dez lab got d' genadñ sein
eynen edeln raben
den solt du (v) ze ainem
[poten haben
ez lebt auff erde chain
[werd' man
der ez (< er) dir paz ge-
[werfen chan

nu sprach ein ander merweib:
»rab, kurtzweil uns ains, *ez* ist an der zeit!«

er ist dir nücz über daz
[wilde mer
danne ob du santest ain
[groß her
er hat vō vns'n hern daz
[gepat
daz gelawbt mir oswalt an
[allñ spot
daz dein rab ist redunt wor-
[den
daz gelaubt mir fürst hoch
[geparen
do sprach der fürst labesam
wie wenik ich daz gelaube
[chan
jch han yn geczogñ daz ist
[war
vollicleichen zwelf jar
daz chainne slochte stimme
von im nie pin wordñ jnne
nyemāt ez gelaubñ macht
jch hörte danne sein pracht
do sprach der pilgerein wer-
[müt
oswalt dir wirt noch wol
[chunt
milter künig oswalt
nu send noch raben pald
sey nicht worden der rab
[dein
redt nit so slach ab daz
[haupt mein
vnd schaide mich von dem
[leben
und sey dir vor gotte v'gebñ
sand oswalt savmpt sich nit
[mer
er hiez den rabñ pringen her
nu was d' rabe v'messen

auff einen hochen turen ge-
[sessen
dez trawrt der fürst hoch-
[geparñ
er want er hiet den rabñ
[v'lorn
nu ratet alle an dem ringe
wie ich den rabñ ab der
[zinnē pringñ
er mocht h'ab nicht chomen
[wol
man pring den dem leser ein
[chopff weins vol (v)
sand oswalt pegund havrt
[klagen
daz er nicht hiet seinen libñ
[rabñ
da sprach der pilgerein war-
[mut
mir ist wol vmb den rabñ
[chunt
er sieczt hoch auff einē stain
vnd pflegt wnser gemain
vnd trachtet jn sinem mütt
wie er gedien nwern gnadñ
[gut
do sprach künig oswalt
das ist von gots gewalt
der vogel mag wol ein engel
[sein
nain sprach den piligrain
mir ist vmb den vogel wol
[künt
sprach der pilgrain warmut
daz ez mag chain engel sein
daz hab auf die trew mein
ez ist newr ain wilder vogel
wir mochten mit im w'den
[petragñ

681 and's *W.*
682 ains *f. W*; daz *M*; +/ *in S:*

do deu pet vol geschach,
hort, wie der rab sprach:
er sprach h*i*ntz den merweiben:
»chain kurtzweil kan ich nicht getreiben.
ich dien dem milten kung Oswalt:
nu ist ez auf meines herren hof also gestalt,
daz nicht kurtzweil kain varen[t] man,
er m*üe*ß gaß und getrunken han.
frau, hai*ß* mir zuo essen und zuo trinken geben,
so mag ich dester paß kurtzweil pflegen:
paideu chäs und prot,
des ist mir aus der massen not;
haiß mir geben semel und guoten wein,

Wañ daß jst nū an der zytt
daß wir wend kurtzwil
[triben
vñ da by an ander beliben
683 (∞ 684 *S, aber K. am Rd.*)
red *WS*; geschah < geschak
M.
684 Nū h. *S*; w. do d. *I*.
685 huncz *M*, zu *WS*; dem *I*.
686 k. ich nicht (kan *S*) chan
(nit *S*) treybē *WS*.
687 chan (*gestr.*) d. *W*; dienen
S; k. sant o. *S*.
673–687 ***in Mk:***
... hymlischen her
sullen wier ym erpietten
[grosse er
do sprach dw andern mer
[weib
dese red lass peleiben
wann es mag kayn engel nit
[gesein
das habt euch auf dy trew
[mein
es ist mir ain wilder vogel
wir mochen wol werdeie
[beerogen

do sprach ain ander' mer
[weib
rab kurcz vns dy weyl wan
[es ist zeitt
da dy pet vol geschahen
niw muget ir heren wie do
[der' rab sprach
er sprach zw den mer wei-
[ben
kain kuecz welt mag ich nit
[treiben
ich den dem milten kuñg ...
688 Hie *I*; ez *f. I*; Nu ist es auf
seinē hoff gestalt *W*.
689 nicht chürczweylt *W*, kain
(nit *s*) kurtzwil tribt *Ss*;
varuñd *W*, frömd' *IS*.
690 mûs *MWSs*; vor (v. ye *S*) g.
WSs; geßen *IWSs*; trunkchñ
WS.
691 haist *MS*; zuo₁ *f. I*;
trynkchñ < trunkchñ *W*.
692 dester paß *f. I*; k. wol p. *I*.
694 Daß *S*.
695 Haissend *S*; semelen *S*;
guoten *f. W*.

frau, durch die er dein
und darzuo ainen praten guot,
davon wer[d]ent varent läut gar wol gemuot.«
die frau saumet sich nicht mer,
pald hieß si tragen her
semel und guoten wein
und waz da raines mocht gesein;
z*a*mes und wilprät,
guoter chost alz gerät;
der aller pesten speis genuog
so mans *fur* frauen *ie ge*truog.
als der rab gaß und getrank,
erst g[e]wan er mangen gedank,
wie er mit seinen sinnen
mächt den frauen entrinnen.
er sprach: »liebeu frau mein,
möch[t]stu schauen durch die treuen dein,
sich hin umb an der stund:

696–701 *f. W.*
696 F. wol d. *S.*
695.696 +/ *in I:*
Heis mir pringñ wein vñ [prat
ffraw durch die ere dein
vnd darzu semel vnd wein
697 Und *f. I.*
698 frömde *IS*; gar *f. IS.*
700 Vil p. s. h. *S.*
701 Semelen *S.*
702 was daz peste *I*, was (daß *S*) da guetes (zåmeß *S*) *WS*; mag *IW.*
703.704 *f. I.*
703 Zämes *M*, Zwames *S*; u. och w. *S.*
704 Vnd g. *W*; alz] mit *W*, aller *S.*
705 Der *f. W*; aller *f. S*; peste *I.*
706 Sam *I*, Alß *S*; man *S*; den *M*, dar *I*, der *S*; her (für *I*) trůg *MIS.*
707 as *W;* trankch *WS.*
708 Aller e. *S*; d' rab *W*; danck *S.*
709 m. allen *S*; seinem *I.*
710 der *I*; Möcht aus dem mer entrinen *W*, Den (Der *s*) frawen uß dem mer' mőcht (*vor* uß *s*) entrinnen *Ss.*
711 s. vil l. *S.*
712 Du möchst doch s. *W;* auf *WS;* trew *IW*; dein v*Rd. I.*
713 Vnd s. *S*; ander *I*, an diser *WS.*

waz hebt sich () an des meres grunt!
grosses wunder begin ich sehen«
(also begund *der rab* jehen):
»got wil volfüer[e]n seinen zor[e]n,
all die welt hat ir leben verloren!«
des erschrichten die frauen ser:
nu ward in zu schauen also ger,
si wolten ervaren die mär,
waz wunders in daz mer komen wär.
als die frauen hin umb sahen,
do begund der rab gahen:
er saumet sich nicht mer,
im ward ab dem tisch ger;
sein gevider er erschwang,
aus dem mer stuond aller sein gedank;
er satzt alz sein geträcht[e],
wie er aus dem mer chomen mächt[e].
nu half im d*er* himlisch *trachtein*,
daz er zuosamen schluog ob dem mer daz gevider
in aller der gepä*r*, [sein
als er nie in chain wasser chomen wär.

714 s. wunders a. *MS*.
715 Gros *W*, Grose *S*; wunders *M*; pegind *M*, begund *JS*.
716 er *M*; listichleichñ j. *W*.
717 vol füer *W*, uerfüren *S*.
719 ersrakchtē *W*, erschrackend *S*; mer weyber *W*.
720 Da *W*, Vnd *S*; also *f. W*.
721–726 *f. S*.
722 k. sey (*gestr.*) w. *W*.
723 umb hin *W*.
727 e. da swankch *W*; Der rapp sin gefider erschwang *S*.
728 aller *f. IW*; siner *S*.
729.730 *f. I*.
729 all *W*; s. gedankch vñ dracht (geträcht *S*) *WS*.
730 entrinnen *S*.
731 das *M*; hīmlichē *I*; kind *M*.
732 zuosamen schluog] erschwañg *S*; schluog/ Ob *M*; *in I/W*:
Daz er ab dem mer ze same [slug daz gevidere

Daz er flog aus dem mer hin mit dem gefid' sein
733 allem dem *W*; gepärd *MI*.
734 A. nie (*gestr.*) e. *M*; nicht (*vor* chomen) *W*; chaim *I*.
733 + 734 *in S*: Jn aller mauß alß ob er jn kain wasser nie komen wer.

des raben freud wol erschain,
er flog hin *wider* auf *den* hohen stain.
als er auf den stain was chomen,
do ward im laides vil benomen;
do traib er ainen ungefuogen schal,
daz ez hin wider in daz mer erhal.
daz heten do die frauen erhort:
si sprachen: »nu sei wir alle betort!
von dem listigen vogel
sei wir alle sampt betrogen.«
die frauen all*erst* umb her plikten:
o wie hart si erschrichten,
do in der rab entrunne[n] was!
ieglicheu ir freud gar vergaß.
deu in mit ir in daz mer het gepracht
die sprach: »nu was mir freud gedacht:
[daran ist mir misselungen,
seit mir der rab ist entrunnen.
o we daz ich ie ward geporen
umb meinen raben den ich also han verloren!

735 f. da w. *WS*.
736 hin wider] do hin *M*, wid' *W*; einē *M*; hohen *f. I*.
739 Vnd ließ do *S*.
740 er *MW*; hin *f. I*.
741 Deß *S*; het *I*; do *f. W*, *vor* erhort *S*; fraw *I*, mer weyb *W*.
742 sprach *I*; nu *f. W*; wir sein all *W*.
744 *f. W*.
745 allerst] all her *M*, *f. I*, all *S*; vmb sich *S*.
746 O *f. W*; O we w. *I*; s. da (da' ab *S*) e. *WS*.
747 Daz *W*.
748 Jsleich da i. *W*; f. do *S*; gar *f. W*.
749 daz *f. I*; wasser *S*; pracht *IS*.
750 erdacht *I*.
749.750 *in W:*
Dy fraw dy dē raben in daz [mer het pracht
dy sprach was het ich mir [frewd mit jm gedacht
751—805 (804 *s*) *f. Is*.
751 mislungē *WS*.
752 r. nū i. *S*.
753 ich v *Rd. S*.
753.754 *in W:*
O daz ich ye geparn ward
jch han verlarñ mein [liebeñ rabē zart

und möcht ich im noch chomen nahen,
daz ich in möcht wider vahen,
ich füert in an der selben stund
her wider in des meres grund:
er müest pei mir bestan
die weil und ich daz leben möcht gehan.«
an der selben vart
der edel rab daz erhort:
do sprach der edel rab:
»frau, nu laß nür dein[e] chlag,
wann gult ez daz leben dein,
ich chäm zu dir nicht mer hin ein.
ich wil fliegen schon
in daz land gen Aron
und wil werben mit eren
sant Oswalt meinem herren.«
  nu flog der edel rab
mer und land untz an den sechsten tag.
an dem sechsten tag ze non
da cham er zu dem cunig Aron.
der rab in hohen freuden lebt;

755 noch *f. S*; c. also n. *S*; nahñt *W*, nache *S*.
756 Vnd jn m. *S*. +/ *in S*:
Minen hertz lieben rappen
den kan jch nümer mer
[uerclagen
757 selben *f. W*.
759 stan *S*.
760 und *f. S*.
761 + 762 +/ *in S*:
An der fart daß der edell
[rapp erhörtt
vñ vō fröden er sich uff
[gebürtt
763 edel *f. W*.
764 nür *f. S*; d. grosse c. *S*.
765 gult es < es gult *W*; Vñ gult eß deñ d. *S*.
766 chüm *W*; nümer' me zů dir hin *S*.
767 Zwar i. *S*.
768 Hin i. *S*.
769 erwerben *W*.
770 Oschwaldten minem lieben her'en *S*.
771 (+ 772 *W*) Vnd n. *S*; edel *f. W*.
772 Mer und land] So lang *W*; finften *S*.
773 dē < d' *W*.
774 Da cham der rab zu chünigin oran *W*.

hort, wie er ob der purk schwebt:
eines hin, daz ander her,
im was zu schauen also ger.
der rab lenger nicht vergaß,
zwischen zwo zinnen er do saß
auf die purkmaure.
do begund er ser trauren:
er sach wider nider dan,
da sach er hundert haidnisch man.
er begund schauen und spehen,
ob er die junckfrauen möcht gesehen.
si was irm vater zart,
er het sei in einer kemnaten verspart:
aus der gieng si in chainer schlacht nicht
(als uns daz puoch vergicht);
nür durch die glesein vensterlein
schain der tag auf die kunigin.
mit vier und zwaitzig junkfrauen guot
was si ze aller zeit wol behuot,
und vier hertzogen darunder
iegleiche wirtschaft besunder:
die heten zuo allen stunden

776 der] deß künigß *S.*
778 also *f. W*; gern *S.*
779 lenger] do *W.*
781 –mawer *W*, –muren *S.*
782 Do begund er sich fröwen
vnd trwren *S.*
783 nider] vmb *S.*
784 hundert] vil *W*, hund vnd *S.*
785 Do b. e. *S*; sprechñ *W.*
788 kematẽ *W.*
786–791 *in S:*
Ob er die junkfraẅen ien-
[dert kint sehen
si waß gar irß vatterß zartt
er het si in ain kamer'
[uerspärtt
vff si gieng kain liecht
[schain nicht
alß vnß daß bůch vergicht
wañ durch die gleserin
[fenster hin jn
793 achczigk *W.*
794 allen zitten *S.*
795–798 *in W/S:*
Vñ vier herczogẽ dar vnder
yegleiche wiertschaft
[besund'

Vier hertzogen dar vnder
die hettent zů allen stunden
on wirtschafft gebunden

an vier scheft gepunden
ain pfeller rot und weiß,
den truogen si ob der kungin mit fleiß:
wan si zu dem tisch wolt gan,
so muosten si den pfeller ob ir han,
daz der wint noch der sunnen schein
nicht möcht gerüern die chunigin.]
der edel rab daz ersach:
hort, wie er wider sich selber sprach:
»wärlich, deu kungin guot
ist vor mir recht wol behuot;
die stoltzen kun[i]gin
mag ich der potschaft nimmer pringen in.
wolt ich in der ächt zuo ir chomen,
so wurd mir leucht mein leben benomen.
ich muoß ez clagen immer mer,
daz ich ie pin chomen her;
ez sei meinem herren *lieb* oder zor[e]n,
so han ich all mein arbait verloren.«
also redt wider sich selben der rab:
»flüeg ich nu fur den kunk *herab*,
so vast er noch und ist ain grimmiger man:
er gewun mir leucht mein leben an.
ich wil peiten piß () er geß und getrink[e],

799 veler *W*; der waß r. *S*.
801 wolten *S*.
802 müestē *W*; den (< d') velber *W*.
803 sunne *W*.
804 an gerüen *W*, genachen *S*; der *S*; jung c. fein *W*.
806 selber zu in *I*, selber wid' sich *W*.
808 Dy i. *W*; von *IW*; recht *f*. *W*.
809 Der *WS*; stolcze chünigine *I*.
810 Ch̄an *W*; Mag ich der halt immer pringn̄ inne *I*, Mag jch die botschafft nimer' bringen *S*.
811 Den̄ w. *S*; gehaim *W*, nach *S*, nacht *s*.
812 mich *M*; leucht *f*. *IWS*, villycht *s*; genomē *I*.
815 laid *MIW*; Es due minē h'ren wol oder we *s*.
816 i. doch a. *W*.
818 in dē sall *M*.
821 p. daz (v) e. *M*.

so muoß im [der] u*nm*uot sinken:
ez ward chain cristen nie so guot,
wen in hungert, er sei *ung*emuot.«
daz essen truog man auf den tisch dar,
des nam der rab vil guot war.
do man die lest[e] richt dar truog,
der rab sich auf den tisch huob.
do er auf den tisch was chomen
(als wir ez sider haben vernomen),
do sprach der rab: »der den himel hat besessen
der gesegen euch haiden eur essen!«

822 vngemůt *M*.
817–822 *in I/W/S/s:*
Flug ich für den chünig ich [v'czagot
so vast er ist ein czarnig man
er gewim mir leicht mein [lebñ an
ich wil paiten hincz er ezze [vñ trinche
so můß im vnmut v'sinchken

Allso redt d' rab wid' sich [selb'
fleug ich für dẽ chünig in [dẽ sal
daz wär mir nicht ain [guet' val
so vast er noch vñ ist ein [czornyg mã
er gewuñ mir vılleicht daz [lebẽ an
jch wil peytẽ pis er gist [vñ trinkcht
vncz daz d' vnmuet võ jm [sinkcht

Also red wider sich selber [der rapp
flůg jch für den künig jn [den sall herab
so vahet er mich deñ er ist [ain grimmer' man
er gewinnet mir min [leben an
jch wil baiten vncz si [gessend vñ trinckent
so můß der võ jn sincken

Flüge ich für den könig jn den sale so er noch fastet so ist er ein grim̃iger man vñ nym̃et mir villycht min lebẽ jch wil beitẽ biß er hat gessen vñ getrunckẽ so v'sincket jm lycht der vnmute

823 Zwar e. *S*; was *W*; christẽ mẽsch *W*; nie *vor* chain *WS*.
824 sei] ist vil *S*; zorangs můt *M*.
826 guot] eben *Ss*.
827 m. auf den tisch d. *IWs;* lesten *S*; dar *f. IW*.
828 auf den tisch *f. I*; dar h. *IW*.
829 wechomẽ *M*.
830 Da a. *W*; ez *f. I*; seit *IWS*.
831 Er sprach der den h. *S*.
832 haiden *f. WSs*; daz *I*, *f. W*; trinkchẽ vñ e. *WSs*.

damit begund er naigen schon
dem reichen kun[i]k Aron;
taugenlich mit den augen sein
gr*uo*st er die jungen kun[i]gin;
mit also guoten sinnen
naigt er der alten kun[i]gin*ne*
damit kert er sich umb in den sal
und naigt dem hofgesin*d* uber al.
die hai*dmischen* man
sahen an einander an:
si sprachen: »nu müeß wir alle jehen,
wir haben clüege*r*n vogel nie gesehen!«
also retten ritter und chnecht:
»chan uns iemant gesogen recht
der uns beschied der mär,
wes der cluog vogel wät?«
do sprach ein haidmischer hofschalk,
der was von art ain () wechselpalk:
er sprach: »ir haidem all[e] sant,
des raben vart ist mir wol bechant:
mich trieg*en* dann die sinne mein,
er ist gesant nach der jungen kun[i]gin.«

833–884 *f. s.*
833 Do b. d' rab *W*; sich n. *WS.*
834 Gen d. *S.*
835 Tugentleich *I*, Trawrichlichen̄ *W*, Tugenklich *S.*
836 Grüsset *MIWS*; junge *IWS*; k. fein *IW.*
837.838 *f. W*, 837 + 838 *S.*
838 Naygot *I*; kungin *MS.*
839 Do kort *S*; dem *WS.*
840 hof gesin *MI.*
841 (+ 842 *S*) haymsch *M.*
842 Dy s. da a. *W*; Die sachend fast jn an *S.*
843 alle] also *S*; Sy sprachē wir müessen jehē *W.*
844 h. chain *W*; clügn̄ *M.*
845 Ze hand *S*; frogten (f. jn *S*) *IS*, sprachē *W.*
846 niemant *S.*
847–904 *f. S.*
847 d. rechten m. *W.*
850 ain recht' wess (*gestr.*) *M*; awzvelpalch *I.*
851 gesampt *I.*
852 chandt *W.*
853 triegēt *M.*
854 i. her g. *W*; zu *IW*; dir *I*; jungen *f. I.*

der rab sprach mit ainem geschell[e]:
»der teufel in der hell[e]
cloffet zuo aller stund
dir aus deinem valschem mund!
daz dir dein maul verwachsen wär,
daz taucht[e] mich ain liebes mär,
daz du chainen rat möchtes[t] geben
die weil du hast dein valsches leben!«
er sprach: »ir haidem all[e] sant,
mein vart tuon ich euch bechant:
ich pin geflogen pald
her von ainem vinster[n] wald.
ich han er[e]n vil vernomen
und pin auf genad her chomen,
daz mir der kung geb prot und wein
durch die gross[e] er sein.«
da sprach also schon
der reich kun[i]k Aron:
»pistu durch mei*n* hauser her chomen,
treun, daz han ich geren vernomen.
wes dein hertz an mich begert
des soltu alles sein gewert!«
der kun[i]g hieß springen,
dem raben zuo essen und zu trinken pringen;
der kamrer saumet sich nicht mer

855 schelle *I*; Da sprach d' rab mit schall *W*.
856 auz *IW*; hellen *I*.
857 Der c. *W*; c. dir z. *IW*.
858 Dir *f. IW*; wnz *I*.
859 vere *I*.
860 deücht mich *I*, wär mir *W*; lieber *I*.
861 möchst *W*; gegeben *I*.
862 hiest *W*; daz valsche *I*.
863 Da s. d' rab i. *W*.
864 e. wol b. *I*.
866 Her *f. W*; bald (< hald) *I*
867 vil eren *I*, vil er hie *W*.
869 (*f. I*) gäb *W*.
871 Er *M*, Daz *I*; s. d' rab (*gestr.*) a. *W*.
873 meines *M*.
876 alles] vō mir *W*.
877 h. pald s. *W*.
878 Vnd hies d. *W*.
879 Dy k. sawmbttē *W*.

und begund zuo essen und zu trinken tragen her.
do man zuo essen und zuo trinken pracht,
der rab sich ainer frag bedacht;
an der selben stund
er den kun[i]g fragen begund:
er fragt in also schon:
»sag mir, reicher kun[i]g Aron:
wer isset dein prot und trinket dein wein
dem tuostu doch nicht an dem leben sein?«
der kung sprach unverborgen:
»rab, leb nür an sorgen!
wer trinkt mein wein und ist mein prot
der chumpt in dhainer schlacht not.
hie an dem hof mein
soltu an alle sorg sein,
de[i]n leib und dein guot
ist pei mir recht wol behuot.«
do der rab die red vernam,
wie hart er sich fräuen do beg*an*!
aller not begund er vergessen

880 Sy prachtē dem rabē ze essē her *W*.
875–880 *in I:*
Wez du an mich gerst
deß soltu alles sein gewert
der her hiez palde prin-
[gen (< springen)
dem rabñ ze ezzen vñ
[trinchñ pringen
[(*ausradiert*)
der chamrer sampt sich
[nicht mere
vnd trug ze ezzen vnd
[trinkñ her
881 m. im z. *W*; zuo 1/2 *f. I.*
884 Der rab *IW*.
885 Der rab fragt gar schon *W*.
886 Nu s. *W*.
887 und] w' *I*.
888 doch *f. IW*; icht *W*; lebe dein *I*.
890 sarg *W*; Rab du tarst nicht sargen *I*.
891 Wem (*gestr.*) w. *I*; wein/ Und *I*.
892 slahe *I*.
893 auf *IW*.
894 sargen *I*.
896 recht *f. IW*.
897 Do *f. W*; er *I*; r. wol v. *IW*.
898 Zehant *I*, Wie vast *W*; do *f. IW*; begund *MW*.

und begund frolich trinken und essen.
als der rab gaß und getrank,
erst g[e]wan er mangen gedank,
wie er mit seinem geträcht[e]
den haidem der potschaft innen pringen mächt[e].
er sprach also schon:
»o edler kun[i]k Aron,
du dunkest mich ain vester man,
daz ich dir mein potschaft nicht gesagen chan,
du wellest mir dan deinen frid geben,
paideu meinem leib und meinem leben:
so wolt ich dir sagen drat
waz man dir enpoten hat.«
der haidem sprach ain stimme groß,
daz ez in dem haus erdoß:
»du pist gar ain listig vogel,
ich furcht, ich werd mit dir betrogen!
dannoch kan ich dir () nicht *ver*sagen,

900 ward frölichñ *W*.
901 trankch *W*.
903 getracht *M*, trächt *W*.
904 Dem haydē dy p. in *W*.
901–904 *in I:*
Als der rab tranch vnd gas
allez laides er gar vergas
er gedacht in seinē gedecht
wie er dem chunige die pat-
[schaft in precht
905 Der rab *W*.
906 O *f. IW*.
907 m. so gar a. vest m. *I*.
908 mein' p. n. sagen c. *W*.
909 woltest *IW*; ainē *W*.
910 mein $_{1/2}$ *IW*.
905–911 *in S*:
Er sprach also schon o du
[edler künigg aaron
daz ich dir mine bot-
[schafftan
nū nitt lenger uerdagen kan
vnd jr wöllent mir den frid
[geben
minem lib vnd och minem
[leben
so wil jch üch sagen trât
912 man dir (< dir man) *I*, dir meȳ her' *W*, man üch *S*; gepoten *I*.
913 haide *I*; mit ein' stym (stym̄en *s*) *WSs*.
914 d. s (*gestr.*) h. *I*; erloz *I*, erdoßt *S*; Daz es in der purkch tünet vñ erhal *W*.
915 gar *f. W*; listiger *IS*.
917 d. sein n. gesagñ *M*.

du muost mein staten frid haben;
dein leip und auch daz leben dein
sol haben den státen frid mein.«
der haidem sprach unverpargen:
»rab, leb nür an sargen!
damit wil ich er[e]n
Machmeten, meinen lieben herren.
unser got ist Machmet genant,
durch des willen hab ein frid aus *dem* land.«
do sprach der listig vogel:
»mit Machmeten wurd ich hart betrogen,
der chund mir nicht pei gestan.
ich muoß ain pessern frid han!«
[er sprach]: »edler furst her,
tuo ez durch deines landes er
und gib mir ainen frid von hinnen
als lieb dir sei die alt kun[i]gin*ne*!«
[er sprach]: »seit du mich hast gemant
an mein frauen und an mein lant,
so verzeich ich dir den frid nicht,
wie halt mir darumb geschicht!«

918 m. stetñ steten f. *I*.
919 D' *M*.
920 Sond *S*; f. dein (*gestr.*) m. *I*.
921 Da s. d. h. *W*; haide *I*.
922 Rapp nü leb vn all sorgen *S*.
923 D. so w. *S*.
924 Machmetñ machmetñ *M*, Machometen *I*, Mächten *S*; lieben *f*. *W*.
925 machmet < mechmet *M*, machomet *I*, machemet *W*.
926 des] den *I*; ein *f*. *IS*; disem *M*.
928 machomet *I*; wird *W*; ich *f*. *I*; vileicht *W*; Mit dinem got machmet bin jch gancz betrogen *S*.
929 chan *I*; m. gancz nücz p. *S*; bestan *W*.
930 frid *f*. *W*; habñ (*gestr.*) h. *M*.
931 Der rab *W*; edle fursten h'ren *I*.
932 ez *f*. *I*.
933 hinne *I*.
934 kungin *MS*.
935 Der chünig *W*; genant *I*.
937 dez fride (fridß *S*) *WS*.
938 mir halt *W*.

er sprach: »seid ich deinen frid han,
so wil ich dich wissen lan,
kun[i]g Oswalt von Eng[e]llant
hat mich her zuo dir gesant.
nu merk, her, daz ist mein rat,
waz er dir pei mir enpoten hat:
dich pit der lieb her mein,
daz du im gebst die tochter dein.
wärlich, dem hochgelobten degen
soltu dein tochter geren geben!
im dienent creftikleich
zwelf kun[i]kreich;
zwelf kunk die dienent im schon,
iegleicher under seiner guldein kron;
vier und zwaitzig hertzogen her
die dienent im durch sein gross[e] er;
sechs und dreissig grafen lobsam
die dienent im mit mangem werden man;
neun edel pischof
dienent im auf seinem hof.
er pfligt wird und ern,
du solt im dein tochter geben gern!

939 Der rab *W*; s. h're s. *IS*; ich *f. I*; nū d. *S*.
940 d. nū w. *S*.
941 in *IS*, aus *W*.
942 Der h. *S*; mir *I*; zuo dir *f. S*.
944 dir *nach* mir *I*.
945 lieb' *I*.
947 hach geporen *I*.
948 geren *f. W*.
949 (+ 950 *S*) Im < Inn *M*; werlichen *S*; Wann jm dient vorchtichleichñ *W*.
948.949 *in I:*
Gen dem soltu ir (*gestr.*) [dich ir gern v'wegñ
jm (< jnn) zu dienen frö- [leich
950 Wol z. *IS*; künigrichen *S*.
951 die *f. W*.
952 Yslicher *W*.
953 zwaincz *S*.
954 Die *f. W*; siner *S*.
956 Die *f. WS*; pid' man *IWS*.
957 + 958 *S*.
958 Die d. *I*; Dient meinē herñ a. *W*; sein *I*, sinen *S*.
959 u. grsser *S*; ere *I*.
960 gern] here *I*.

und wirt dein tochter sein weib,
so *ist* auch hälig ir paider leib:
si choment aus aller schuld
und erwerbent unser frauen huld.«
do deu red vol geschach,
der hai[d]nisch kunk vor nider sach.
ab unser frauen er hart erschrikt,
zorenleichen er aufplikt:
er sprach: »daz wil ich allen meinen helden [clagen
() so ich si *ie*ndert mag gehaben!
daz ich dem rab[en] frid und urlaib han geben,
daz muoß mich reuen die weil ich han mein leben:
ez reut mich also ser,
er redt mir an mein er;
er beg*i*nnet mir sein frauen vor ne*nn*en,
der wil ich zuo freunt nicht erchennen!«
also sprach der haidem an der st*e*t:
»ert unsern () herren Machmet

961 wurt *I*; weib] leyb *W*.
962 wirt *M*; auch *f*. *WS*.
963 ußer *S*; aller *f*. *S*; ir' s. *W*.
964 Vnd erwerfen gotes vñ sein' mutt' hulde *I*.
965 vol *f*. *W*.
967 *in W:*
Als er vns' frawn hört nenē
des er (v) gar hart ersrikcht
968 Zorntklich *S*, Czornigchlichē *W*.
969 ich wil es all meȳ *W*; haydē *WS*.
970 (*f*. *s*) Den tewrsten s. *M*; nindert *M*; So bald jch si mag gehaben *S*.
967–970 *in I:*
Ab vns'n frawn er ser [erschrach
zornicleichen er da sprach
er sprach ich wil ez allen [meinē heldñ chlagñ
vnd wil in es auch nicht [v'dagen
971 und urlaib *f*. *Ss*; urlaib] huld (< hald) *I*.
972 Zwar (*f*. *s*) daß riüwet mich *Ss*; mein] dz *IWSs*.
973 Zwar e. *S*.
974 Vnd get m. *I*; m. gar a. *S*.
975 begunnet *M*; nemē *MS*.
976 fröd halt nimer' *S*.
977 stat *MS*.
978 u. lībñ h. *M*.

und setzt darnach eur sinn[e],
daz der rab nimmer chom von hinn*en*!«
der haidmisch kunk den frid zerprach,
davon mert sich des raben ungemach:
mit der selben vart
dem raben lien und tür verdrungen ward;
man schluog zu venster und tür,
stark ridel schoß man [da] für.
also ward verschlossen daz haus,
der rab mocht nindert aus.
[dem raben wart ze fliehen gach,]
die haidem eilten im vast nach.
mit allen seinen sinnen
mocht in der rab nindert entrinnen.
die weil wert nicht lang[e],
der rab ward gevangen.
an den selben stunden

974–978 *in W:*
Er redt mir auf meỹ trew [vñ er
er begund mir ain frawē [neñē
der wil ich zu chain' frawē [nicht erkeñē
allso d' haydē an d' stet
ert seinē hr'n machmet
979 d. all e. *S.*
980 nicht *W*, iendert *S*; chäm *M*; hinn *MW*.
977–980 *in I*:
Do sprach der haid an der [stat
er vns'n got gescholtñ hat
jr h'ren seczet dar nach ewr [sinne
daz der nicht chom von [hinne
981 prach *I.*
982 vngemacht *S.*
983 Czu d' selbigen *W*; wart *I.*
984 lienen vñ tŵre *I*, tür vñ lieñ *W;* v'spare *I.*
983.984 *in S:*
Mit der selben vart ward [dem rappen
getter vñ tor' wardent zů [geschlagen
985 z. payde v. *W.*
986 rigel *IS*; stieß *I*, schloß *S.*
988 nynders *W*; kum̄en dar a. *S.*
990 im] nu *I*; pald *WS*; hin n. *W.*
992 in *f. W*; nicht *IW.*
991.992 *in S:*
Der rapp mit allen sinen [sinnen
mocht den haiden niendert [entrinnen
995 Vnd an der selben stunde *S.*

ward er chreftikleichen gepunden
mit hirschein[en] riemen;
den raben half da niem*en*.
der haidmisch kunk da nicht enlie,
den raben er an ain stang gehie.
er sprach: »und hiet sein die welt geschworen,
so muostu daz leben haben verloren!«
als die jung kungin erfuor die mär,
daz der rab durch iren willen gevangen wär,
ainen seiden mantel si umb gevie,
wie pald si *fur* de*n* vater gie!
si sprach: »vater, dich haben dein sin betrogen
an dem wunnekleichen vogel!
nu hets[t] du im deinen frid geben,
paideu seinem leib und seinem leben:
waz hastu gerochen,
daz du den frid hast zerprochen
an dem edel[n] raben?!
sich, des muostu immer schan*d* haben:
verleust er in dem frid daz leben sein,

996 d' rab *W*; chreffticlaich *IS*.
997-998 *f. W*.
997 hırzzeinem *I*; riemē < rınnē *M*.
998 Dem rab *I*; niemāt *MI*.
999 da *f. W*; lie *I*.
1000 stangē *W*; hie *IW*.
997-1000 (998 *f.*) *in S*;
Mit hirssin remen der kü-[nigg do jn viengi
den rappen er an ain [stang hiengi
1001 und *f. I*.
1004 (*f. W*) durch] vō *S*.
1005 (*f. S*) s. mal (*gestr.*) m. *M*; vie *W*.
1006 zu *M*; dem *MS*, irn *W*.
1007 Vatt' dein sinne habñ dich betragñ *I*, Si sprach wie habent dich din sinn betrogen *S*.
1008 miñenklichen *S*.
1009 N. s (*gestr.*) h. *I*; hast *IS*; hest *W*; deinen *f. W*; gegebñ *I*.
1010 seinem$_1$] sinen *S*; seinem$_2$ *f. S*.
1011 Nu w. *S*; h. an jm g. *W*.
1012 dinen *S*.
1014 m. dich (v *Rd.*) i. *S*; schandñ *M*. +/ An dem edeln rabē *W*.
1015 Vnd verluirt *S*.

daz stet ubel an den er[e]n dein
und muost sein auch immer laster haben,
wo man ez sol singen oder sagen:
man spricht, du seist worden treulos,
und wirst nimmer dhaines pidermans genoß.
wie stet dir daz an?
man spricht, du seist ain frid prechender man,
und hast sein grosse schand,
wa du verst der land,
und hab ez auf all mein er:
du chanst dich zuo guoten dingen gleichen
[nimmer mer!«

do deu red vol geschach,
der haidem zorenleichen sprach:

1016 s. vil u. *S*; an *f. S.*
1017 auch *f. W.*
1010—1017 (1011—1013 *f.*) *in I:*
Du woltest im nicht schadñ
[an dem lebñ
sich dez müstu ymmer
[schande han
verlewsset er sein lebñ in
[dem fride dein (< sein)
daz stet übel den eren dein
du must auch sein imm'
[schande habñ
1018 sol] hört *S.*
1019 trewn löz *I.*
1020 w. auch *WS*; ym̄erme *S*; frumē mās *W.*
1021 d. wol a. *W.*
1022 Daz m. *W*; precher *W*, brüchiger *S.*
1023 s. auch ymer' (*f. S*) g. *WS*; schändt *W.*
1024 der] in dem *WS.*
1020–1026 *in I:*
Du wurst (< mirst) ymmer
[eines pid'manß genoß
wie wol stet dir daz an
man sprechet du seist ein
[pid'man
vnd hast sein groz schonde
wa man ez sagt auff dem
[lande
vnd hab ez auff alle mein
[ere
du gelaichest dich zu guten
[dingñ nym̄erm
1025.1026 (*f. s*) *in W/S:*
Du chanst dich zu guetē
[dingē nicht geleichñ
wañ es mues all tugñt vô
[dir weichn

Daß hab vō miner ler wañ
[du kanst dich
zû gûten dingen gelichen
[nim̄er mer'
1027 vol] also *W.*
1028 haid *I*, haydnisch *W*; zornicleichñ *IW.*

»ich sag dir (), liebeu tochter mein,
ez get im an daz leben sein!
ich laß in nicht lenger leben
(des wil ich *dir* mein treu[e] geben)
denn huntz an den margen fruo,
so get im grosseu sorg zuo:
so wil ich in hahen pald
hin aus fur den vinstern wald.«
si sprach: »nain, lieber vater mein!
als lieb dir mein muoter m*ü*g gesein,
laß uns den raben mit dem leben von hinnen,«
pat in deu jung[e] kun[i]ginn*e*.
er sprach, als wir horen jehen:
»tochter, des mag nicht geschehen!
er ist geflogen her
auf mein wird und auf mein er.«
si sprach: »seid du den raben nicht wild lassen [leben,
so wil ich dir mein treu[e] geben:
wenn du mich wil geben ainem haidmischen man«
(sprach deu kungin lobsam),

1029 d. es l. *M*.
1030 dem rabē *W*.
1031 i. zwar n. *S*.
1032 ew *M*.
1033 Dañ nuer vncz morgē frue *W*.
1034 dem rabē *W*; i. den g. *S*.
1035 Och s. *S*; in *f. I;* hŏchen *S*.
1037 nain] min hercz *S*.
1038 mog *M*, mag *S*.
1039 uns *f. Ws*, hin uß S; mit dem leben *f. I*; hynn *WS*.
1040 Allso p. *WS*; pitt dich *W*; kungiñ *MIWS*.
1041 w. noch h. *I*.
1042 daz *WS*.
1043 Zwar e. *S*; ist v*I*.
1044 wird] trẅ *S*.
1043.1044 *in W:*
Er ist geflogē her v̈ber [mer
paide auf meỹ trew vñ [auf meỹ er
1045 jn *W*; wil *I*.
1046 d. dez m. *IS*.
1047 wild *WS*; ein haidenischem *I*.
1048 Allso s. *WS*; d. jung *S*; chünig *W*.

»daran begen ich nimmer den willen dein,
daz glaub mir, lieber vater mein!
ich muoß mich von hinnen heben
(vater, des wil ich dir mein treu[e] geben)
mit ainem spilman aus *dem* land!
vater, des hastu dann immer schand.«
er sprach: »du fuogest nicht wol zuo einem [spilweib:
ez ist zuo edel dir *der* leib;
ich muoß dir der warhait jehen,
ich han der sprung nie chainen von dir gesehen.«
si sprach: »darumb darfstu nicht sorgen:
wes ich heint nicht chan daz lern ich margen.«
als der kunk erhort
seiner lieben tochter wort,
er sprach: »und wär allez daz gefügel
nach dir geflogen her *ü*ber

1049.1050 *in W:*
Dar czue gib ich nymer [den willñ meỹ
daz gelawb lieb' her' vñ [vat' meỹ

1051 Zwar i. *S*; wil *I*; hinne *I*, hin *W*.

1052 daß *S*.

1053 disem *M*; auf daz lande *I*.

1054 Vater *f. W*; dann immer] große *I*, jmer vnd ewichlich *W*.

1055 wol *f. S*.

1056 Er *I*; zuo] so *S*; dir *f. WS*; dein *MWS*; jung' (hochgebor'ner' *S*) l. *WS*.

1057 Zwar i. *S*; dir *f. W*; ueriechen *S*.

1058 der sprüng noch nit von dir *I*, võ dir d' sprüng nicht *W*, der spring kain võ dir nie *S*.

1059 Dar vm̃ sprach sy *W*; dürft du *I*, darst du *W*, bedarfst du *S*.

1060 Was *WS*; heut *IWS*; ler *I*.

1061.1062 *in M/I/W/S:*
Alz der kungk erhort die [wort

Als der chünig erhört sein' [tocht' wort

Als d' chünig daz erhört
seiner liebẽ tacht'

Vnd do der künigg daß [erhörtt
siner lieben dochter wortt

1063 daz *f. W*.

1064 geflogen *f. S*; vber *M*.

1063.1064 *in I:*

daz in Eng[e]llant möcht gesein,
ich gäb dir ez, liebeu tochter mein,
wann ich han nür gesehen«
(also begund der haidem jehen),
»wie dein clag *wär* gestalt.
der rab mag wol werden alt:
wildu sein nicht entwesen,
so mag der rab wol genesen.
pis nür aller sorgen frei,
trag in, wa er dir aller liebst sei!«
die jung[e] kungin nicht enlie,
den vater si liebleich umbvie:
»seid du mir den raben hast geben,
daz wil ich umb dich dienen die weil du hast [dein leben!«
die () kungin mit ir selb[e]s hant
erlost dem raben alle seine pant
und truog in mit ir *dra*t
in ir *selbs* chemnat.

Wer allez gefügel flogen
vnd nach dir geczogen

1065 D. da zu e. *W*; sein *I*.

1066 geb *I*; Ich gib dir dē rabē l. *W*, Daß geb jch dir ee l. *S*.

1067 Zwar *S*; nun *Ss*; besehen *WS*.

1068 haid *I*, haydnisch künig *W*.

1069 Nun w. *S*; W. nuer d. *W*; war *MW*.

1071 Vnd w. *S*; Macht *I*.

1072 müß *I*; r. noch *S*; wol *f. I*.

1073 mir *S*, nüme *s*.

1074 i. hin w. *I*.

1071–1074 *in W:*
Du wilt nicht enwesen
der rab mag noch wol [genesen
dachter pis an sargen frey
vnd trag in wo er dir am [liebisten sey

1075 k. daß n. *S*; entlie *IS*.

1076 d. rappen (*gestr.*) v. *S*; lieblichn̄ *W*; enphie *I*.

1078 uerdienen *S*; ich hab daz lebē *WS*, ich lebē *s*; dienen/Die *M*; Vat' daz dir behüt dein werdes lebn̄ *I*.

1079 jug̃ k. *M*; jr' weyssen *W*, jrß selber *S*.

1080 Löst *W*, Lost *S*; Erlöst den rabn̄ so czohant *I*.

1081 (+ 1082 *S*) trot *M*.

1082 ire *WSs*; pest *M*, *f. WSs*; kemadt *W*.

si saumet sich nicht mer,
pald hieß si tragen her
semel und guoten wein
und waz da guotes mocht gesein,
z*a*mes und wilprät,
guoter chost alz gerät. ()
si het den raben in guot*em* fleiß
mit trinken und mit guoter speis.
als der rab geaß und getrank,
daz gevider [er] aus einander *s*chwang:
er sprach: »edleu kun[i]gin,
lös mir den prief und daz vingerlein:
daz hat dir pei mir gesant
chun[i]g Oswalt in Engellant.
nu merk, [frau], daz ist mein rat,
waz er dir pei mir enpoten hat:
dir enpeut der furst frei,
daz im an got () nicht lieber sei
dann im ist dein werder leib:
du solt, ob got wil, werden sein weib.
wildu cristen glauben han,
daz soltu mich wissen lan,

1083 Do sumpt si *S*.
1084 Vil p. *S*; Peid *I*; si] im *I*.
1085 Semelen *S*.
1086 da guotes] dez pesten *I*, daz pest *W*; mag *W*.
1087.1088 *f. I.*
1087 Zämes *MWS*.
1088 Vnd g. *WS*; alz] mit *W*. *+ / in M:* Si het den rabñ v'porgñ huntz an dẽ newtñ morgñ
1089 hatt *S*; in guotñ *M*, mit gutẽ *I*, mit ganczem *W*, do mit *S*.
1090 Mit essen vnd trincken gûter spyß *S*.
1091 r. do *S*; gaz *I*, as *W*; u. trang (*gestr.*) *I*; tranch *IW*.
1092 Sein *W*; erschwang *MS*.
1093 s. vil e. *S*.
1094 Lôßt *S*; daz briefel *I*.
1096 aus *W*.
1098 Wan *I*.
1099 d. fra (*gestr.*) f. *W*.
1100 g. selb' *M*; nymand *WS*.
1101 im *f. I*; diner *S*.
1103 christenlichñ *W*.
1104 mich] jn *Ws*.

so wil er zuosamen pringen ain her
und wil nach dir varen uber mer.
edleu kun[i]gin gemait,
nu han ich dir ez allez gesait
des meinem herren ist zuo muot.
nu merk ez, [werde] kungin guot
und gib mir urlaib von hinnen,
des pit ich dich, edleu kun[i]ginn*e*.
begriff deinen vater sein haidmischer zorn,
so müest ich *icht* mein leben haben verlorn.
mir haben die wilden haiden
als vil getan zuo laid[e],
daz ich besorg meinen leib.
nu gib mir urlaib, du edles weib!«
[da sprach die chunigin her:]
»mein vater tuot dir nicht mer ()

1105 a. michel h. *WSs*.
1106 d. her v. *S*.
1107 Vil edllin *S*.
1108 ich *f*. *W*; a. wol g. *S*.
1109 Wez *I*, Was *WS*; sey *W*.
1111 Nu *I*; u. bald v. *S*; hiñ *W*.
1112 Daß *S*; d. vil edlin *S*; kungiñ *MWS*.
1113 Deñ b. *S*; Pegreifft dein *IWS*; haidnischen *I*, *f*. *S*.
1114 lewcht *M*; So mues (müst *S*) ich habē mein leben v'lorn *WS*.
1115–1120 *in M/I/W/S:*
Mir habñ die wilden haydñ
alz vil getan zů laid
das ich besorg meinē leib
nu gib mir vrlab du edles [weib
mein vat' tůt dir nicht mer
daz glaub mir rab auf [mein er

Mir habñ die wilden hai- [den
getan so vil zeleyde
daz ich pesarge mein lebñ
nu gib mir vrlawb daz ich [gen
mein vatt' tut dir nicht [mer
daz gelawb mir lib' rab her

Mir haben dy hayden
so vil getan ze layde
daz ich besorg meinē leyb
nu lasz mich varñ es ist [an d' zeit
da sprach dy chünigjnn her
mein vater tuet dir [nicht mer

Mir haben getan die wil- [der zelaiden
daß jch besorg mineß leben
nun gib mir urlob schö- [neß wib

an leib noch an guot,
nim nür an dich vesten muot!
chain urlaib macht du nicht gehaben«
(also sprach si zuo dem raben):
»*du* muost lenger hie () bestan
(des soltu mein[e] treu[e] han),
huntz daz ich mich berat
paideu fruo und spat,
wie [ich] mit grossen eren
() dich haim sent deinem lieben herren.«
nu het si den raben verporgen
huntz an den neunten margen.
mit gantzen treuen si sein pflag
paideu n a c h t und t a g.
　an dem neunten morgen fruo
do gie si dem raben zuo
und strikt im unter daz gevider sein
ainen prief und ain guldein vingerlein
mit ainer seiden schnüer
als er ez hain zuo lant solt füern.
si sprach: »m e i n lieber rab,

darvmb vñ Jch nit me hie [belib
do sprach die edle künig- [gin her
min vatter tůt dir zwar [nütz mer'

1121 dinem l. *S*; noch]vnd *W*; a. dinem g. *S*.

1122 nür *f. S*; an dich *f. W*; ain v. *S*.

1123 mag *I*, magst *WS*; d. noch n. *S*; habñ *I*.

1124 Also *f. IW*; dy chünigginn *W*.

1125 Do *M*; m. noch l. *S*; hie *f. I;* h. pei mir *MI*; bestan < bestand *W*.

1126 Daß s. nū m. *S*; trewn *I*.

1127 mich *f. W*; beraitte *IWSs*.

1129 Mit wy *W*, Wie jch dich mit *S*.

1130 Ich d. *MW*; dich *f. S;* s. zu d. *IS*; lieben *f. IW*.

1131 hielt *I*; rab *I*.

1134 u. och den t. *S*; tag vñ nacht *M*.

1136 Do *f. S*; r. wider z. *S*.

1138 guldeins ringeleў *W*.

1139 zwaў *W*; seydeiner *I*; snüern *W*.

1141 lieb' mein *M*.

nu merk recht waz ich dir sag:
sent dich der himlisch trachtein
haim zuo dem herren dein,
so soltu im nicht verdagen,
du solt im meinen getreuen dienst sagen:
sag dem werden furst*en* frei,
daz mir an got () nicht lieber sei
dann mir ist sein werder leib.
ich wel, ob got wil, werden sein weib.
nu sag dem fursten hochgemuot,
mein leib und auch mein guot
sul im werden undertan,
an Jesum Crist [wil ich] gelaùben han.
rab, nu sag im mer, daz ist mein rat:
wenn der winter ain end[e] hat,
wil er nach mir uber mer varen,

1140–1142 *in I/W/S*:
Daz soltu haim zu lande [füren
si sprach nu merk mein [lib' rab
recht als ich dir sag

Als er es haym zu lañd [solt füern
sy sprach nu merkch mein [lieber rab
was ich dir nu wil sagen

Daß er eß über mer' solt [fůrn
si sprach min lieber rapp
gar recht uernim waß jch [dir sag

1143 Wañ dich s. *W*, Nun s. dich *S*; himelischen *I*.
1144 Hin h. *S*; d. lieben h. *S*.
1146 i. och m. *S*; getreuen *f. S*, trewen *W*.
1147 Vnd s. *S*; furst *MW*.
1148 g. selbs (och *S*) *MS*; nyemandt *WS*.
1146–1148 *in I*:
Du solt im mein dienst [sagen
dem werden fürsten frey
daz mir lieb' nyemāt sey
1149 Wan *I*.
1150 wil *IW*; So lieb daß jch hoff jch werd sin elich wib *S*.
1152 auch *f. I*.
1153 Daß s. i. alleß w. *S*.
1154 Jhesu cristy *W*, xpm̄ *S*.
1155 nu *f. IS*.
1157 Wil deñ er über mier' nach mir faren *S*.
1145 im *f. W*; Du solt jm och n. *S*.

so sol er sich wol bewaren:
wel er mit gemach bestan,
zwen und sibitzig kiel müeß er han
und als manik tausent ritter erleich
und die sein al*le* muotes reich.
haiß in füeren helt guot
mit im auf des meres fluot;
wären si des leib[s] nicht pider,
ir chäm chainer lemtig her wider.
haiß [in] des kiel[e]s maspaum
(und haiß im die *wort* nicht wesen ain traum)
beschlahen mit edelm gestain;
daz daz sei lauter und rain:
war er *var* des nachtes auf dem mer,
er und auch sein cluoges her,

1158 s. gar w. *IS*.
1157 +/.1158 +/*in W*:
Wil er nach mir varn [v̈ber mer
mit einem chreftigen her
sol er sich bewarn
payde für chalt vnd für [warm
1159 Vnd w. *S*; Wol *I*, Wil *S*; mach *I*, macht *S*.
1160 sibenthtz k. die mûß *S*.
1161 Und *f. IW*; manigen t. man (*gestr.*) r. *W*; r. vñ knecht *I*; herlich *S*.
1162 alz *M*; Vnd das si alle sein mutes reich *I*, Vnd daz sy sein alles muetes freydē reich *W*, Die do syend alleß muoteß rich *S*, Die do sint·ryches mutes *s*.
1163 i. palde f. *I*.
1164 über d. wildes m. *I*.
1165 Vnd w. *ISs*; Weren *I*, Werdent *W*, Send *Ss*; lebens *I*, lebeß *S*; biderpt *S*.
1166 Jm *M*, Ez *I*, So *S*; chümpt *WS*; ir c. *IS*; lemtig her] hin haym *W*, nit hin *S*; Jr keiner kümt lebēdig wider heȳ *s*.
1167 nāspant *I*, mastpawm < maspawm *W*.
1168 vart wesñ (*gestr.*) n. *M*; Vnd daz ym dy vart nicht sol wesen ein trawm *W*.
1167–1169 *in S*:
Haiß jn deß kielß mauß [buwen
vnd lauß jm nit die fartt [sin ain tråm
och solt er die kiell buwen [mit rotten gold fin
1170 es *WS*; s. alleß l. *S*.
1171 Wär *M*, Wa *IWS*; vor *M*, vert *W*.
1172 auch *f. I*.

daz im daz *edel* [gestain] erglast
vollichleichen () vierdhalb rast.
nu haiß in auf die kiel tragen
w*a*z er zuo acht jaren sull haben
[kost und guot gewand]
im und seinen helden *allen sant.*
noch wil ich dir mer sagen:
ainen ubergulten hirsch muoß er haben.
nu sag dem fursten hochgeporen,
chom er () an dich, sein arbait sei gar verloren.
hertzen lieber rab mein,
nu chum her wider mit dem herren dein;
ich wil dir leihen und geben
die weil ich han mein leben!«
er sprach: »mit meinem lieben herren

1173.1174 *in M/I/W/S*:
Daz im daz schon erglast
vollichleihñ lawcht vierd-
[halb rast

Daz im geb die edel stain
[glast
vnd volicleich vierdehalb
[rast

Daz jm dann daz edel
[gestain erglast
vollichlichñ vo' ym vier-
[halb rast

Daß jm deß edlen staineß
[glast
helff uerfieren die grossen
[rast

1175 Vnd *WS*; auf] jñ *W*; die *f. S.*
1176 Wes *M.*
1177–1180 *f. W.*
1177 u. och g. *S.*
1178 gůt *M*, allen *s.*
1175–1178 (1177 *f.*) in *I*:
Nu haiz in auf den chiel
[tragen
daz er zu acht jaren welle
[habñ
jn vnd sein helden gut
daz si von allem laid sein
[wol pehut
1180 hyrsen *I.*
1181 Vnd *S.*
1182 Chäm *M*, Chümpt *W*; e. her (h. über s) a. *Ms*; wer *I*, ist *W*; gar *f. IWs*; d. so sy sin arbaitt gantz uerloren *S.*
1183 (*f. I*) Vil hertz *S.*
1184 Nu *f. I.*
1185 Darvmb so w. i. *S.*
1186 daz *IS.*
1187 Der rab *W.*

chüm ich her wider recht ger[e]n.
begert sein der her mein,
mein hilf sol im unverzigen sein.
frau, du solt mir dein urlaib geben,
ich wil mich hain zuo land[e] heben!«
si gab im sand Johannes minn
und enpfalch in der himlischen kun[i]gin.
der rab urlaib nam
von der chunigin lobsam;
er het nimmer rest
und eil[e]t von der vest.
  nu flog der [edel] rab
mer und land huntz an den zehent tag.
an dem zehenten tag zuo non
schwebt er ob dem mer schon.
nu sant daz himlisch kind
einen ungefuogen sturmwint,
daz sich der rab dreistund ubergab.
unmassen [groß] was sein[e] klag;
[er mocht seins fluges nimmer gehaben,
des begund er trauern und chlagen.]
die seiden schnüer sich erlost,

1188 recht *f. IW.*
1189 Vnd b. den *S.*
1190 Meiner h. s. er *WS.*
1191 dein *f. W*, ain *Ss.*
1194 him̄elisch chünigin̄e *I.*
1195 Alß d. *S*; u. do n. *W.*
1197 (+ 1198 *I*) nyndert *W.*
1198 Er *I.*
1197.1198 in *S*:
Er hett nienant me kain [rast
vnd flog frölich vō dannen fast
1200 Mer lang *I*; zeheten *I*, zwainczosten *S.*
1199.1200 *in W:*
Nu flog d'edel rab mer [vnd lang
vncz an den czehenten tag
1201 zwainczosten *S*; z. der n. *I.*
1202 Do *s. S*; der rab *W*; ab *I.*
1205 r. wol d. *S*; d. v̄b' vn̄ vb' ergab *W.*
1206 Vn– < Vn̄ *M*; ward jm *s. S*; gl (*gestr.*) k. *I.*
1208 Vnd *I*, Do *W*, Daß *S*; er *f. I.*
1209 erlöstē *W.*

daz gab dem raben pösen trost;
jamer wart im chunt;
im enpfiel daz vingerl zuo des () meres grunt.
als der rab erfuer die mär,
daz im daz vingerl enpfallen wär,
sein gevider er erschwang,
grosseu not in des betwang:
er flog des meres an ein end[e]
hin zuo ainer staines wend[e].
do er auf die staines wand was chomen,
do was im freud vil benomen;
er mocht dhain freud nicht gehaben
und begund trauren und clagen.
  auf der selben staines wand
er ainen ainsidel vand,
der was da gesessen, daz ist war,
vollikleich zwai und dreissig jar.
do in der ainsidel [von] erst an sach,
do begund er in grüessen und sprach:
»rab, pis mir gotwilchomen!
dein clag han ich wol vernomen:

1210 dem raben] jm *S*.
1211 Grosser j. *S*; waß *I*.
1212 ringelein *W*, fingerlin *S*; an *IS*, in *W*; d. wildes m. *M*.
1213 Do *S*; enpfand der *S*.
1214 ringelein *W*, fingerlin *S*.
1215 vmb swanch *I*, do swankch *W*, do erschwang *S*.
1216 Vil g. *S*.
1217 an *f*. *S*; Er slog daz mer an end *I*.
1218 Her *S*; stain *IW*, stainin *S*.
1219 stain *I*; wechomē *M*; Auf den (die *S*) stain (stainin wand *S*) was er kömen *WS*.
1220 Vnd waß jm do vil fröd benomen *S*.
1221 n. me g. *S*.
1222 Er b. nuer t. *W*, Daß b. er nū t. *S*.
1223 stain *IW*, stainin *S*.
1225 Er *I*; da *f*. *I*.
1226 Vollychlichñ *W*; wol z. *IW*; Vollenklich wol uff drysit jar *S*.
1227 er den *W*; ansidel *I*, einsidler *S*.
1228 Er gund i. *S*.
1229 nu p. *S*.

*w*az ist dir zuo laid geschehen?
d*e*s soltu mir der warhait jehen,
wann ich chen dich recht wol
(fur war ich dir daz sagen sol);
dein laid tuo mir bechant:
ich waiß wol, () du dienst sand Oswalt aus [Engellant.
nu hat mir g e p o t e n der himlisch trachtein,
daz ich sull dreistund piten umb den herren dein.«
des raben hertz was freu[d]en vol:
er sprach: »seidu mich chenst so wol,
so chan ich *dirs* nicht verdagen,
ich mü*e*ß dir chunden und sagen
waz mir zuo laid sei geschehen.«
also begund der rab jehen:
»ich wolt werben meinem () herren
paideu nach wird und nach eren
und flog hin in daz land schon

1231 Das *M*; zuo] hie *S*; gesechñ *I*.
1232 Daz *MS*; die *I*; gihen *I*.
1234 Fur war] Sid *S*.
1236 w. daz d. *M*; Du dienst chünig oswalt in engelant *I*, Jch wän wol (*f. S*) du **dinst sandt oswolt** (o. jn engell land *S*) *WS*.
1237 gepoten *nach* trachtein *M*, enpotē *W*.
1238 Daz *f. W*.
1237.1238 *in I/S*:
Nu hat mich der himẽ- [lisch trechtein
gepeten daz ich sol piten [fur den h'ren dein

Nun haut mir geboten der [himelschlich her'
jch söl jn bitten vmb [din h'ren
1239 ward *S*; Den rabe wart fröden vol *I*.
1240 erchennest (nu cheñst *W*) mein h'n *IWs*; Do er daß uernam also *S*.
1241 dirs] dein sein *M*, dir *IW*, dir eß *S*; uertragen *S*.
1242 Vñ *M*; mûs *MIWS*; sagen] chlagen *W*.
1243 ist *ISs*.
1244 Alß jch dir nū wil ueriechen *S*.
1245 werben *nach* herren *S*; m. liebñ h. *M*.
1246 Paideu *f. I*; wirden *IS*, drost *W*.

zuo dem reichen kun[i]k Aron
und erwarb die kunigin guot
dem fursten nach allem seinem muot.
nu sant im die jung[e] kun[i]gin
pei mir ein guldein v*in*gerlein:
daz ist mir enpfallen in daz mer,
ez möcht nit vinden ain gantzes her.
alleu meineu laid,
ainsidel, die han ich dir gesait.
seit ich nicht meinem lieben herrn
mag haim kömen mit grossen ern,
so chüm ich nimmer in Engellant,
ainsidel, des nim mein treu zuo pfant!«
do sprach der ainsidel guot:
»rab, nim an dich vesten muot

1248 räcchem *I*.
1247–1250 *in W/S*:
Ich flog wärlichñ schon
in daz landt gen oran
vnd han ym erwarben dy
[chünigjnn schon
ich han ym erworben dy
[künigjnne guet
dem edeln fürsten nach
[allem seinem muet
Vnd jch flog schon jn daß
[land aaron
jch han jm erworben die
[küniggin gůtt
dem aller liebsten her'en
[nach sinem můtt
1251 Vñ *I*; jm <jn *I*; junge *f. W*, edel *S*.
1252 guldein v *I*; v'g'lein *M*, ringelein *W*.
1254 groß *I*, gancz *W*.
1255 (+ 1256 *I*) myn *I*.
1256 Ainsidel *f. W*; die *f. I*; gechlait *IW*.
1255.1256 *in S*:
Darvmb so han jch grosseß
[laid
einsidell daß han jch dir
[nū gesaitt
1257 i. nū n. *S*.
1258 Moch *I*; grossen *f. W*.
1259 n. mer i. *WSs*.
1260 Ainsidel *f. I*, Einsidler' *S*; des *f. S*.
1261 einsidler' *S*. +/ (*gestr.*) in *I*:
Jr müßet lebñ in sargen
die lang nacht hincz an
[den margen
wan die nacht hat (< hab)
[ein ende genamē
so sult ir ze mir her wider
[chomen
dez erschricht sand os-
[wald sere
palde hieß er tragen here
semel vnd guttein wein
1262 Lieber' rapp nim nun an dich ain vesten můt *S*.

und ergibs dem lebentigen Crist
der aller ding gewaltig ist
himels und der erden:
wann der wil, so mag dein vingerl () funden
[werden.«
nu viel der ainsidel werd
creutzstal () auf diȩ erd
und pat got und die lieben muoter sein
umb daz guldein vingerlein;
daz wisset, an der selben [stet
sprach er mit treuen sein gepet.
nu wart er schon gewert
alles des sein hertz begert.
nu truog an der selben] stund
ain visch daz vingerl in dem mund:
dem gepot der himlisch hailant,

1263 gib *I.*
1265 Himel *I.*
1263–1265 *in W/S*:
Vnd gib es dem lebendi-
[gen got
vnd daz gelawb mir an
[allen spot
der aller ding gewaltyg
[ist hymel vñ erden

Vnd ergib eß dem almech-
[tigen got crist
der aller ding gewaltig ist
deß himelß vnd och der
[erden
1266 dein vingerl] daz fing'lein (ringelein *W*) *IW*, eß *S*; wol f. *M.*
1267 Vnd *I*; d. an (*gestr.*) a. *W.*
1268 Ain c. *I*; Chreẅczling *W*, Crützwyse *s*; nid' a. *M*; zu der *W.*

1267.1268 *in S*:
Nun fiell der einsidler'
[gott ze eren
crüczwyß zů der er'den
1269 liebew *I*, lieb *W*, *f. S.*
1270 Nun u. *S*; ringelein *W.*
1271 w. er a. *S.*
1272 er *f. I.*
1273 schon *vor* wart *S.*
1271–1273 *in W*:
Der aynsydel an der
[selben stet
sprach mit andacht sein
[gepet
da ward er auch schon
[gewerdt
1274 (*f. S.*) daz *I.*
1275 Do *S.*
1276 ving'lein *IS*, ringelein *W*; sinem *S.*
1277 pot *W*; him̄elischer *I.*

daz er daz vingerlein *füer* auf des meres sant.
des nam der ainsidel guot war
und huob sich zuo dem visch dar.
er viel nider auf seineu knie,
daz vingerl er von dem visch enpfie.
nu sprach er zuo dem raben:
»du solt dich wol gehaben!
ich han daz vingerl hie in meiner hant,
nu füer ez haim in Engellant.«
als der rab die red erhort do,
do ward er aus der massen fro.
der ainsidel nam daz vingerlein in sein hant,
dem raben er ez under sein gevider pant.
do gab er im sand Johann[e]s minn
[und enpfalch in der himlischen kuniginn.]
  do flog der edel rab ()
mer und land huntz an den sechsten tag.
als die zeit het () ein end genomen,
nu was er haim zuo land[e] chomen.

1278 deß *S*; fur *M*, furt *ISs*, füert W; d. n. (*gestr.*) m. *I*; an daz landt *W*, uß des mereß grund *S*.
1279 einsidler' *S*; vil g. *WS*.
1280 dar] drat *I*.
1281 die *I*.
1282 v (*gestr.*) ringelein *W*, fingerlin *S*; von] vom *I*; gevie *W*, enpfieng *S*.
1283 Vnd *I*.
1285 ringelein *W*, fingerlin *S*; hie *f. IS*; der *I*.
1286 Daz fuer h. *W*, Nun nim eß vnd für'iß h. *S*; Daz breng deinē h'n sant oswalt *I*.
1287–1331 *f. I*.

1287 Do *S*; erhort *vor* die *W*, erhörtt *S*.
1289 einsidler' *S*; ringelein *W*; dy *WS*.
1290 e. jm (*gestr.*) u. *S*; daz *WS*.
1293 Also fluog *S*; r. von hinn *M*.
1293.1294 *in W:*
Aber flog d' edel rab mer [vnd lang
vncz an den czehenten tag [ze non
1295 Alle zyt hetten *S*; het *nach* end *W*; schier e. *M*.
1296 Do was er *W*, Der rapp waß *S*.

der rab in hohen freuden lebt,
hort, wie er ob seins herren purk schwebt.
aller not er gar vergaß,
auf einen hohen turen er gesaß.
er traib ein ungefuoge*n* schal,
daz ez in der purg erhal.
sand Oswalts diener vier
erhorten da den raben schier:
si hetten nicht mer zu weilen
und begunden vast eilen;
ir aller fräud si des betwang,
ir ainer fur den andern sprang.
si eilten an den stunden,
do si den kun[i]k () funden.
der het nicht vergessen,
er w*ä*r schon zuo tisch gesessen
mit den pesten helden sein,
daz habt auf die treue mein.
do in die vier ansahen,
nu mügt ir horen, wie si jahen:
»her, wir wellen eu chunden und sagen
von eure*m* lieben raben:
der ist her haim zuo land[e] chomen,

1298 auf *W*.
1299 A. siner n. *S*; gar *f. WS*.
1300 e. do *W*; sas *WS*.
1301 vngefuges *M*.
1303 oswolt *W*.
1304 da *f. W*.
1305 peyten *W*.
1306 Sy *WS;* gundent *S*; v. ze e. *W*.
1307 daß *S*.
1308 Wie *M*, Ye *Ss*.
1309 el (*gestr.*) e. *M*; d. selben s. *S*.
1310 Daz *W*; k. da (oswolt *W*) f. *MW*.
1311 künig h. *W*; Der hett sich vermessen vñ geren gessen *S*.
1312 Vnd *S*; war *M*, was *WS*; schon *f. W*.
1315 Weñ do jn dy vier sahen *W*.
1317 (*f. s*) euch liebe mär sagen *WS*.
1318 ewrñ *M*.
1319 her *f. W*.

her, daz hab wir wol vernomen;
wir haben [in] mit unsern augen gesehen!«
sant Oswalt mocht nit lieber sein geschehen:
der milt kun[i]g Oswalt
sprang da von dem tisch[e] pald.
ein zoblin mantel er umb gevie,
froleichen er zuo dem raben gie.
sant Oswalt der furst *werd*
schwief den mantel nider auf die erd.
des nam der rab guot war
und flog auf den mantel dar.
sant Oswalt sich nider ducht,
den raben er liebleich aufrucht.
er sprach: »lieber rab mein,
du solt mir gotwilchomen sein!«
der rab ward hochgemuot:
[er sprach:] »nu dank dir got der guot!«
er truog in mit im drat
in sein pest chemnat.
do si niemant hort noch sach,
hort, wie sand Oswalt sprach:
»ei hertzen lieber rab mein,

1320 Her *f. W.*
1322 sein *f. S*; Des wellen wir euch der warhait jehen *W.*
1323 k. sant o. *S.*
1324 da *f. WS.*
1325 vmb vieg *W*, vmb sich fieng *S.*
1326 Wie f. *S*; Frolich *WS.*
1327 her *M.*
1328 Warff *WSs*; nider auf die] zu der *W.*
1329 r. vil wol (eben *S*) w. *WS.*
1330 Er *W.*
1331 truckt *S.*
1332 frölich *W*; auff zücht *IW*; Vnd den rappen zů jm schmuckt *S.*
1333 s. vil l. *S.*
1334 mir *f. I.*
1336 nu] zů jm *S.*
1338 kamat *W*; Hin jn sin kemnautt *S.*
1340 Nun h. *S.*
1341 Eya *I*, *f. S*; hercze *I*, vil *S.*
1341.1342 *in W:*
Er begund den raben fra- [gen
lieber rab du scholt mir [sagen
(*gestr.:*) herczē lieber

nu sag mir auf die treu[e] dein
waz mir die kungin enpoten ha*t*;
daz soltu mir sagen drat!«
deu red () d*a*ucht den raben schmach.
er sprach: »her, ir seit ein tail zu g*a*ch!
mich hat die müed und der hunger
meins leben[s] hart betwungen,
daz ich kain red nicht mag gehaben:
nu wil ich *euch* () talens [nicht] sagen.
ir sult mir zuo essen und zuo trinken geben,
so mag ich dester paß [red] mit euch pflegen.
ir müest leben in den sorgen
die lang nacht untz an den margen:
wann deu nacht hat ain ende genomen,
so sult ir her wider zuo mir chomen.«
des erschrikt sand Oswalt ser.
pald hieß er tragen her
semel und guoten wein
gab er dem raben sein.

sag mir herczen lieber [rab meÿ auf dy gancz trewe dein
1343 chünig *W*; hab *M*.
1344 mir *f. I*.
1345 r. die *M*; däwcht *MI*; raben *f. W*; ein s. *W*; swach *I*, schmech *S*.
1346 her *f. W*; ir seit ein tail] euch ist *I*; gäch *MS*.
1347 hat] gahet *I*; diemůt *S*.
1348 nahen *I*, *f. W*, so gar *S*; benumen *W*.
1349 chain (< chan) *I*, min *S*; nicht *f. W*.
1350 Darvmb *S*; d' *M*, dir *I*; halt t. *M*; talanch *I*, yeczunt *W*, tallant *S*; nichcz *WS*.
1351 Oder aber jr haissent m. *S*; mir zuo (1/2) *f. I*.
1352 wyßhait (*nach* euch) *S*; So mag ich reden dest' paz gephlegñ *I*.
1353 leben] habñ *I*; den *f. I*, grossen *S*.
1354 lang *f. W*; Baide den aubent vñ och den morgen *S*.
1355 Vnd w. *S*; hat *nach* ende *S*.
1356 her *f. W*; zuo mir *vor* her *S*.
1357 erschrack *S*.
1358 Vil p. *S*; er < her *I*.
1359 Semelen *S*; u. auch g. *WS*.
1360 d. lieben r. *IWs*.

grosse *sen* in des betwang,
im ward deu nacht ains jar[es] lang.
er lag untz an den margen fruo,
do gie er dem raben zuo:
er sprach zuo dem raben:
»noch soltu mir recht sagen,
waz p o t s c h a f t du mir hast pracht
oder wes der kungin sei gedacht.«
den raben sein treu[e] des betwang,
daz gevider er aus einander schwang.
er sprach: »lieber her mein,
lös mir den prief und daz vingerlein:
daz hat dir pei mir gesant
die chunigin von Aron lant.
die edel kunigin her
enpeut dir wird und er;
dir enpeut die kunigin frei,
daz ir an got () nicht liebers sei
dan ir ist dein werder leib:
si *wil*, ob got wil, werden dein weib.

1361 Vil g. *S*; not *M*, sarg *W*, pin (< sin) *S*; des] da *WS*.
1362 waz *ISs*.
1363 lag] lang *W*; die nacht piz *I*.
1364 r. wider z. *S*.
1365.1366 *f. I*.
1365 Do s. e. *S*.
1366 Nu *W*.
1367 potschaft *vor* pracht *M*; m. nū h. *S*; Vnd waz patschofft hostu mir p^{r}cht *I*.
1368 Oder was ir dy chünig hab gedacht *W*, Oder weß die küniggin sich hab gedacht *S*, Oder was sich der könig bedacht habe *s*.
1369 des *f. I*, do *WS*.
1370 Sin *S*.
1371 s. vil l. *S*.
1372 Laz *M*, Lo̊ssend *S*; u. auch d. *I*.
1373 h. si d. *S*.
1374 jung c. *W*; ze aaron in dem l. *S*; Die chünigin iūge auz arons lant *I*.
1375 Vnd d. *S*; chünig herre *I*.
1376 euch *I*; wirt (v) czucht u. *W*; u. groß e. *S*.
1377 Die *I*; haut enbotten *S*.
1378 g. selbers (auch *W*) n. *MW*; nymant liber *IWS*.
1380 sull *M*, wo̊l *S*; w. geren w. *S*.

dem heiligen grab w*i*l si werden untertan
und an Jesum Crist gelauben han.
herr, nu merk, daz ist mein rat,
waz *si* d i r [mer] enpoten hat:
wellest[u] nach ir uber mer varen,
so solt[u] dich wol bewaren:
wildu mit gemach bestan,
zwen und sibitzig kiel muos[t] du han
und als manig tausent ritter erleich
und die sein all[e] muetes reich.
du solt füeren helt guot
mit dir uber des meres fluot;
w*ä*ren si des leibes nicht pider,
der chäm () chainer lemptig hin wider.
haiß dir des kieles maspaum
(und laß dir die *wort* nicht wesen ain traum)
beschlahen mit edelm gestain;
daz daz sei lauter und rain:

1381 wel *M*.
1382 An ihm̄ xpm̄ wil si *I*, Vnd wil an cristum *W*.
1383 m. mich d. *W*.
1384 dir die chungin *M*; mer] bei mir *IS*.
1385 Deñ w. *S*; Wil du *WS*; nach ir *nach* mer *W*.
1386 d. gar w. *S*.
1387 Vnd w. *WS*; mache *I*, macht *S*.
1388 müz er *I*; haben *W*.
1389 Und *f*. *W*; manigen *W*; tausent *f*. *I*; her'lich *S*.
1390 alle sein *I*, da sind alles *W*, all sient *S*; reich] frey *IW*.
1391 s. auch f. *WS*.
1392 d. wilden m. *S*.
1393 Vnd w. *S*; Warñ *M*, Wedent *W*; irens *I*, ir's *WS*; lebens *I*; biderb (< biderbt) *S*.
1394 c. ir c. *M*; hin] nit *I*; Ir chümpt chainer nicht haim wider *W*, Zwar jr kainer kumpt lebendig haim wider *S*, Jr keiner kümt wider heȳ *s*.
1395 Vnd h. *WS*; dez (< der) kiels naspant *I*, dy chyelmasspawm *W*, die kiel buwen *S*.
1396 Und *f*. *I*, Och *S*; vart *MWS*; tram *S*.
1397.1398 *f*. *S*.
1397 Hais dy maspawm b. *W*; edlen *I*.
1398 Daz sol sein *I*, Daz es sey *W*.

wenn du des nachtes verst auf dem mer,
du und auch dein chluoges her,
daz dir daz edel gestain erglast,
daz du mügest gesehen vierdhalbe rast.
du solt auf die kiel tragen
waz du zuo acht jaren *muost haben*
chost und guot gewant,
als du sein bedurfst in fremdeu land.
noch wil ich dir mer sagen:
ainen ubergulten hirsch muostu haben.
ich sag dir, furst hochgeporen,
chumst du an mich (), dein arbait ist gar verloren.
von der kun[i]gin gemait
han ich dir die potschaft gesait,
nu schau, werder furst frei,

1399 Wo *W*; varst *I*, *nach* du *W*.
1400 auch *f. S*; chreftigs *W*.
1402 Daz du] Da du von dem *W*; vierhalb *W*.
1401.1402 *in I/S:*
Daz dir daz edle gestain [geb glast
völlicleich vierhalb rast

Daß du vō der edlen stain [glast
da vō mûgest gesechen [vierhalb rast
1403 s. auch (a. laussen *S*) a. *WSs*; kiel *f. S*.
1404 wellest *W*; Waz du bedurfst zû acht iarñ *M*.
1403.1404 +/ *in I:*
Du solt auff den chiel [tragen
daz wil ich dir mit trewn [sagen
waz du bedarfft zu acht [iaren
dar an pedarfft du nicht [sporen
1405–1408 *f. W*.
1406 deß *S*; pedorfft *I*, bedarfst *S*.
1407 sagñ mer *M*.
1407.1408 +/ *in I:*
Noch wil ich dir sagen mer
dez hostu große er
ain v̊ber guldeten hirsen [müstu habñ
mit manigem stulczen [knoben
1409 d. eß f. *S*.
1410 Varestu *I*; d. da hin a. *S*; m. hin uber d. *M*; dein] die *S*; w' *I*; gar *f. IWs*, gancz *S*; hin uber/Dein *M*.
1411 Nun v. *S*.
1412 dir *f. I*; p. alle gesagt *W*.
1413 s. vil *S*; edler *I*.

wie der prief geschriben sei!«
do deu red alle geschach,
sand Oswalt daz insigel aufprach:
der auserwelt degen
begund den prief () schauen eben.
do vand er geschriben inn[e]
die himlisch kun[i]gin*ne*;
sand Johann[e]s, der werd man,
was auch geschriben daran;
sant Oswalt sich selber vant,
erst *ward* im grosseu freud bechant.
sich und die kun[i]gin*ne*
vand er geschriben mitten inn[e]:
si het in umbvangen,
gedrucht an ire wange,
chust [in] an den mund sein.
den prief het geschriben ain edleu chun[i]gin.
do sand Oswalt die groß genad er*vand*,

1415 alle] alle nu *W*, do vol *S*.
1416 den prieff *WS*; auff p^{a}cht *I*.
1417 auz der welten g (*gestr.*) d. *I*.
1418 p. da s. *M*.
1420 himelschlichen *S*; kungin *MIW*.
1421 johanns (johanssen *S*) den werden *WS*.
1422 Der w. *S*.
1423 Do. s. *S*; sich] die ding *S*; selber (< selbes) *M*, selbñ *I*; geschriben v. *S*.
1424 was *M*.
1425 die *f. I*; kungin *M*; Sich selber (selbß *S*) vñ auch (*f. S*) dy jung (edlen *S*) chünigjnn *WS*.
1426 g. an m. *S*; mitten] dar *W*; driñe *I*, jnnen *S*.
1427 i. schon u. *W*.
1428 Vnd trukcht in a. *W*; ir wangen *S*.
1429 *f. IWs*.
1430 (*f. W*) hat g. die *I*; geschriben/Ain *M*.
1429.1430 +/ *in S:*
Jm waß si wer an dem [mund sin
den brieff het si selbß ge- [schriben
die edel küniggin lag [dem fürsten jm siñe
1431 groß *f. S*; g. do *S*; ersach *M*, vand *WS*.

er sprach: »mein dienstläut all[e] sant,
setzt darnach eur sinn[e],
() daz wir zwen und sibitzig kiel vinden!
hais[se]t mir sei machen vest,
si müessen tragen werd gest.«
  nu berait er sich den winter lang:
grosseu sen in des betwang,
daz er [nie] dhaine*r* *rast* gepflag
untz gen sand Jorgen tag.
do het er ez allez zuosamen pracht
daz im zuo der vert was gedacht,
chost und guot gewant
im und seinen helden all*en* sant.
er hieß im *pald her* tragen
(als wir noch horen sagen)
golt und silber weiß,
der vert het er guoten fleiß.
darnach hieß er springen

1432 s. nu hört m. *W*; –läut *f. S*.
1433 Vnd s. d. all e. *WS*.
1434 Vñ secht d. *M*; gewineñ *WS*.
1433.1434 *in s:*
Dunt darzu dz mir zwey vñ sibentzig kiel w'den gemacht
1435 Vnd h. *S*.
1431–1435 *in I:*
Sand oswalt die große gnad [an sach
zu seinē dienstlaẘten er [do sprach
daz ir seczt dar zu ewr [sinne
dez habt ir alle mein miñe
haißet machen czwen vñ [sibenczig chiel vest

1436 Die *I*.
1437 Do *W*; praittet *I*.
1438 Vil g. *S*; sarg *W*, sinn *S*, sorge vñ arbeit *s*.
1439 dhainē *M*; rat *M*, rest *W*.
1440 Hin pis gen *M*, Hüncz hin *I*, Vncz auf (gan<gen *S*) *WS*.
1441 er *f. W*; ez allez] allez daz *IWS*.
1442 Waß *S*; vert] wer *I*, fartt *S*; Des er jm zu der rays het gedacht *W*.
1443 (*f. I*) u. och g. *S*.
1444 all *MW*.
1445 im *f. IW*; auf die kiel *M*.
1446 nach *I*, nu *W*.
1448 fart *S*; guoten *f. I*.
1449 Do *W*.

und im goltschmid her pringen;
als er sein gedacht,
wie pald man im die maister pracht!
die weil wert nicht lange,
die maister komen () gegangen.
do si der chun[i]g ansach,
nu mügt ir horen, wie er sprach:
»ir maister, seit mir gotwilkomen!
eur chunst han ich gern vernomen.
ich han nicht umb sunst nach euch gesant,
nu merkt waz ich euch tuo bechant;
umb waz ich euch petten wil
des lat euch nicht dunken zuo vil:
ir sult mir wurchen schon aus golt
(darumb gib ich euch reichen solt)
zwai und sibitzig tausent creutz guldein.
nu wurcht mir si durch den willen mein,
wan ich wil varen uber mer
mit ainem creftigen her.«
die meister worchten mit ringer hant,
die chunst was in wol bechant.
die cräutz wurden schier berait,

1450 im] ain *S*; her *f. I*; Vnd hiesz jm goltsmid pringen *W*.
1451 e. sein im het gedacht *I*, e. jm sinn erdacht *S*.
1452 im] jn *S*; die maister] sey h' *I*, dy goltsmid *W*, den maister *S*.
1453 w. och n. *S*; lanchñ *I*.
1454 Der *S*; kömē *M*, kam *S*; schier g. *M*.
1455 si] jn *S*.
1456 Gern *I*; e. zů jm s. *S*.
1457 Maister nun sind *S*.
1458 Zwar e. *S*; chümpft *IW*.
1459 vm̄süßt *I*.
1460 tün *IS*.
1461 Vnd wes (waß *S*) *WS*; e. nun *S*; biten *IWS*.
1462 Daz *IS*; nicht (nit < mit *S*) *vor* zuo *IS*.
1463 wirken *S*.
1464 D. so g. *S*; i. ve (*gestr.*) e. *W*.
1465 xxxij^{m} *s*; guldñ *W*.
1466 Dy würcht mir d. *W*.
1469 ringñ *I*.
1471 waren *I*; schon *W*.

des taucht sich der kunk gemait.
nu begund er zel[e]n schon
den goltschmiden alz ir lon.
do si den solt heten enpfangen,
do schieden si von dannen.
nu lag sand Oswalt aber in sargen
die lang nacht huntz an den margen,
wie er im aines sinnes erd*ä*chte
und sein dienstläut zuosamen pr*ä*chte.
er lie nicht [lenger] beleiben
und hieß im prief schreiben
und enp*o*t mit gross*en* *eren*
allen seinen landes heren.
do si sein potschaft vol vern*a*men,
wie pald sie gen hof k*a*men,
die ritter und chnecht

1472 daẘcht *I*.
1465–1472 (1471 *f.*) +/ *in S:*
Zwen vnd lxx krencz guldin
die wirkent mir durch den [willen min
wañ jch wil faren über mer'
mit ainem gar kreftigen her
der maister wrckt mit rin- [ger hand
die kunst waß jm gar wol [bekant
daß ducht sich der künig [gar gemait
daß er all die arbaitt
all so schon uß waß berait
nach dem vñ jm waß zů- [gesait
1474 Den (< Dey) *I*, Dem *S*; goltsmit *IS*; allez ir *I*, irn *W*, sinen *S*.
1475 er *S*; het (*nach* er) *S*.
1476 schied der goldschmid *S*; Do schieden sy frolichn haym ze landt *W*.
1477 aber] noch *I*, *f.* *W*; i. grossen s. *W*.
1478 Ain *IW*; langen *S*; biß *S*.
1479 (*f.* *W*) erdachte *MI*, gedåcht *S*.
1480 Wie er *W*, Daß er *S*; prachte *MI*.
1481 me *S*.
1482 Er *W*; liez *Is*; i. palde p. *IS*.
1483 Er *S*; enpewt m. grossem ernst *M*.
1485 wol *IS*, *f.* *W*; ver (er v) nomē *M*, heten v'numen *W*, uernomen *S*.
1486 Hört (Nun h. *S*) w. *WS*; komē *Ms*, g (*gestr.*) chömen *I*.
1487 Sein *IWS*; u. sein c. *IWS*; knechte < knechten *I*.

die im waren gerecht!
zwelf kun[i]k kamen im schon,
iegleicher under seiner guldein kron;
vier und zwaitzig hertzogen her
die chomen im durch sein grosse er;
sechs und dreissig grafen lobsam
die pra[ch]ten mangen werden man;
neun edel pischof
chomen im auf seinen hof
und waz si all dienstläut mochten gehaben
(als wir noch horen sagen):
damit wolten si im pei gestan
und in [in] chainen nöten nicht lan.
si chomen gen hof geriten
nach ritterleichen siten:
si waren berait mit guotem fleiß,
ir harnasch was silber weiß.
nu chomen si auf den hof dar,
ir was ein ungefuoge schar.
do si nu gen hof waren chomen
und daz sand Oswalt het vernomen,
hort, wie er unter in umbgie

1488 Die chomē im gar rechte *I*, Vnd and' her'n dy jm warden gerecht *W*, Die jm all zyt warent gerecht *S*.
1489 k. die *I*; chomē *IW*, komend *S*.
1490 sein s (*gestr.*) *I*, sein'n *S*.
1491 h'czog *I*.
1492 seiner grossen *W*.
1494 p. jm vil (*f. S*) m. *WS*; stolczen *S*; Die prachtē mit in manigē pid'man *I*.
1496 Dy c. *WS*; seinem *I*.
1497 si] sin *S*; all *f. WS*; habñ *IS*.
1498 w. eß *S*; nah *I*.
1499 bestan *W*, stan *S*.
1500 wolten i. *W*; nicht *f. IS*.
1501 c. bald g. *S*.
1502 Gar n. *S*; ritterlaichem *IS*.
1503 b. mit gold vnd mit g. *S*; g. syten (*gestr.*) f. *W*.
1504 h. der w. *WS*.
1505 Si komend a. *S*.
1507 Vnd d. *S*; nu *f. WS*; auff dē *IS*.
1508 daz] als es *W*.
1509 Nun h. *S*; jnnen *S*.

und si gar wirdichleichen enpfie.
er het si besamnet creftikleich
uber alleu seineu () reich,
huntz daz er zuo im gewan
zwen und sibitzig tausent man:
die waren all sampt helt guot
und auch ir leib[e]s () hochgemuot.
sand Oswalt freu[e]t sich der er[e]n,
daz er het so mangen dienstherren.
an den selben stunden
die zwelf kun[i]k fragen () begunden;
den milten kun[i]k Oswalt
begunden si da fragen pald:
si sprachen zuo dem herren:
»je nu west wir recht geren,
warumb ir uns zesamen habt pracht
oder wes euch mit uns sei gedacht.
waz mugt ir mit uns ze schaffen han?
daz sult ir uns wissen lan.«
er sprach: »ritter und chnecht,

1510 wirdiclach *I*.
1511 sich besammet *I*, sy besaczt *W*, sie besant *s*; chreftikleichen *W*.
1512 (+ 1513 *I*) kunkreich *M*.
1511.1512 *in S:*
Er het sich selbß gearwett [gar kreftenklich
v̂ber all jn sinem rich
1513 daz *f. I*; e. ze samen pracht vnd g. *W*.
1514 Czway *W*; dryssig *s*.
1515 alle gesampt *I*, alle *S*.
1516 ires *IWS*; l. gar *M*; wol gemuet *W*.
1520 k. in f. *I*; f. da b. *M*.
1521 k. sant o. *S*.
1522 da *f. S*.
1524 Ge *M*, *f. IWS*.
1525 habt *nach* uns *S*.
1526 mit uns *f. I*; erdacht *S*.
1527 + 1528 Waz mügt ir mit vns vizzen lan *I*.
1529 s. min r. u. min c. *S*.
1526–1529 *in W:*
Oder wes ir euch habt [gedacht
daz ir mit vns welt zu [schaffen han
daz schült ir vns wissen [lan
sand oswolt ir ritter vnd [ir chnechtt

daz wil ich euch sagen recht:
ich wil varen uber des meres fluot«
(also sprach der furst guot):
»ich wil in die haidenschaft ker[e]n
und cristenleichen glauben meren.
ain haidmische kun[i]gin*ne*
die *wil* ich uber mer her pringen.
ez sei den wilden haidem
lieb oder laid[e], ()
() i c h muoß haben die kungin guot!«
also redt der furst hochgemuot:
»daz mag an eur hilf nicht geschehen«
(also begund er zuo in allen jehen):
»wer mir *nu* wel pei bestan
der sol mich daz wissen lan!«
also sprach der furst frei:
»wer zuo ritter worden sei
oder noch zuo ritter werden wil
den dun*k* der vert nicht zuo vil,
wann wer auf der vart w*irt* erschlagen,

1530 Daß uch jch sagen wil daß merckent gar recht *S*.
1531 wolt *W*; d. wildes (wilden *S*) m. *IS*.
1532 d. edel f. *S*.
1534 wil c. *I*.
1535 haidenischen *I*; kungin *MIWS*.
1536 wolt *M*, wel *I*; wir *I*; u. daz *W*; mer] mier'r *S*.
1537 (+ 1538 *MIWS*) dem *Ss*; wilden *f. IW*.+/ Daz sei euch allen gesait *M*, So wil ich sein perait *I*, Ich wil jn dy junkchfraw gemayd *W*, Jch sag üch daß uff minen åyde *S*.
1539 So mûs ich *M*, Vnd müß *I*, Daß jch muoß *S*.
1540 sprach *S*; chünig *I*.
1542 gep (*gestr.*) b. *I*.
1543 mir *nach* pei *W*; nür *M*; wil *M*, *nach* pei *I*; gestan *IS*.
1544 ez mich *I*.
1545 d. edel f. *S*.
1546 nicht z. *WS*; werden *I*.
1547 noch *vor* werden *S*; zuo *f. WS*; well werden *W*.
1548 Der *W*; dunkt *MIW*; fart n. sin z. *S*; Der laß jm die fart nit swer sin *s*.
1549 Vnd *S*; an der rais *W*; wur *M*, *nach* wer *W*.

des sel muoß grosse genad haben
in dem ewigen leben,
des wil ich eu mein treu[e] geben!«
also sprach der furst her:
»leib und sel ist behalten immer mer,
iegleicher wirt rain als ain westerbar,
ir heren, daz sag ich euch fur war!
ir sult mir treu erzaigen,
wan ir seit mein aigen;
darzuo gib ich eu reichen solt,
paideu silber und daz golt.
ich wil euch leihen und geben
die weil ich han mein leben.
wol nu her, ir edeln kunk!
ir habt von mir lant () und purg;
und ir hertzogen hochgemuot,
ir habt () von mir () läut und guot;

1552 euch *WS*.
1549–1552 *in I:*
Dez zel müz groß genad [habñ
vnd wirt er auf’ der vert [erslagñ
er chumpt in daz ewigñ [lebñ
dez wil ich im mein [trew̃ gebñ
1554 ist] send *S*.
1555 Jslycher *W*; ain westerbar] auz d’ tauf gewar *I*, ein engel chlar *W*.
1556 her’ *W*.
1555.1556 *in S:*
Yeglicher wirt rainer den [der suñen schin
jr her’en daß sag jch uch [allen gemain
1557 Darvm̃ (–vm̃ v *Rd.*) so sond jr *S*; mit trewn erczigen *I*.
1558 s. all m. *WSs*.
1559 euch *IWS*.
1560 daz *f. I*, auch *WS*; golt < (*K.*) got *I*.
1562 All d. *S*; daz *WSs*.
1563 Wol nu her] Wagt mit mir *W*, Nun wagt üwer er’ *S*, Wol uff *s*; chünig *WS*.
1564 Wann i. *W*; l. lawt u. *M*; pürgg *Ss*.
1565 Und *f. WS*.
1566 (*f. s*) h. auch (*nach* mir *S*) v. *MS*; läut] lant lawt *M*, lender *S*.
1563–1566 (1563/66 *f.*) *in I*:
Ir habt von mir purg lant [lew̃t vñ guot
ir hertzogen hochgemuot

[ir grafen alle sant,
sei iegleicher an sein treu gemant;]
und auch ir pischof her,
ir habt von mir wird und er.
ei seit all unverzait
und wer[de]t schon mit mir berait
und berait euch mit mir auf die vart
und gedenkt an meinen vater Sewart:
hab euch der ie dhain guot getan,
des sult ir mich geniessen lan!«
ir aller treu da wol erschain:
nu wurden die pesten uberain
und sprachen zuo dem herren:
»wir wellen euch helfen recht geren
mit leib und mit guot
hin uber des wildes meres fluot;
daz wel wir f r o l e i c h mit euch wagen!«
nu begund er nicht () furpaß fragen:
der hochgelobt degen

1567 i. edlen g. *S.*
1568 yslicher auf *W.*
1571.1572 *in I/W/S:*
Ir sult sein vnv'czait
vnd werdet alle mit mir [perait

Jr allsambt schüld nicht [wesen sein verczait
jr schuld schon sein [wesen mit mir berait

Nun sind allsand vnuer- [zågt
vmb üwer err' vnd wirde [stått
1573 So *S.*
1574 (*f. s.*) g. auch a. *W*; an meines vaters *I*; sewart] sebart *M*, sebat *I*, *f. W*, zartt *S.*
1575 er uch ye *S*; trew *IWS.*
1576 Daß *S.*
1577 da *f. I*; erschin *S.*
1578 Do *W*; Die biesten ẘrdend über ain *S.*
1580 recht *f. IW.*
1581 u. och m. *S.*
1582 wildes *f. IW.*
1583 froleich (*vor* wagen *M*)] gern *I.*
1584 Do *WS*; sand oswold *W;* si n. *S*; n. mer *M*; furpaß] mer *W.*
1585 vil h. *S.*

hieß die guldein kräutz aufheben
und aus der purg her tragen,
als wir noch horen sagen.
er hieß si schutten auf ainen anger dar.
er sprach: »ir herren, nu nempt war:
wer mir der vert wil pei bestan
der muoß der chräutz ain[e]s han.
ob wir w*u*rden bestanden
von der haiden handen,
so wär wir cristen all[e] sant
pei den cräutzen () wol erchant.«
nu het er auf seinem hof erzogen
(des begund er got vast loben)
ainen hirsch achtzehen jar
(daz sag ich euch fur war),
der het so vil schons ge*zind*,
daz wundert daz fremt hofgesind.
si beraitte*n* sich mit dem hirsch dar
und niemant nam des raben war;
sand Oswalt mit den herren unmüessig was,
daz er des raben da haim vergaß.
von den herren die da waren chomen

1586 Der h. *W*; krentz all a. *S*.
1587 her *f. W*.
1589 ein ander *W*; Er hieß si uff den anger seczen dar *S*.
1590 nu *f. I*.
1591 fart wo̊l *S*; gestan *IS*; Wer nu well mir pey pestan *W*.
1592 krentzen ainen *S*.
1593 w. nun w. *S*; werdñ *MI*.
1594 d. wilden h. *WS*.
1595 werd *IWS*; wir *f. S*.
1596 krentzen *S*; an ain and' w. *M*.
1595.1596 *in s:* So werē wir alle cristē so bekennēt eīander by den crützē
1597–1617 *anders WSs.*
1597 er v *I*; gezogen *I*; erczogñ d (*gestr.*) *M*.
1598 *f. I*.
1599 hirsen *I*.
1601 gezierdes (g. gut *I*) *MI*.
1602 Dez wurdñ daz frömde volck hochgemut *I*.
1603 beraittñt *M*; mit] mir *I;* hirßñ *I*.
1605 mit den] der *I*.
1606 da] hie *I*.

wurden die kräutz alle aufgenomen;
mit der selben vart
ein michel gedreng zuo den kräutzen ward;
ieglicher wolt sich hart schamen,
solt er der kräutz nicht ain[e]s haben.
si macht*ens* auf die wappenrok all sant,
ob si ch*ä*men in fremde lant
und von den haidem wurden bestan*d*en,
daz si pei den kräutzen *sich* erchanden.

1610 gedranck *I*.
1611 s. sein h. *I*.
1612 Sol *I*.
1613 machtēt ez *M*; ir rochi *I*.
1614 chomē *MI*.
1615 bestannē *M*.
1616 dem crücz *I*; an ain and' *M*.
1597–1617 *in W/S/s:*

Mit der selben vart
ein michel gedrang zu
[den krewczñ ward
jslicher wolt sich sein
[hart schamen
vnd schold er d' chrawcz
[nicht ains habē
sy machten se auf kappen
[vñ auf ròkch allsambt
ob sy chömen jn fròmde
[landt
vnd vō den hayden wur-
[den bestanden
daz sy pey den krewzen
[an ein ander erchanten
nu het er auf seinem hof
[erczogen
dez begund er gůt vast
[loben
ain hyrssen der was alt
[als pey xviij jarn
daz sag ich euch für war
der het so vil seines
[gecziñes
dez wundert sich daz
[frömd hof gesindt
sant oswolt mit den herrñ
[vnmüessig was
daz er dez raben da haym
[v'gass
sy berayten sich mit dem
[hyrssen dar
wann nyemandt nam des
[raben war
nu wurden sy schier berayt

Nun och mit der selben
[fartt
ain michel getreng hin zů
[den krentzen ward
ain iecklicher wolt sich
[deß schemen
sölt er der krentzen nit
[ain nemen
vō den her'en die da
[warent kumen
da würdend die krentz all
[uff genomen
sie machtenß uff jr rappen
[rŏck all sampt
darvmb ob si kemend jn
[frŏmde landt
vnd vō den haiden wür-

nu wurden si schier berait,
als uns daz täutsch puoch sait.
daz her begund sich rütten uberal,
sich huob ein fraisleicher schal,
sand Oswalt und all sein man
zogten () froleich von dan.
i*n* was hin gen den kielen () gach,
man sprach in mangen segen nach.
sand Oswalt mit seinen herren
eil[e]t auf die chiel mit eren;

[den bestanden
daß deñ ainer den ander
[bekantend by den
[krentzē
sant oschwald mit den
[her'en onmůssig waß
daß er deß rappen da
[haim uergaß
nun hett er uff sinem
[hoff erzogen
deß begund er gott fast
[loben
ain hirssen wol xviij jar
zawar' daß sag jch uch
[fur war'
der hett so vil schoneß
[gezinde
daß wundrett daß hoff
[gesinde
si beraitent sich mit dem
[hirssen dar
aber nemant nam deß
[rappen war
nun würdent sie schier
[beraitt

Do wart ein groß gedrenge zu den crützē vñ wolt jglicher eins habē vnd sie machtē sie an die wappē röcklin ob si kemē jn fremde lant vñ vō den heidē bestandē würden dz sie by den crützē sich bekentē also wurden sie schier bereit nu het sant oswalt einē schonē hirtzē uff sinē hofe erzogē (*gestr.*) wol achtzehē jar erzogē den hirtzē namen sie mit jn vñ yletē uff die fart aber nyemā nam deß rabē ware sant oswalt mit den h'ren allē v'gassen deß rabē doheȳ

1618 täutsch *f*. *WS*.
1619 Dar *M*; s. ze *W*; rüsten *S*; Daz er sich pegund rüten vb' all *I*.
1620 Do hůb sich *S*; fraisleich *WS*.
1621 dienstman *S*.
1622 Die z. *S*; Czogen *W*, Zugend *S*; do f. *M*; erlaich *I*; dan] dannen *IS*.
1623 Jm *M*; hin zu *I*, czw *W*; k. so g. *M*.
1624 i. vil m. *W*; nacht *W*.
1626 m. grossen e. *S*.

dar chome*n* die *marner* all[e] sant
und nomen die ruoder in die hant;
die *an*chel si aus gesch*u*ssen,
froleich si von de*m* gestat flussen.
sand Oswalt und alz sein her
schikt sich froleich auf daz () mer.
nun fuoren die werden helt guot
auf des [wildes] meres fluot
zwelf wochen und ain jar,
also sagt uns daz puoch fur war.
als die zeit het ein end genomen,
do waren die werden cristen chomen
frolich all[e] sant
hin gen Aron in daz lant.
nu sahen si pei dem mer stan
ein purk was her und lobsam,
deu leucht von golt als ob si pr*u*n
und stuond auch schon gen der sun.

1627 Do *S*; chomēt *MS*, chamen *W*; merñ *M*, ruder (*gestr.*) moren *I*.
1628 namē *IW*.
1629 aüchel *M*, ancker' *S*; s. do a. *W*; geschüssñ *M*, schussen *WS*.
1630 Frölichen *S*; si *nach* gestat *M*; vō den *M*, vom *S*.
1629.1630 *in I:*
Die ruder segelpawm auff
[zugen
froleich si vo dannē flüzzen
1632 Schifften *IW*, Schift *S*; sich *f. I*; d. wil m. *M*.
1633 werde *IS*.
1634 wilden m. flus *W*.
1635 a. gantzeß j. *S*.
1637 Da *W*; het *vor* genomen *I*.
1636.1637 *in S:*
Daß bůch sagt vnß daß
[für war'
alle zyt hettent schier ein
[ende genomen
1638 Nū d. *S*; warden *W*, wurdent *S*.
1639 Gar f. *S*; Frölichñ *W*.
1640 Da h. *S*; H. in g. *W*.
1639 + 1640 *in I:*
Fröleich allesampt hin
varē (< warē) auf daz
lant
1641 s. da p. *S*.
1642 p. die w. *S*; er *W*, schön *S*; und *f. I*.
1643 lewte *I*, lucht *S*, lüchtet *s*; von] mit *W*; als ob] sam *I*, als *W*, recht alß ob *S*; prün *Ms*.
1644 auch stund *I*.

von zwelf turen guot
was die vest wol behuot;
die tur[e]n waren rot marblein
und stuonden auch () gen der sunnen schein.
auf ieglichem turen ain wachter
[(also gelaubt mir der mär),]
darauf si tag und nacht lagen:
der purg si schon pflagen.
do sand Oswalt die vest ansach,
gern mugt ir horen, wie er sprach:
»daz mag wol deu purk sein
darauf want die lieb[e] frau mein!«
daz was an dem abend spat,
do gieng sand Oswalt zuo rat:
er sprach: »ratt mir al*l* mein dienstman:
wie wel wir ez grei*f*en an?
wann ich han wol vernomen,
wir sein in daz lant chomen.
mein herren al[le] sant,

1645 Vñ *IWS*; t. also g. *S*.
1646 Mit den (Damit *WS*) w. *IWS*; purgk *W*; gar w. *S*; wol *f. W*.
1647 mármlein *W*, merinlin *S*.
1648 auch *f. I*; schon g. *M*.
1649 yeslichem *W*.
1650 mir *f. W*.
1651 lagen] warent *S*.
1649 + 1651 (1650 *f.*) *in I*: Zwelff wachter auf turen lagen.
1652 s. och gar s. *S*.
1651.1652 *in W*:
Dar jn sy lagen tag vnd [nacht
der purgk sy schon heten [acht
1653 purgk *W*; ersach *I*.
1654 Nu *WS*.
1655 m. vil w. *S*.
1656 Darjñ wand dy allerliebst junkchfraw dy meÿ *W*.
1657 einem *WSs*; abunt *I*; also s. *S*.
1658 o. da z. *S*; zuo rat] drat *I*.
1659 Er sprach *f. S*; nu r. *WSs*; mir *f. S*; all' *M*.
1660 greissñ *M*, vahen *W*; an < han *I*.
1661 Waz *I;* h. gar w. *S*.
1662 Zwar w. *S*; die stat *I*; Daz wier recht her sein kömē *W*.
1663.1664 *f. I*.
1663 liebñ h. *WS*.

ditz lant ist Aron genont.
nu rat zuo, mein stoltzen herren,
daz unser die haidem nicht inne werden!«
nu het er ainen alten dienstman,
der sprach: »ich wil euch raten, ob ich chan;
volg[e]t mir ir fursten her,
so behalt wir wird und er!
ich sich dort pei dem wilden mer«
(also sprach er zuo dem her)
»*entwer* zwen hoch perg:
darzwischen hab wir () guot herberg;
dazwischen [ist] ain anger prait
(ir herren, daz sei euch gesait),
darauf sull wir uns zuo veld legen,
so ist sicher unser leib und () leben.
unser leib und unser guot

1664 Zwar d. *S*; Daz *WS*; ist v *W*.
1665 mein] ir *I*.
1668 Er *I*.
1670 behaltet ir *I*.
1671 dort *f*. *I*.
1673 Gar *Ms*, Barn *I*.
1665–1673 (1672 *f*.) *in W/S*:
Nu zu meiñ stolczen degen
nu (*gestr*) daz die hayden [vns' nicht werdē jnne
nu het er einē alten man [d' waz sein dinstmā
der sprach ich wil euch [raten ob ich chan
volgt ir mir furst her'
so behalt ir wier vnd er
jch siech pey dem mer
enhalbē enwerchs zwē gros' [perg
Nun rauttent zů minen [stoltzen degen
daß vnsser die haiden nicht [ynnen werden
daß erhört ain alter [dienstman
der sprach jch wil uch her' [rautten ob jch kan
nun folgent mir jr fürst [vnd her'e
so behaltēt wir wird vnd [ere
jch sich by dem mier' zwen [hoche berge
1674 w. gar ein g. *M*.
1675 (*f*. *W*) Da enzwuschend *S*; a. gut a. *I*; anger] ainig *S*.
1676 e. für war g. *S*.
1677 Da zwischen schüll wir ze veld lygen *W*.
1678 Da *S*; und vnser l. *MS*.
1679 u. och u. *S*.

ist allenthalben wol behuot;
zwischen den pergen und auch dem mer
ist sicher unser her.«
si volgten all dem ain[en] rat
[und eilten mit einander drat.]
si heften an daz haidnisch gestat,
man[i]k helt ab den kielen *trat*;
ez eilten die cristen all[e] sant
ab den kielen auf daz lant.
zwischen der perg [auf den anger prait
mank held sich do zuo veld lait;
die hochgelopten degen
begunden sich schon zuo veld legen;
zwischen der perg] auf daz veld
ward gericht mank [herleich] zelt.
si lagen zwischen der perg verporgen
und lebten doch mit sorgen.
　do si nu zuo veld waren chomen
(als wir ez sider haben vernomen),

1680 Daß i. *S*; allenthalben] da *I*, allenthalb *S*.
1681 den (dem *WS*) perg *IWS*; auch *f. IW*.
1682 Da i. *S*; s. alles u. *WS*; u. großes h. *I*.
1683 folgendtent a. d. ainigem *S*.
1684 Si *S*; e. all m. *W*.
1685 haftend *S*.
1686 Vil mainiger h. über *S*; dem (den *S*) chiel *IS*; drat *M*; +/ *in W:*
Maniger helt eylt ab den [chyelñ drat
vnd nymand daz lenger [spart
1688 Vß *S*; dem chiel *I*; an *WS*.
1689 den perge (pergen *W*) *IW*, die berg *S*; ainen *W*. +/ Manig (*gestr.*) helt ab dem chiel trat *I*.
1690 Manig' *W*; legt *W*.
1691 Daß wysset d. *S*; Der hochgelapte *I*, Die hochgelebten (hoch gelopt *S*) *WS*.
1692 Begund *S*.
1693 die *WS*; porg (?) *I*.
1694 manigs schönes geczelt *W*; Man machet manig erlaich gezelt *I*.
1695 den pergñ *IWS*.
1696 doch] da *W*, och *S*; m. sol (*gestr.*) *M*, grossen s. *WS*.
1698 ez *f. I*; seit *IS*, *f. W*.

der milt kun[i]k Oswalt
sant nach seinem kamrer pald.
die weil wert nicht lang[e],
der chamrer kam gegangen.
do in der chun[i]g ansach,
nu () hor*et*, wie er [zuo im] sprach:
ez sprach der furst unverwegen:
»du solt mir den raben geben,
ich wil mich nu nit lengen,
ich wil in zuo poten senden,
daz er mir ervar an der kungin frei,
wes ir noch zuo muot sei.«
der chamrer hart erschrikt,
den herren er tra[u]richleichen anplicht
und sprach: »ich muoß euc*h* der warhait jehen,
ich han den raben auf dem mer halt nie gesehen!

1699 k. sant o. *S*.
1700 Der s. *S*; kamer *WS*.
1701 ward *W*; och n. *S*.
1702 kamer *W*, kemerling *S*; chom *IW*; schier g. *S*.
1703 sant oswold *W*.
1704 Nu mugt ir horñ wie er sprach *M*.
1705 Er *I*; vnerwegen *S*; Da sprach der vnu'porgē degen *W*.
1706 Kamer d. *W*.
1707 nu *f. I*; wenden *I*.
1708 Vñ *M*; poten] der chünigin *I*.
1709 ervar *f. I*.
1707–1710 *in W/S:*
Ich wil nicht lenger war- [den
jch wil jn zu d' jungen [künigjñ senden
daz er mir an d' künigjnn [frey
ervar was ir noch ze muet [sey

Jch wil eß nū nit me uer- [lengen
jch wil jn zů botten senden
daß er mir erfar'
vnd er mir daß nit len- [ger' spar'
an der küniggin fry
waß jr noch ze můt sy
1711 kamer *W*, kem̄erling *S*; vil h. *S*; h. er e. *I*.
1712 trawriclaich *IW*.
1713 Er *WS*; ewchs *M*; die *S*; ver (v *Rd.*) iechen *S*.
1714 Zwar i. *S*; der fart *S*; halt *f. IS*.

ich han [halt] daran nie gedacht,
daz ich in mit mir hiet pracht.
ich want, edler furst reich,
ir hiet in selbe*r* gefüert gar *taugen*leich.«
der kamrer besargt des herr[e]n zorn
und want, er müest sein leben haben verlorn.
er kniet fur in auf daz lant
und sprach: »mein leben stat in eur hant.«
sand Oswalt des erschrikt ser:
»o daz wir ie sein komen her!
o aller meiner dienstman«
(sprach der furst lobsam),
»ich pin chomen under die wilden haiden,
nu *stat* ez mir *ie* so lai*d*[e]!«
ez clagt der edel furst guot
als noch mang man vor laid tuot.
er sprach: »mein diener all[e] sant,

1715 nie daran *I*, nye an jn *W*, an jn nie *S*.
1716 hiet mit mir her *W*; gepracht *S*.
1717 w. vil e. *S*.
1718 Jch *S*; selbñ *M*; gar *f*. *W*; tugentleich *MIS*.
1719 kamer *W*, keṁerling *S*.
1720 sein *f*. *I*; Vnd (Er *S*) wand er hiet sein (daß *S*) leben verlarn *WS*.
1721 i. nyder (*vor* fur *S*) a. *WS*.
1722 Er *S*; l. daß s. *S*; ewrm gewalt *W*.
1723 des *f*. *I*, der *W*, *nach* erschrikt *S*; erschrack *I*; vil s. *S*.
1724 Vñ (Er *S*) sprach dz (o d. *S*) w. *IS*.
1725 all mein *W*.
1726 Also s. *S*; künig *S*.
1728 Nu stünd ez mir nie so lait *M*, Nu waz ich nie in so grosem laide *I*.
1727.1728 *in W/S*·
Jch pin chömē vnd' dy
[haydennyschñ man vñ
[haydē
nu stuend es mir nie mer
[so layden

Nun bin jch her kumen
[vnd mag nit geschaffen
[min frūmen
vnder die wilden haiden
nun geschach mir nie se
[laide
1729 Er *M*.
1730 (*f*. *W*) n. vil m. *S*; vō *IS*; grossem l. *S*.
1731 s. nū wissend m. *S*.

der rab ist noch in Engellant.
nu was mir grosser ern gedacht,
hiet ich den raben mit mir pracht
gen der chungin hochgeporen;
also ist mein arbait gar verloren.«
er sprach: »all mein dienstman,
wie wel wir ez greifen an,
wir haben nicht recht getan,
daz wir den raben da haim haben gelan.
ob wir nu werden bestanden
vo*n* der haiden handen,
so wert euch, des ist uns not;
ich han euch gefuort in den grimmigen tod!«
des erschraken die dienstläut ser
und sprachen: »heut und immer mer!
wer*d* wir von den haidem *be*sta*n*,
so muoß ez uns an unser leben gan.«
grosseu not ward in bechant
und gedachten all[e] () haim zuo lant
an ireu weib und an ireu kindelein,
daz die *nu* solten verwaiset sein.
an den selben stunden

1732 ist] jch *S.*
1733 groz ere *I*; Nu het jch mir grosser ern erdacht *W.*
1734 m. her p. *WS.*
1736 Aber jch han die arwaitt gar uerloren *S.*
1738 Nu w. *WS.*
1739 (*f. I*) h. werlich n. *S.*
1740 hab lan *W.*
1742–1763 ***anders I.***
1742 Vor *M*; den wilden h. *S.*
1743 daß *S*; So wár vns des raben not *W.*
1744 grym̃en *W*, *f. S.*
1745 erschrakchten *W.*
1746 s. nū waffen h. u. ymerme *S.*
1747 Wer *M*, Werñ *W*, Wurdend *S*; w. nū v. *S*; erstanden *M*, pestanden *WS.*
1748 mŭst *S*; u. allen a. *W*; daz *WS.*
1749 Vil g. *S*; Grosse not sy pechanden *W.*
1750 U. sy g. *W*; a. hin h. *M.*
1752 sy *Ws*; nu] in *M*, *f. Ss*; solten *vor* sein *WS.*

si vor lai*d* ir hend wunden;
der herren clag die *ward* groß,
manger zäher in von den augen floß.
do sant Oswalt die gross[e] clag ansach,
hort, wie zuo in allen sprach:
ez sprach der werd furst her:
»ir sult volgen meiner ler:
ir werden helt guot,
nempt all[e] () an euch vesten muot.
seit der manhait stät
und ziecht ab eur stre*it*g[e]w*ät*.
ir stoltzen recken werden,
nu vall iegleicher () kräutzstal auf die erden;

1754 laidͤ *M*.
1755 die *f*. *WS*; waz *M*; so g. *S*.
1756 Manige *W*, Manig *S*; in *f*. *S*; jrn *WS*.
1757 Do *f*. *WS*.
1758 Nun h. *S*.
1759 edel *WS*; f. vnd her' *W*.
1761 helden allsambt *W*.
1762 Nun n. *S*; alle *f*. *S*; sampt a. *M*; e. gar v. *S*.
1763 Vnd sind *S*.
1742–1763 *in I:*
Võ den haiden ĩ frőmdñ [landñ
große not würde vns be- [kant
vñ gedachtñ alle haȳ zu [land
an ir wyb vñ an ir kindel- [lin
daz sie nü sültñ vorwisset [sin
an den selbñ stündñ
sie vor laid ir hend wonden
die hern clagetten die wort [groß
manig zåher in võ den [augñ floß
do sant oschwalt die groß [clag an sach
höret wie er zu in sprach
jr werdñ fursten vñ heren
jr sült volgen myner lere
jr werdñ helt gůt
nempt an üch vesten můt
wert üch der haiden des ist [üw not
jch hon üw gefürt in den [dott
des erschracken die dienst- [man sere
si sprochñ woffen hüt vñ [ym̃erme
sant oschwalt sprach siet [stett
1764 streicht- *M*; gwät *MIW*.
1765 (*f*. *S*) werd *W*.
1766 i. nid' k. *M*; Nu vallet alle crüczwies auff die erdñ *I*, Vnd valt nyder czu der erd *W*, Vnd fal üwer ieck-licher crücz wyß zů der

freien und dienstman,
ruofet got von himel an
und pit die himlisch kun[i]gin,
daz si uns helf froleich von hin!«
si volgten irs herren rat
und eilten aus dem harnasch drat;
si zugen ab ir streitg[e]want
und vielen kräutzstal () auf daz land.
si paten den himlischen fursten guot,
daz er si hiet in seiner huot
und si beh*uo*tet vor den haiden.
den cristen was aus der massen laid[e].
 got und die muoter sein
teten d*a* *ir* genad schein
und sant[en] in ainen engel wert
nider auf die erd.
der engel kam in Engellant,
do er sand Oswalts raben vand.
do der engel den raben ansach,

erd *S*, Vñ vallēt nider crützwyse uff die erde *s*. +/ Dar vmb daß vnß geholffen werd *S*.
1767 u. och die d. *S*.
1768 Vnd jr all r. *S*; Rüsten *M*, Rüffet *IWSs*.
1769 himelschlichen *S*.
1770 frölichen *S*; froleich helff *IW*; hiñen *S*.
1771 v. all *WS*; irs herren] dem ainen *W*.
1772 e. all a. *S*; harnes *I*.
1773 zohen *I*.
1774 crüczwies *ISs*, chrawczlin *W*; nider a. *M*.
1777 behütet *M*, behüt *IW*, beschirmet *s*.
1778 Den cristen den waz layde *I*.
1779 u. och d. *S*.
1780 Die t. *S*; dar in *M*, da den christen jr *W*, do .. in .. ir *s*; genaden *S*.
1781 (*f. S.*) sendten *W*; werdñ *I*.
1782 Czu jn n. *W*; Von hym̃el *I*, Her wider *S*; erdñ *IW*. +/ *in W/S:*
Der dröstet den chunig
vnd sein gancz her
vnd chom ze hilff dem [chünig werd

Deß wurdent si gefröwet [ser'
1785 Vnd da er *W*.

geren mügt ir horen, wie er sprach:
»rab, ich chan dir nicht verdagen,
ich m*üe*ß dir von deinem () herren sagen.
wie hąstu sein so *lang* vergessen?
wan er ist gar hart besessen;
er ist hart bestanden
in den haidnischen landen.
steig und straß ist im benomen,
er mag nindert von dannen chomen.
kümpstu im nicht zuo hilf in kurtzer zeit,
so verliesent si all iren leib,
man last ir chainen nicht genesen.
wie pistu so lang[e von in]gewesen?«
do deu red vol geschach,
der rab zuo dem engel sprach:
»engel, du solt stil[le] dagen
und merk waz ich dir hab zuo sagen:
mein herr der sant mich uber mer,
do was ich im nutzer dann ein gantzes her.

1786 Nu *WS*.
1787 dirs *W*.
1788 můs *MIWS*; d. liebñ h. *M*.
1789 sein *f. I*, dez *WS*; gar *M*.
1790 ist] hat *W*; gar] so *I*.
1791 E. har (*gestr.*) i. *W*.
1792 den *f. IW*.
1793 sint *I*.
1794 nit *I*; da von *W*.
1795 z. hifl (*gestr*) h. *M*.
1796 vorliessen *I*; iren] den *W*.
1790–1796 *in S:*
Vnd er jst och gar hart [gesessen
vnd jst och gar hartt be- [standen
võ der wilden haiden han- [den
sig vnd strauß sind jm ge- [nomen
vnd mag niendert võ dan- [nen komen
kumpst (< kumst) du jm [nit zehilff in kürczer zytt [eben
so verlierent si all jr leben
1797∞1798 *M*.
1798 jm *WS*.
1799 r. do *S*; vol *f. I*.
1801 getaggen *S*.
1802 hab zuo] wil *W*; Vñ merck waz ich dir sage *I*.
1803 der *f. I*.
1804 weger *S*; ain] an *S*; gantzes *f I*, gancz *W*.

ich flog im schon
hin in daz lant gen Aron;
ich *w*arb meinem herren
nach wirden und nach () er[e]n;
in seinem dienst ward ich gevangen
und wolt mich der haidem haben erhangen;
und wär sein tochter () nicht gewesen,
er hiet mich halt nie lan genesen.
nu half mir deu [junge] chun[i]gin (),
daz ich belaib pei dem leben[mein] ();
ir er wol an mir erschain,
daz ich mit er[e]n kam her haim.
nu wie [gar] ist mein herr ain tor!
nu sagt ich im ez allez vor
do von er ist chomen in arbait;

1805 i. also s. *S*.
1807 Wann i. *S*; erwarb *M*;
minen *S*.
1808 n. grossen e. *MS*.
1805–1808 +/ *in I:*
Ich flog im schon in dz
[lant aron
vñ warb mȳ hern schon
noch wirdñ vñ noch eren
dz sich sin seld solt meren
1809 dienst] nam̄ *W*.
1810 (∞1811 *W*) haid *I*; Der
kunig (haid *S*) oran (*f. S.*)
wolt mich haben erhangē
WS.
1811 t. halt n. *M*.
1812 (*f. W*) halt *f. IS*; nimer *S*.
1813.1814 *in M/I/W/S:*
Nu half mir dew chungin
[gůt
daz ich belaib pei dem
[lebñ vñ mich wehůt
Nu halff mir die künigin
[gůt
dz mir mȳ leben wart
[behůt
Da halff mir dy jung
kunigjn da von
das ich pelayb pey dem
[leben mein
Nun halff mir die edel
[küniggin
deß belib jch by dem leben
[min
1815 wol *nach* mir *I*; Jr ere da
(vil *S*) wol erschaȳ *WS*.
1816 Da *S*; er *I*; chom *W*.
1817 Nu (Wie *S*) ist mein her'
so wy (*f. S*) gar ain tor *WS*.
1819 ist er *I*.
1818.1819 *in W*·
Nu hab ich jms allsambt
[gesaget vor

daz han ich im () allez vor gesait:
ich sagt dem fursten hochgeporn,
chäm er an mich (), sein arbait wär gar verlorn.
nun hat er ainen hirsch an mein stat genomen,
des ist er in *not* chomen.
wil er *i*cht senden den hirsch sein
hin zuo der f r e i *e n* kun[i]gin?
nimpt er nun schaden, er und sein dienstman,
wärlich, da pin ich nicht schuldig an.
si nemen frum oder schaden,
den gewin sullen si an mich haben!«
do deu red was geschehen,
aber begund der engel jehen:
»rab, laß von *deinem* zor[e]n
und küm zuo hilf dem furst*en* hochgeporen.
chumst du im nicht zuo hilf in kurtzer zeit,
so verliesent si all[e] den leib
und werdent all ze tod erschlagen,
mugen si dein hilf nicht gehaben.«
aber sprach der rab:
»engel, merk waz ich dir sag:
ich pin gewesen zwelf wochen und ain jar

daz er nu chömen ist in [aribait
1820 het i. i. ez a. *M*; als v. gesagt *W*.
1822 m. hin vber (v̄ber mer *W*, dar *S*) s. *MWS*; wär] sey *W*; gar *f. I*, gancz *S*.
1823 het *W*; hyrschn̄ *IW*.
1824 i. groß n. *IS*; arbait *M*.
1825 nicht *MIS*; hyrschn̄ *IW*.
1826 frej (fein *W*) (*nach* kunigin) *MW*, edeln *S*.
1827 (*f. W*) er$_1$ *f. S*; nun *f. I*, den *S*; er$_2$ *f. I*.
1828 Wärlich *f. I*; gar vnschvldig *S*.
1829 nemenssen *S*; fromen *IS*.
1830 mich] mir *W*; tragen *S*.
1831 Vnd d. d. r. do w. *S*.
1832 Do *I*.
1833 Lieber r. nū l. *S*; dem *M*.
1834 küm zuo hilf] hielff *I*; furst *MS*.
1835 im v *I*.
1836 iren *I*.
1837 U. sy w. *W*; w. auch a. *IW*; geslagn̄ *I*.
1839 Do *I*; antwurt *W*.

(engel, daz sag ich dir fur war),
daz ich chainer schlacht speis[e]
(engel, des wil ich dich erweisen)
zuo meinem leib nie ge*wan*.
meinem herren ich nich*t* gehelfen kan!
do mein herr von dem land was chomen,
do ward mir mein pfrünt genomen
von dem choch und von dem chelner.
engel, merk meines hertzen schwär:
die begunden mein gar vergessen,
si gaben mir weder ze trinken noch ze essen;
si prachen mir ab prot und wein;
si vorchten nimmer den herren mein.
also ward mein gar vergessen,
ich muost () mit den värchlein essen.

1843 Daz ich chainer slacht stymen lies von mir reysen *W*.
1844 daz *I*; wissen *I*, peweisen *W*.
1845 genam *M*.
1835–1845 *in S:*
Kumpst du jnnen nit ze [hilff in kurczer frist
so verlierent si jr leben alß [vil jr ist
vñ werdent och all er- [schlagen
weñ si diner hilff nit mü- [gent gehaben
do sprach der engell (*gestr.*) [rapp (v*Rd.*) merck waß [jch dir sag
jch bin gewesen zwölff wů- [chen vnd ain jar
daß jch kainer' menschen [spyß nie han gauß
engel daß sag jch dir für [war
miner krafft vnd sterckin [bin jch wordan wan
1846 nichtz *M*.
1847 land] hus *I*.
1848 D. (*gestr.:*) meȳ her' w. *W*; die *I*; p. alle g. *W*.
1849 keller *IS*.
1850 E. nu m. *S*.
1851 Sie *I*.
1852 mir *f. I*; weder] nütz *S*; ze$_{1/2}$ *f. I*.
1853—1856 *f. S*.
1854 wrchten *I*.
1852—1854 *in W:*
Ee sy gaben mir weder cze [trinkchen noch ze essen
sy sprachñ wir haben [weder prot noch wein
sy gaben mir nichcz von [des herren mein
1856 m. nür m. *M*; swein *Is*, värlein *W*.

also muost ich mein speis nemen,
mein her muoß sich sein immer schämen!
ich muost auch essen zuo allen stunden
vor dem tisch mit meines herren hunden:
welhem hund ich sein speis genam
der grain mich dann jamerleich an.
man g*ab* mir weder wein noch prot,
von hunger *lait* ich grosse not.
mein gevider ist mir zerzerret ser,
meinem herren chan ich nicht gehelfen mer:
ich mag kain flug nicht gehaben,
und w*u*rde*n* si all zuo tod erschlagen!«
do sprach der engel mer:
»rab, nu volg meiner ler
und erschwing daz gevider dein
als hoch dreu sper mugen gesein!
magstu *des* flug[e]s nicht gehaben«
(also redt er zuo dem raben),
»so la dich her wider zuo der er*d*«
(also sprach der engel werd),

1857 *f. W.*
1858 deß *S*; schamen *W*, schemen *S*.
1859 auch *f. S*.
1860 meines herren] den *I*.
1859 + 1860 *in W*: Jch muest essen vor dem tisch mit meins hern̄ hunden.
1861 hund *f. W*; sein speis] dz sin *I*; nam *IS*.
1862 gruēn *W*; dann] gar *I*, *f. WS;* zornniklich *I*, grawͦlichen *W*, iemerlichen *S*.
1863 geit *MI*.
1864 hann ich gelitn̄ (erlitten *s*) *Ms*.
1865—1932 ***anders I.***
1866 mag *S*; nichcz *W*.
1867 Zwar i. *S*; m. mer (*f. Ss*) chainen flug gehaben (me g. *s*) *WSs*.
1868 werdent *M*; Vnd söltent si ymer all ze tod werden erschlagen *S*.
1869 mer] werdt *W*.
1870 nu] noch *S*; Rab du solt volgen meinen ler *W*.
1871 schwing *S*.
1872 h. als d. *WSs*; sin *S*.
1873 (∞ 1874 *S*) deines *M*, den̄ deß *Ss*.
1874 der engel *WS*.
1875 la dich] fluig *S*; erdn̄ *MS*.
1876 redt *W*.

dannoch hastu gelaist die treu[e] dein
und muoß dir got und () die welt dester holder
[sein.«

der engel den raben ubergie,
daz er daz gevider aus einander lie
und schwang sich von der er*d*.
des twang in der engel werd,
daz er sich in die luft zoch
vollikleichen zwelf sper hoch.
nu wolt er sich zuo der erden haben gelan,
daz mocht im der engel wol unterstan:
der engel den raben des betwang,
daz er sein gevider hoc*h* *e*rschwang
und flog hin uber daz wild mer
und eil[e]t zuo sand Oswalts her
und ch*a*m an dem vierden margen,
do sant Oswalt lag in grossen sargen.
auf einen segelpaum er gesaß,
aller müed er gar vergaß.
do traib er ainen ungefuogen schal,
daz ez under daz her erhal.

1878 got und *f.* *W*; alle d. *M.*
1879 vnder gie *W.*
1880 sin *S*; ließ *S.*
1881 Er *S*; von] gen *S*; erdñ *M.*
1882 erwaicht *S.*
1883 (*f.* *W*) lüft *S.*
1884 Völlyklich *WS*; wol z. *S.*
1885 zu v *W*; erd *S*; h. wider nyder g. *W.*
1886 pegund *Ws*, moch *S*; im] nū *S.*
1887 des] wol *W*, daß *S.*
1888 sein] daß *S*; hoch' schwang *M*, hoch swang *W*, noch höcher erschwang *S*, hoch erswange *s.*
1889 Und flog *f.* *W.*
1890 e. vast (hin *S*) z. *WS*; oswolt *W.*
1891 Jch chäm *M*; tag *WSs.*
1892 Vnd (Do *Ss*) sant oswolt jn sargen (grossen nötten *Ss*) lag (was *s*) *WSs.*
1893 segen pawm *W*; e. da *W*; sas *WSs.*
1894 Aller siner müdi er vergaß *S.*
1895 Er traib *S.*
1896 er *MW*; h. hin *S*; ergal *W.*

an de*m* selben *bort*
in ain schefchnecht erhort,
dem mocht nicht liebers sein geschehen,
als wir noch horen jehen.
dem [selben] schefchnecht
dem geschach () aus der massen recht:
[grosse freud in des betwang,
wie pald er von dem schef sprang!]
er sprang zuo aller zeit
vollikleichen dreier clafter weit
und cham schier so zehant,
do er den milten kun[i]g vand.
do er den () kun[i]g ansach,
gern mügt ir horen, wie er sprach:
er sprach zuo sand Oswalt pald:
»ei milter kun[i]g Oswalt,
gebt mir daz petenprot,
sich wil vollenden unser not!
ich muoß euch der warhait jehen,
euren raben han ich hie gesehen:
er ist her zuo land[e] chomen,
unser not hat ein end genomen!«

1897 den *M*, der *S*; wort *M*, wardt *W*, fart *S*.
1899 nichcz *W*; lieberß nit *S*.
1900 hernach *S*.
1902 g. da a. *M*.
1903 (∞ 1904 *S*) Sin g. *S*; not *W*; daß *S*.
1904 uß *S*; schiff *Ss*.
1905 der selben *S*.
1906 Völlychlich *WS*; wol d. *S*.
1907 so *f*. *W*.
1908 k. sant oschwald v. *S*.
1909 d. miltn̄ k. *M*; k. oswolt a. *W*.
1910 Nu *WS*.
1911 sand oswalt] jm *W*.
1912 O *W*.
1911–1913 *in S:*
Er sprach zû dem her'en [sant oschwald
mit grosser begird vnd ylt [bald
her' gend mir daß bötten [brott
1914 v. all u. *S*.
1915 Zwar i. *S*.
1916 r. den h. *S*.
1917 Zwar e. *S*.
1918 All u. truren *S*.

do deu red vol geschach,
sand Oswalt begund lachen und sprach:
»und ist mein rab chomen aus Engellant,
dreissig mark golts geb ich dir in dein hant
und mach dich zuo ritter,« sprach der furst her:
»chain schefchnecht pistu nimmer mer!«
do er daz petenprot enpfie,
wie pald er gen dem raben gie!
er sprach: »rab, pis mir gotwilkomen!
dein chunst han ich *gern* vernomen.«
er sprach: »() mein lie*be*r rab,
nu fl*eu*g gefuog auf mich herab!
ich wil dir dienen immer willichleich,
ich pin von deinen schulden worden guotes reich.«

1919 Vnd d. d. r. do *S*; wol *W*.
1920 o. der b. loffen u. *S*.
1921 Und *f. W*; r. her c. *W*; c. dört her a. *S*.
1922 Zehen *s*; g. daß g. i. d. zehand *S*.
1923.1924 *in W/S*:
Ich mach dich gross ze [ritter'
ssprach der fürst her
chain scheffchnecht [pistu nym̄er mer'

Jch mach dich och zů ritter
also sprach der fürst her'
kain schiffknech bistu ni- [merme
vnd solt han vō mir groß [lob vñ er'
1926 zů *S*.
1927 rab *f. W*.
1928 chunft (zů c. *Ss*) *WSs*; wol *M*.
1929–1950 *f. s*.
1929 all' m. liebst' *M*, lieber *W*, min hertz lieber' *S*.
1930 flůg *M*, flug *S*; gefuog *f. W*, gefügt *S*.
1931 immer *f. S*.
1932 deinen schulden] dir *S*; guotes *f. S*.
1865–1932 *in I:*
Mein gefeder ist zerzeret ser
jch mag kain flůg habñ mer
vñ würdñ sie alle zu dod [erslagñ
do sprach der engel zu dem [rabñ
rab nu volg miner mi [(*gestr.*) ler
vñ erswing din gefieder ser
als hoch dry spies mǒgñ sin
vñ du daz durch den wil- [len mȳ
machst du den flůg nit [gehabñ
als ret der engel zu dem [raben

der rab sein gevider erschwang,
zuo dem schefchnecht stuond aller sein gedank.
der schefchnecht nicht enlie,
wie pald er in auf sein hand gevie!
nu gie er mit *eren*
hin zuo dem stoltzen herren.
der milt kun[i]g Oswalt
gie engegen dem raben pald;
mit mangem hochgelobten degen
gie er dem raben engegen.
daz die welt also ab*pirt,*
daz kain pot mer also enpfangen wird
als der rab ward enpfangen

so laz dich wieder zu der
[erdñ
vñ hast gelaist din trüw
[dem werdñ
so můs dir got vñ die welt
[holt sin
dz glaûb mir auff die trüw
[myn
der engel den rabñ v̂ber
[geing
(v *K.*:) daz er zefliegen an
[geuieng
daz er dz gefieder aus
[enander lies
vñ swang sich vō der erde
[(< erdñ)
des czwang in der engel
[werd (< werdñ)
dz er sich in die lüfft zoch
nů wolt er sich zu der
[erdñ lan
do sprach der engel wol
[getan
du salt dim hern dienen
[wol
so wirt dir geben
gůt vñ ain sellig leben
do sprach der rab
jch wil mich von hin tra-
[ben
jch wil im dienen williklich
jch bin von im wordñ rich

1934 aller *f. I.*
1935 s. do n. *S*; enlies *I.*
1936 die h. ervie *W*; Den rabñ er auff sin (die *S*) hant fieng (gevie *S*) *IS.*
1937 Do *S*; m. grossen e. *S*; dem rabñ *M.*
1938 Hin zuo] Für *I*; den *I*, sinem *S*; lieben *S.*
1939 k. sant o. *WS.*
1940 Gieng (Der g. *S*) hin zu *IS;* seinem *W.*
1943.1944 *f. I.*
1943 w. noch so S; abñīpt *M*, alt wurtt *S.*
1944 Daz *f. W*; mer also] also *W*, mer so schon nimen *S*; a. abpiert (*gestr.*) e. *W.*

von sand Oswald und von allen seinen mannen!
sand Oswalt nicht enlie,
den raben er auf sein hand gevie
und sprach: »lieber rab mein,
du solt mir gotwilchomen sein!
seit du *nür* pist her chomen,
nu w*i*rd uns laides vil benomen.«
der rab ward hochgemuet:
[er sprach:] »nu dank dir got der guot!«
sand Oswalt fragt in der mär,
wie dem frid in Engellant wär.
er sprach: »frid und gen*ad* ist in Engellant
und*er* deinen dienstläuten all[en] sant.
doch kan ich dir nicht verdagen,
ich muoß dir [also vil] clagen ()
uber den choch und uber den chelner;
herr, nu merk meins hertzen schwär:
do du von dem land ward chomen,
do ward mir mein pfrünt genomen
(si pflegent weder wird noch er,

1946 allen *f. W.*
1945.1946 *in I*:
Der rab wart schōn [enpfangñ
vō sant oschwalts mannen
1947 o. deß n. *S*; enlies *I.*
1948 sin < sind *S*; fieng *I*, enphie *W.*
1949 Er *I*; s. vil l. *S.*
1950 got wilkom *IW.*
1951 Seind *W;* mir *M*, mir nun *S*, nů *I*, *f. Ws*; her *f. I*, *vor* pist *WS.*
1952 So *I*; wurd *M*; dir *W*, mir *Ss.*
1953 w. vil *S;* hohes můts *I.*
1954 üch *S.*
1956 dem < denn *I.*
1957 genāt *M*, guot gemach *S*; i. da haim i. *S.*
1958 (*f. IW*) Vñ *M.*
1959 dirs *W*; Jch kan dir her' och nit verdagen *S.*
1960 clagñ vnd sagñ *M*; Jch han dır (d. her' *S*) allso cze (vil c. *S*) chlagen *WS.*
1961 uber$_2$ den$_2$ *f I*; keller *ISs*
1962 Nu merkch herr *W*; myn swer (grosse s. *S*) *IS.*
1963 werd *IS.*
1964 Zů hand ward mir min spiß genomen *S.*
1965 pflegtent *S.*

si wän[en]t, du chompst zuo land nimmer mer):
si begunden mein vergessen,
si gaben mir weder zuo trinken noch zuo essen;
si gaben mir weder wein noch prot,
von hunger *lait* ich grosse not
und muost nu essen zuo allen stunden
mit den värchlein und mit den hunden:
welhem hund ich sein speis genam
der grain mich gar jamerleich an.
her, nu gib mir dein treu zuo pfant,
wenn du haim kumpst zuo land,
daz du si ped wellest vahen
und an ainen galgen hahen!«
ez sprach der furst wolgetan:
»rab, du solt von dem zor[e]n lan!
und tuo daz durch den willen mein,
als lieb ich dir mug gesein,
so wil ich dir des mein treu[e] geben,
die weil wir paid haben unser leben
so chumst[u] von meiner schüssel nimmer mer,

1966 wondent *S*, meynē *s*; kemist *S*; me *S*.
1965.1966 *in I:*
Sie daten mir weder wird [noch ere
sie wōten sie gesehen [dich ni me
1967—1974 *f. I.*
1967 gunden *W*; m. gar v. *S*.
1970 han ich gelitñ (erlyden *W*) *MWS*.
1971 Ich *WS*; nu *f. W*.
1972 sawen *W*, schwinen *Ss*.
1973 nam *WSs*.
1974 gran *S*, gnerret *s*; gar *f. WSs*; jämerlichen *WS*.
1975 nu *f. I*; m. dy trew dein *W*; z. h (*gestr.*) p. *S*.
1976 Wan du komst in engellant *I*.
1978 den g. wellest h. *W*.
1977.1978 *in S:*
Daß du sy baid welest [vahen vñ jn daß intren- [cken
vnd si baid an galgen [hencken
1979 Do *I*; furst *f. W*; gůt vnd lobsam *S*.
1980 deinem *W*.
1981 es *W*.
1982 l. alß i. *S*.
1984 wir paid] vñ wir *I*; haben *f. W*; dz *IS*, *f. W*.
1985 schüsslen *S*; mer *f. I*.

zwar daz hab auf all mein er.«
er sprach: »nu wolt der himlisch trachtein,
daz dir wol wär gerast daz gevider dein!
die zeit hat ain end[e],
so wolt ich dich zuo der kungin senden.«
do sprach der edel rab:
»herr, nu merk waz ich dir sag:
ez ist heut der vierd tag
(fur war ich dir daz sagen mag),
dannoch was ich in Eng[e]llant,
herr, d*es* hab dir mein treu zuo pfant.
ich *en*waiß, ob ich her geflogen pin
oder ob mich trieget mein sin,
[wan mir ist, werder furst frei,
als ich wol gerastet sei.]
nu enpeut der chun[i]ginn*e*
waz dir sei in dem sinn[e],
so wil ich dir die potschaft werben,
und solt ich darumb sterben!«
er sprach: »sag der kun[i]gin
fleiss*ig* den dienst mein.
ich sei her chomen zuo land,

1986 Rab *I*.
1987 wilt *I*, wölt *S*.
1988 wol *f. I*; gefeder *I*.
1989 Dein *W*; hett *S*.
1990 wölt *S*; Ich wil dich *I*.
1991 redt *W*; edel *f. S*; r. here (her *WS*) *IWS*.
1992 Herr *f. IS*; s. mer *IWS*.
1993—1996 *f. S*.
1993 heinet *I*; sechst *W*.
1994 dir *f. W*.
1996 daz *M*, *f. W*.
1997 wais *MIWSs*; nit o. *Ss*; her *f. S*.
1998 petrewgt *WS*; Oder mich triegent alle mȳ syn *I*.
1999.2000 *f Ws*.
2000 Ob *S*; gefaistet *S*.
2001 d. edlen *S*; chunginñ *MIWS*.
2002 dinem *S*.
2003 *f. W*.
2004 i. halt d. *S*.
2005 (+ 2006 *M*) s. mir d. *IS*; d. edelen k. *S*; k. frey *W*.
2006 Fleizz̄ *M*, Flislich *S*; d. trewen d. *WS*.
2007 Vnd (V. wie *S*) i. *WS*.

ich und mein dienstläut all[e] sant,
und sei durch iren willen chomen her,
daz *sei* mir geb rat und ler,
wie ich si sull gewinnen aus der purk guot«
(hieß in reden der furst hochgemuot):
»daz si mir sag recht[e],
ob ich umb si sull vechten.
daz tuon ich dann recht geren,
wann ich han mangen [stoltzen] dienstherren.«
der rab was list vol:
er sprach: »ich chan irs allez gesagen wol
und wil auch her wider sagen dir
waz si dir enpeut pei mir.«
der rab urlaib von dem herren nam
und schied auch frolich von dan.
hin gen der purk was im gach,
die herren sahen im vast hin nach.
er flog uber de*n* perg hoch
der sich in die luft zoch;
der rab het nicht mer *rest*
und eil[e]t zuo der vest.
als er zuo der vest was chomen

2008 Ich *f. W*; u. all m. dienstman *S*; sant *f. I*.
2009 Jch *WS*, *f. I*; sei] sin *I*.
2010 Vnd d. *S*; sei] sag *M*; g. rab (*gestr.*) *M*; rat *I*.
2011 Wie ich sie gewin *I*; gewinnen/ Aus *M*.
2012 Daß h. *S*; vilgůt *S*.
2014 sülle *I*, söl *S*; Ob ich sey süll ervechten *W*.
2015 dann *f. W*.
2016 Wann *f. IWS*; stolczen v *Rd. S*; herñ *W*.
2017 r. der w. *S*; liesten *I*, listeß *S*.
2018 allez *f. I*, als *W*; sagẽ *W*.
2019 Jch *M*.
2021 urlaib *vor* nam *S*; den *I*.
2023 gan *I*; p. s (*gestr.*) do w. *S*.
2024 hin *f. I*.
2025 floch *I*; dez p. höch *M*.
2026 Da er *W*, Er *IS;* lüfft *IWS*; uff z. *S*.
2027 recht *M*, rast *I*.
2028 Er *IS*; e. hein zu *I*, hin gen *WS*; d. gutten *IS*, guldẽ *W*.

(als wir ez sider haben vernomen),
des raben gluk wol erschain,
die chungin vand er allein
oben an ainer zinnen:
her aus *naigt sich* die jung kun[i]gin*ne*,
der rab zuo ir nider fl*ukt*,
froleich si in () aufzukt
mit ir durch ain venster ein
und pat in gotwilchomen sein.
an der selben stund
si in fragen da begund;
si sprach zuo dem raben:
»du solt mir recht sagen:
wa liestu deinen herren?
wärlich, den säch ich recht ger[e]n.
daz [er] ist gewesen so lang[e],
des ist mein freud nach im zergangen.«
er sprach: »frau, ich tuon euch bechant,

2030 ez *f. I*; seyt *I*, sid nun *S*, *f. W*.
2031 g. da w. *S*.
2033 zinne *I*.
2034 Her aus het sich genaigt *M*, *f. I*; kuñgin *MS*; genaigt / Die *M*.
2035 flog *MI*.
2036 i. wid' a. *M*; -czogt *I*.
2037 venster ein] vensterlin *Ss*.
2034–2037 *in W:*
Dar auf het sy sich ge- [naygt dy juñg künigjne
der rab zu jr nyder flog [auf dy czinnen
dy jung künigjn den raben [frölich auf czukcht
pey ir durch ain venster [lein
2038 U. si *S*; hies i. got wilkom s. *I*.
2040 den raben *W*; da *f. WS*.
2042 bald *I*; Du solt chünden (mir c. *S*) vnd sagē *WS*.
2043 last du *I*; den d. *W*.
2044 Den sehe ich so recht gern *I*.
2045 er *f. W*.
2046 i. mir m. *W*; nach im] nachat (-chat v *K*.) *I*.
2047 frau *f. W*; e. mit trewen recht b. *W*.
2043–2047 *in S:*
Wa ließest du den her'en [din
daß sag mir lieber rapp min
werlich den sech jch also [recht geren

mein herr ist her chomen zuo land
mit mangem werden ritter guot,
[die] hat er pracht uber des wildes meres fluot.
zwischen der zwai[e]r perg
habend si ain guot herberg;
do ligent si verporgen
und lebent doch mit sargen.
nu hat mich mein herr zuo euch gesant her,
daz ir im gebt rat und ler,
wie er euc*h* sull gewinnen aus der purk guot,
enpeut euch der furst hochgemuot.
ir sult im enpieten rech[e],
ob er umb euc*h* *sull* vechten.
daz tuot er dann recht geren,
wan er hat mangen diensthherren.«
do sprach deu kun[i]gin gemait:
»rab, daz sei dir und deinem herren gesait:
daz kristen und haiden,
all deu welt wär *s*ein aigen
und hiet sich damit fur die purk *erhaben*,

daß můß jch dir jn der [warhait veriechen
daß er ist gewesen also lang
er sprach jch tůnß üch be-[kant

2048 her chomen] hie *I*, nun her *S*.
2049 werden *f. W*.
2050 Die *f. IW*; p. mit jm u. *S*; wildñ *I*, *f. WSs*; flus *W*.
2051 Enzwischen *S*; den *W*.
2052 s. gar a. *IW*.
2054 ligent *S*; doch mit] da jn *W*, doch da mit jn *S*; grossen s. *WS*.
2055 er mich *S*; gesendet *W*; her$_2$ *f. I*; her/Zuo *W*.
2056 rat und *f. I*.
2057 ew *M*; sülle *I*, *f. S*; gewiñ *S*; guot] jnnen *W*.
2058 Och so e. *S*.
2059 i. och *S*; raten *W*.
2060 ew *M*; můß *M*, süll *W*, söl *S*.
2061 dann *f. I*; recht] vō gantzem herczen *S*.
2062 h. so m. *S*.
2063 k. edel vñ g. *S*.
2064 und deinem herren *f. W*, für war *S*; gesagt *W*.
2065 + 2066 *S*.
2066 Vñ a. *I*; All deu welt] Alleß *S*; dein *M*.
2067 gelait *Ms*; Vnd das er sich für dy purkch hiet erhaben

so chund er ir nicht geschaden.
nu wil ich deinem herren raten, ob ich kan,«
sprach deu kungin lobsam:
»haiß in volgen der ler mein
und daz er nem ain [rot] gallein,
darein [ain] hundert helt guot
und die ir leibs sein () hochgemuot.
waz er sunst dienstläut müg geha*n*
die sol er zwischen der perg lan;
mit hundert küenen degen
sol er sich () fur die purg legen.
in ainer dunkel muoß daz geschehen,
umb daz *in* niemant müg gesehen.
da her fur die purg auf daz veld
haiß in richten ain chlains gezelt,
und wer in dan frag der mär,
so sprich, daz er leb an alle schwär:
daz si dan sprechen, si sein wäch goltschmid
und varn durch fremdeu *lant* nach ir*m* si*t*.
so wirt er schon enpfangen

W, Vnd er sich da mit het für die burg erhaben *S*.
2068 mocht *S*; nymer *W*, nimer' nücz *S*, nichts *s*.
2069 deinem herren *f*. *S*.
2070 Also s. d. jung k. *S*.
2072 näm *M*; rot] raub *S*, *f*. *s*.
2073 Vnd d. *WSs*; darjn *Ws*, dar zů *S*; ain *f*. *Ws*.
2074 Und *f*. *I*; irs *IWS*; lebens *IW*; syent *S*; gar h. *M*.
2075 Vnd w. *S*; mag *WSs*; gehabñ *MW*, han *S*; Waz er me mǒge haben *I*.
2076 den *IS*; zwayer p. *W*; pergñ *IS*.
2077 Nun m. *S*; kůner' *S*.
2078 s. da (*f*. *S*) her f. *MS*.
2079 tunckly *S*; sol *WS*.
2080 Vñ *MIW*, Darvmb *S*, *f*. *s*; si *M*.
2081 Da *f*. *IS*; her *f*. *I*.
2082 Haiß in] haisen *I*; da uff r. *S*; klineß *S*; zelt *IS*.
2083 Und *f*. *I*; dan *f* *W*; ob jn yemant fragt *S*.
2084 sprech *WS*; daz *f*. *W*.
2085 Vnd d. *WS*; dan *f*. *S*; sint *I*, sient *S*; wäch *f*. *I*, all wach *W*, all *Ss*; sprechen/ Si *M*.
2086 verent *S*; fremdeu] die *S*; lawt *M*; nach] mit *I*; irn *M*, *f*. *I*; sitñ *Ms*.

von meinem vater und von allen seinen mannen.
huntz wird auch ich ze rat
paideu fruo und spat,«
sprach deu kun[i]ginn*e*,
»wie daz ich käm mit im von hinn*en*.«
der rab was pider
und flog pald hin wider
zu seinem herren so zuehant
und tet im die mär bechant.
er sprach: »[her], wildu er bejagen,
() zwelf goltschmid muostu haben!«
des erschrikt sand Oswalt ser:
er sprach: »heut und immer mer!
daz sind mir *erst* starkeu mär.
nu han ich weder hamer noch schär
und muoß sein auch nemen gross[en] schaden,
daz ich kain goltschmid mag gehaben.«
die red erhorten zwelf helt guot,
die warn mit im gevaren uber des meres fluot.

2088 u. och v. *S*; allen *f.* *W*; sinem *S*; dinst m. *W*; Võ mÿ vatter vñ sin dienstman *I*.
2089 Vnczent *W*; würd ıch auch *IWS*.
2090 fro *I*; u. v (*gestr*) darzů s. *S*.
2091 Allso s. *WS*; redt d. jung *W*; kungiñ *MIWS*.
2092 daz *f.* *WSs*; kóm (*nach* im *I*) *IW*, kũm *Ss*; mit im *f.* *W*, hinn *MIW*.
2093 r. der w. so *S*; pederwe *I*, biderbt *S*.
2094 pald] vil schon *S*; Wie pald flog (er *W*) er (flog *W*) hin (her *W*) weder (wid' *W*) *IW*.
2095 also *S*.
2097 w. nũ e. *S*.
2098 So mústu z. g. h. *M*.
2099 ersrack *IS*.
2100 s. waffen h. *S*; me *I*.
2101 (*f* *S*) allew *M*; Dz sint erst scharpffe mer *I*.
2102 hämer *WS*.
2103 muoß sein] můßsen *S*; auch *f.* *I*; n. ain g. *S*.
2104 g. nit m. *S*; haben *IS*.
2105 helten *WS*; also g. *S*.
2106 warn gevaren *nach* im *W*, *vor* mit *S*; d. wildẽ m. fluecht *W*.

die sprachen: »herr, ir sult euch wol gehaben!
wir wellen euch liebeu mär sagen.«
also retten si zuo dem herren:
von *soli*cher chunst laß wir euch nicht g[e]wer[r]en.
nu merkt uns furst lobsam:
unser sind zwelf jung man:
wir sein all sampt goltschmid ()
[und varn durch deu lant nach unserm sit]
und sein worden guotes reich.
daz gelaubt uns furst lobleich,
[daz wir all sein ritter worden
(daz gelaubt uns, furst hochgeporen),]
do eu der vert ward gedacht.
nun hab wir den werchzeug mit uns pracht,
[ob wir chämen in fremde lant«]
(also retten si all[e] sant)
»und wir zuo nöten müesten komen,
[daz uns daz guot wurd genomen,]
– möcht ez dan anderst nicht en*w*esen,

2107 haben *I*.
2108 liebeu] gůtti *I*.
2109 sprachend *S*.
2110 Vor sottleich' *M*; Der konst willen wir nit enpern *I*, Von sölicher chunst lass wir euch nicht v'derben *W*, *in S*· Vō so gůtter vñ bewerter [kunst lauß wir üch werlich nit [gewerren nun
2111 merck *I*; uns *f I*; recht edler fürst (< für) *S*.
2112 s. hie z. *S*; küne *I*, junger *WS*.
2113 Zwar w. *S*; sampt *f. WSs*; g. gewesñ (gewesen glich *S) MIWS*.
2114 (*f. WSs*) Des mǒgen wir üch nit entwessen *I*.
2115 s. och *S*; warñ g. so r. *W*.
2116 u. edler f. *S*; f. so l. *W*.
2117 all *f. IS*; sint *IS*; zů r. *S*.
2118 Nu glaubet vns fürst (daß edler f. *S*) hochgeporn *IS*.
2119 üch *IWS*; vartt *W*, raiß *S*; erdacht *WS*.
2120 Wir habend vnssern *S*; w. her m. *W*; herpracht *S*.
2121 chömen *W*, komend *S*.
2123 Ob *WS*; müesten] weren *I*.
2124 Vnd *S*; dy her'ber'g (hab *S*) *WS*; benomen *S*.
2125 entwesñ *MWS*, gewessen *I*.

so traut wir mit der arbait () genesen.
wir wellen eu mit treu[en] pei bestan
die weil wir mugen unser leben gehan.«
do sant Oswalt die red erhort do,
do ward er aus der massen fro.
er sprach: »darumb wil ich euch leihen und geben
die weil ich han mein leben.«
zu den zwelf nam er hundert man,
do*mit* huob er sich von dan;
mit den goltschmiden sein
schikt er sich auf ein *rot gallein;*
er het nicht mer rest
und hueb sich zuo der vest.
in ainer dunkel daz geschach,
daz si niemant () hort noch sach.
fur die purk auf daz veld
richt er im ain klains gezelt.
sein goltschmid richte*n* sich zuo der arbait,
[als uns daz täutsch puoch sait;]
mit zangen und mit hämer*n*
triben si ain groß getämer.

2126 a. wol g. *MS*.
2127 (∞ 2128 *S*) So wöllend wir *S*; üch *IWS*; stan *IS*.
2128 mugen *vor* gehan *W*; dz *IW*; hon *I*; Alle die wyl wir daß leben hand *S*.
2129 Do *f. IWS*; hört (*vor* die) *S*; da *W*.
2130 Nu *I*, Deß *S*; vō herczn̄ *I*.
2131 Vnd *IW*; leihen und *f. I*.
2132 All d. *S*; daß *S*.
2133 czwelffen *I*.
2134 Do *M*, Da mit *WS*, Mit den *s*; hebt *W*.
2136 Schiefft *IWS*; äckerlein *M*, raub galin *S*.
2137 Wan̄ e. *S*; hatt *I*; rast *I*.
2138 U. er h. *S*.
2139 tunckly *S*.
2140 Do *S*; nyempt *W*; wed' h. *Ms*.
2141 Wol f. *S*.
2142 Do r. *S*; im *f. IW*; zeltt *S*.
2143 richtn̄d *MIS*; sich *f. I*; der *f. W*.
2144 p. nū s. *S*; Als uns dy geschrift peweist *W*.
2145 u. och m. *S*; ham̄r *M*.
2146 Hůb sich ain grosseß tēmer' *S*.

daz erhort des kun[i]gs wachter:
ez tauchten in wunderleicheu mär.
do lief er also drat
zuo seins herren chemnat:
dem sagt er do die mär,
*w*az [wunders] fur die purk komen wär:
er sprach also schon:
»wol auf, reicher kun[i]g Aron!
ich chan dirs lenger nicht verdagen,
ich muoß dir fremdeu mär sagen:
ez sind fremd gest
chomen fur die vest;
von mangem *werden* man
sind dir deineu land gewunnen an!«
do sprach der wild haidem:
»wachter, la dir nicht wesen laid[e]!
ez torst niemen haben getan,
des soltu mein[e] treu[e] han.
ez sind poten aus fremde*m* lan*d*,
die sind nach meiner tochter gesant;
ez sind werdeu cristen kind.
wek mir auf mein hofgesind!

2148 ducht *IWs*; i. ain *Ws*; wunderlichs *W*, vnd (*gestr.*) wnderliche *S*.
2149 Nu *IWS*; leif (*gestr.*) l. *M*.
2150 Fur *I*, Hin für *WS*; des *I*.
2151 do *f*. *S*.
2152 (*f*. *Is*) Daz *MWS*; wunders *f*. *WS*.
2154 Nun w. *S*.
2155 dir n. l. *S*.
2157 Zwar e. *S*.
2158 Her c. *S*.
2159 fremdem *M*.
2159.2160 *in Ss*:
Vō mengen werden man- [nen (man *s*)
vnd (die *s*) wöllent dir din [land ab (an- *s*) gewinnen
2162 w. nū l. *S*.
2163 Zwar e. *S*; Er *I*; niemant *IWS*.
2164 Daß *S*.
2165 fremden landn̄ *MW*, aim frȯmdn̄ land *I*.
2166 Vnd *S*.
2167 Zwar e. *S*; werder *I*.
2168 Nun w. *S*.

ez ist umb si ergangen,
si müessen werden erhangen.«
do lof der wachter drat
zuo manger schon chemnat
und begund die haidem wecken
und aus irem schlaf schrecken.
er sagt in da die mär,
daz fur die purk komen wär
man[i]k werd[er] cristenman
und hiet in daz *lant* gewunnen an.
des erschrakten die haidem ser:
i*n* ward von dem pett ger,
grosseu not ward in bechant.
si legten an ir streitg[e]want;
an den selben stunden
si ir helm aufpunden;
si verwa*p*ten sich grim[me]
in die liechten stachlin ring[e];
si sprachen, ez wär der cristen end;
iegleicher gevieng zuo seiner hend
paideu schwert und schilt:
der haidem gevert ward unmilt.

2170 m. all *Ss*; werden *f. s*; w. all e. *W*; hangē *s*.
2171 lieff *IS*, lauff *W*.
2172 schön' *IS*.
2173 h. all w. *S*.
2174 si a. *S*; erschrecken *IWS*.
2175 da *f. IWSs*.
2177 Maniger *W*, Vil mengg *S*; werdern *S*.
2178 lebñ *M*; Vnd wöllent vnserm her'en daß land gewinen an *S*.
2179 erschracken *IS*; h. all gar s. *S*.
2180 Jm *M*, Jmen *S*; den betten so g. *S*.
2181 genad *W*; jnen *S*.
2184 bundent *S*.
2185 verbappten *M*, wappen *W*.
2186 (*f. I*) jr liecht *W*.
2187 sprechñ *I*; wirt *I*, gilt *W*.
2188 (*f. I*) Yslicher vieng *W*.
2190 begir waz *I*; wilt *W*.
2185–2190 *in S:*
Si verwapptnent sich gar [seren
alsampt alß vil nū jr wa- [rent

daz erhort deu [jung] kungin drat
in ir selbs chemnat:
ainen seiden mantel si umb gevie,
wie pald si zuo dem vater gie!
do si den vater ansach,
daz wort si zuchtikleichen sprach:
»hertzen lieber vater mein,
du solt porgen der zucht dein!
woldest du mir ez *vertragen,*
so wolt ich dir die warhait sagen,
wer die gest möchten gesein.«
also sprach deu jung kun[i]gein:
»ez sind all sampt wäch goltschmid
und varent durch fremdeu lant nach irm sit.
durch deines landes er,
vater, sind *si* gevaren her.
du solt nicht wesen so g*a*ch
und erzaig den cristen *n*indert schm*a*ch;

si sprachent eß e (*gestr.*) [wer der cristen ende yeglicher gefieng zů sinen [henden baide schilt vnd och [schwert̃ der haid hätt ain wildeß [gefertt

2191 k. also d. *S.*

2192 Wol i. *S.*

2193 ving (sich v. *S*) *IWS.*

2194 Vñ lieff do sie irn vatter vant *I.*

2195 (*f. W*) irn *I.*

2196 Gar (Hörent wie so *S*) zo̊chtiklich s. *IS.*

2197 Vil hercz *S.*

2198 volbringen *W*, berügen *S*; dem zoren *S*; Du solt zucht pflegē *s.*

2199 Vnd w. *S*; gelaubē *MWS*, nit v'übel han *s.*

2199.2200 *in I*: Wıldest du es glauben mir so wilt ich die warheit [sagen dir

2201 W. der (*gestr.*) d. *S*; möchten *f. I*; sin *IS.*

2202 Allso redt dy künigjn frey *W.*

2203 Zwar e. *S*; alles *I*; sampt *f. I*; wäch *f. IS*, recht *Ws.*

2204 durch] jn *S*; fremdeu] die *I.*

2206 Vater *f. IW*; so s. *S*; die *M*; kum̃en *S.*

2207 gäch *MS.*

2208 enbuit *S*; indert *M*, chain *Ws*, niendert kain *S*; schmäh *MS*; Vñ erzaige in kain smach *I.*

du und all dein knecht
sul*let* euch bedenken recht
und erzaigt [in] kain ubermuot;
vater, ez wär [dir] nicht guot.
[vater, ich und mein fraue
(des soltu mir getrauen]
wir bedurfen wol vingerlein und ha*f*tlein:
die wurchent si uns, lieber vater mein.
so bedarftu, reicher kun[i]k Aron,
selber wol ein guldein kron:
die wurchent si dir aus golt;
vater, darumb gib in reichen solt.
des muostu immer er haben,
wo man ez sol singen oder sagen.«
die tochter den vater ubergie,
daz er von dem zor[e]n lie.
er schuof mit seinen herren all*en* sant,
daz si abzugen ir streitg[e]want.
[si taten durch not
waz in ir aigen her gepot;

2209 (+ 2210 *M*) all *f. I.*
2210 Jr s. *IS*; Sullen *M*; gedencken (< gedncken) *S*; gar r. *W*.
2211 erczaig *W*.
2212 Wañ (Zwar *S*) v. *WS*; wirt *S*.
2213.2214 *f. Is, in W/S:*
Vater mein fraw vnd ich
[vñ all vnser junkfräw
vater des solt du mir
[getrawen

Zwar vatter vnd och fröwe
deß solt jr mir wol
[getrüwen

2215 dorffen *I*; hastlein *M*, hefftlin *ISs*; Pedürfen wol ring vnd häfftel *W*.
2217 bedarfst du *I*; Du bedörftest wol r. *S*.
2218 Selber wol *f. S*; ainer *W*; schön g. *S*.
2219 d. schon a. *S*.
2220 Vater *f. I*; d. so g. *S*.
2221 immer *f. I*.
2222 e. von dir s. *W*; sol] hört *S*; vnd *W*.
2223 D. vater (*gestr.*) t. *W*; vber ging *I*, vnder gye *W*.
2224 sinem *S*; ließ *IS*.
2225 all *MW*.
2226 ab zogen *I*.
2228 aygner *W*.

die werden helt stät
zugen ab ir streitgewät;]
si machten sich des harnasch ploß,
ir aller freud die ward groß.
als daz vol geschach,
deu tochter zuo dem vater sprach:
»vater, du solt nicht lassen bestan,
du solt zuo den maistern gan!
zuo in soltu gahen
und si gar wirdichleich enpfahen;
daz zimpt wol den er[e]n dein,
hertzen lieber vater mein.«
er schuef mit allen seinen dienstman,
si solten legen() *claineu* wammes an.
die stoltzen haiden
begunden sich schon claiden.
    der haidnisch kunk het nicht mer rest
und eil[e]t aus der vest;
hin zuo den cristen was im gach,

2229 helten *W*; statt *I*.
2230 Zogen *I*; -gewant *IW*.
2227–2230 *in S:*
Die her'en tettent durch [nott
waß jn der künigg bott
die werden helden all [sampt
zvgent ab jr stritt gewand
2231 der *S*; harnes *I*.
2232 die *f*. *W*; waz *I*; vil g. *S*.
2233 vol *f*. *I*; Alleß daß da geschach *S*.
2235 lassen bestan] lan *I*, pestan (lenger p. *S*) *WS*.
2236 dem maister *W*.
2237 jm *W*, jnen *S*.
2238 s. all g. *W*; wirdenklichen *S*.
2239 z. vil w. *S*.
2240 Vil hercz *S*.
2241 schůfft *S*; dinst mañen *W*.
2242 söllent *S*; s. g l. *W*; legen *vor* an *S*; jr *M*, guot *I*, waydenlichs *W*, ire *S*, ander *s*; claid' *MIWSs*; wammes *f*. *IWSs*.
2243 Zwar d. *S*.
2244 s. gar s. *W*; pechlayden *WS*.
2245 haidnisch *f*. *IS*; hat *I*; rast *I*.
2246 Er *W*; zůgent her für a. *S*; von *W*.
2247 dem *I*; in *I*, jnen (< jm) *S*; iag (*gestr.*) iach *I*.

die seinen zogten im wirdichleich nach;
ir funf hundert zogten schon
mit dem reichen kun[i]g Aron.
der milt kun[i]g Oswalt
gie her zuo dem haidem pald;
die goltschmid lie er stan
und begund mit den seinen () gen de*m* haiden gan.
do si der haiden ansach,
er begund si grüessen und sprach:
»ir cristen, seit mir will*ich*omen!
eur chunst han ich gern vernomen.
eur kreutz sind guldein,
ir mügt wol guot kristen sein.
ich sich wol, ir seit ritter und chnecht:
nu sult ir mir sagen recht
(und tuot mir die warhait bechant):
hat eu*ch i*emant zuo poten her gesant?«
do deu red vol geschach,
sand Oswalt zuchtikleichen sprach:
»uns hat niemant gesant her,

2248 zogen *I*, czugen *WS*; vast *I*, wirdichlichen *WS*.
2249 zogen *I*, zugen *WS*; (*gestr.:*) im nach s. *I*, mit jm s. *W*.
2251 k. sant o. *WS*.
2252 her zuo dem] zu dem *I*, hern gegen dem *W*, her uß gen den *S*.
2253 goltsmietten *I*; er] es *W*; da bestan *S*.
2254 Er *S*; mit den seinen *f*. *W*; her gen den *M*, zu (her z. *W*) dem (den *S*) *IWS*; gang *S*; Vñ begund balde zu dem heidischē könig gan *s*.
2255 Do er die *S*; haide *I*.
2256 Der haid *S*.
2257 c. nū s. *S*; willig chomen *M*, wilkom *I*, got wil chumen *WS*.
2258 Zwar e. *S*; kunfft *I*, zuechunft *Ws*.
2259 (∞ 2260 *S*) s. alle g. *S*.
2261 s. all r. *S*.
2262 Jr sült mir s. *I*.
2263 (∞ 2264 *S*) Und *f*. *IW*, Nun *S*.
2264 ew niemāt *M*; zuo poten *f*. *I*.
2265 frag *IS*; nun v. *S*; vol *f*. *I*.
2266 o. gar z. *S*; zochtlich *I*, züchtenklich *S*.
2267 Zwar u. *S*; gesandet *W*.

haiden, daz hab auf all mein er!
ich kan ez lenger nicht verdagen,
ich wil dir die warhait sagen:
wir sein wäch goltschmid
und varen durch fremdeu lant nach unserm sit.
nu was gesagt mär,
wie daz dein tochter () enpfestet wär;
die hietstu geben ainem man
(nicht anderst ich dir gesagen chan).
do wir deu mär wol vernomen,
auf dein trost sei wir her chomen
und wur[d]en geren guetes reich.«
also sprach er listikleich:
»bedürfstu unser nicht zuo diener,
haiden, so beschaid uns der rechten mär,
du und dein frau die chun[i]gin;
so gib uns ain genadigs urlaib von hin

2268 Haid *S*.
2269 ez] dirs *WS*; lengerß *S*.
2270 mues *W*; dy < dir *W*.
2271 s. all *W*; wach *W*, recht *s*.
2272 fremdeu] die *ISs*; noch siet *I*.
2273 Vñ *MW*, Vns *Is*; Vnd ward vnß gasaitt grosse mer *S*.
2274 aus enpfesstet *M*, ainem mañ enphessent *W*, uß gebē *s*.
2274.2275 *in I/S:*
Wie dz din dochter [gehaissen wer
zu geben ainnem man

Wie daß din dochter' dir [enpfremtdet wer'
deñ du hetest jr geben [ainen man
2276 Nichß *S*; dirs *W*.
2277 red *S*; wol] nů *IS*, *f. W*; vornamen *Is*.
2278 her (*gestr.*) *nach* chomen *I*; Vff trost so sind wir jn daß land kumen *S*.
2279 Deñ wir w. *S*.
2280 ernstlich *I*.
2281 Darffst du *I*, Pedarfft du *W*, Bedarftest du *S*; dienen *I*, aribait *WS*.
2282 so *f. I*; vnß (< vnd) die *S*; rechter *W*.
2283 Du *f. I*.
2284 ain] din *I*; gnadigñ *I*, genädig *S*; hinen *S*.

und laß uns von hinnen varen;
got, der mag uns wol bewaren.«
do sprach der wild haiden:
»maister, lat euch nicht wesen laid[e]!
seit ir her chomen durch den willen meiner eren,
so sich ich euch recht geren,
so sult ir von mir haben hilf und rat
paideu fruo und darzuo spat.«
do sand Oswalt erhort die red do,
do ward er aus der massen fro.
von grossen fräuden er erschrikt,
taugen*l*eich er aufplikt
und sprach: »himlischer trachtein,
tuo ez durch die gross[e] g*üe*t dein
und hilf mir, daz ich *n*immer ersterb auf diser erd,
huntz daz deu lug von meinem mund gepüest [werd
die ich [hie] han getan;
her got, des soltu mich nicht engelten lan!«

2285 Und *f. S*; u. da mit v. *S*; hin̄ schayden *W*.
2286 Der milt g. *S*; der *f. S*; uns] vnd *I*.
2288 so l. *W*.
2289 Seit ir komen durch myn ere *I*, Send jr kum̄en her durch miner' erēn *S*, Sint ir durch miner erē willē here kum̄en *s*.
2290 (*f. I*) recht] vō minem herczen *S*.
2291 Vnd sond v. *S*; rät *IW*.
2292 darzuo *f. IW*; spät *I*.
2293 Do *f. I*; erhort *nach* red *W*; do_2 *f. W*; +/ *in S*: Der milt künigg sant [oschawald der erhört die red bald vnd do er die red vernam [do
2294 vō herczen *I*.
2295 Vor *W*.
2296 Wie t. *S*; Taugentleich *M*, Demůttiklichen *I*, Tugentlich *W*, Tugenklich *S*.
2297 Er *S*.
2298 Vnd t. *S*; grosse *f. I*, grossen *S*; gůt *M*, gütti *IS*.
2299 Und hilf *f. S*; mir *f. WS*; ym̄' *M*; diser *f. I*, der *S*; erdn̄ *IS*.
2300 der *S*; lvoge *I*; meinem mund] mir *I*; gebücz *S*.
2301 Den *S*.
2302 got *f. S*; daß *S*.

der haiden lie da nicht beleiben
und hieß *den maistern* () schreiben
waz si a[i]n gantzes jar solten haben
hieß er in aus der purg *her* tragen:
paideu wein und prot
und waz den maister[n] was not;
*za*mes und wilprät,
guoter chost alz gerät.
   dannoch lagen si vor der purg, daz ist war,
zwelf wochen und ain jar,
daz si chainer frauen pild nie gesahen
(des begund in grosser kummer nahen)
noch kaines weibs gepär,
des ward in ir gemüet schwär.
nu sprach der milt kung Oswalt
zuo seinen goltschmiden pald:
»ei ir herren all[e] sant,
ich wolt, wir wären () da haim in Engellant!
wann daz cristen und haiden
und all die welt wär mein aigen

2303 enleis *I*; da *f. IS*; n. lenger b. *S*.
2304 Er *I*; im *M*, den maister *W*; prief s. *MS*.
2305 Vnd w. *S*; gancz *IW*.
2306 Dz h. *IS*; jnen *S*; her] in jr herberg *MS*, *f. I*, her aus *Ws*.
2307 u. och p. *S*.
2309 Zämes *MS*; u. och w. *S*.
2310 Vnd g. *W*; alz *f. W*, aller *S*; Gůtti kost wol berait *I*.
2311 Do *IW*.
2312 Wol z. *W*; a. ganczeß j. *S*.
2313 chain *W*; p. halt *W*; nit sahñ *I*.
2314 Allso pegund jn gross jamer zue nahent *W*, Daß begund jn grossen kum̃er machen *S*.
2315.2316 *f. S*.
2315 Sy sahen halt k. *W*; geberd *I*.
2316 g. allso s. *W*; Des worden sie also swer *I*.
2317 Do *I*; k. sant o. *S*.
2318 *f. W*.
2319 Nůn *I*, O *W*, Nun dar *S*.
2320 w. daß w. *S*; warñ noch *M*; da haim *f. WS*.
2321 Was wär *M*.
2322 dyse *W*; Alle wern myn aigen *I*.

und hiet mich [da mit] fur die purk *erhaben,*
so chund ich ir nimmer geschaden.
ich möch*t* verzeren alz mein her,
dannoch müest ich varen uber mer,
daz ich nicht innen wurd () pald,
wie die junkfrau wär gestalt.«
daz geschach an ainem mantag morgen
was er entschlafen in allen seinen sargen,
do was im in de*m* schlaf fur chomen
[(als wir ez seid haben vernomen),]
wie er die kun[i]ginn*e*
aus der purg solt gewinnen.
aus dem schlaf er erschrikt,
von grossen fräuden er aufplicht:
do er die seinen vor im sach,
hort, wie er zuo in sprach:
»ir herren, ir sult euch wol gehaben!
ich wil euch *liebeu* mär sagen:
*m*ir haben geraten die sinne mein,

2323 gelait *M.*
2324 ir doch *W*; nicht *I*, nim̄er’ nücz *S.*
2325 Vnd *S*; moch *M*; des syn̄s v. *W*; vorzairhen *I*; all *S.*
2326 i. wider v. *S.*
2327 *in M/I/W/S:*
Das ich nicht innē wurd
sprach d’ furst pald

Dz ich nit würde innen
[balt

Daz ich auch nicht jnnen
[wurd also redt d’ fürst
[pald
Darvmb daß jch jnen nit
[wurd pald
also sprach sant oschwald
vnd möcht nim̄er’ jnen
[werden hald
2328 jun̄g künigjn *W.*
2329 Nun *S*; mentag an m. *S.*
2330 Da was d’ (er *S*) künig (*f. S*) *WS*; allen *f. I.*
2331 Vnd *S*; den *M.*
2332 *f. Is.*
2333 (+ 2334 *M*) d. junge *IW*; kungin̄ *MIWS.*
2334 solt *vor* Aus *IS*; Solt aus der purkch solt gewinen *W.*
2338 Nun h. w. e. do z. *S.*
2340 gütew *Ms*, leibe *I* (liebe *WS*) *IWS.*
2341 Wir *M.*

wie ich sull gewinnen die () kun[i]gein.
davon seit nür all[e] fro
und wurcht () d e m h i r s c h e n () guldein clo,
so wil ich*s im* mit schnüeren seidein
pinten zuo den füessen sein.«
also sprach der furst hochgeporen:
»und macht mir zwai guldein*iu* hirsch[h]oren:
macht mirs schon und innen hol,
als si der hirsch auf dem haubt tragen sol.
noch wil ich euch mer sagen:
ein guldein dek muoß *ich* haben,
daz si neben des hirsch ge auf die erd.

2342 sül *I*, sol (< solt *s*) *Ss*; d. iũg kungein (< kungin) *M*; k. frey *W*.

2343–2346 *in M/I/W/S/s:*
Da von seit nür all froleich
vñ wurcht mir guldein clo [dem hirschen mein
so wil ich ims mit [schnurē seidein
pinttñ zů den fussñ sein

Do von seyt nor fro
vñ wircket mir güldin kla
die wil ich im mit snören [seydin
beinden an die füße sein

Davon seyd nür all fro
vnd würcht mir guldein [chlo
so wil ichs dem hirschen [mein
mit seydeiñ snüern pin- [den zu den füessen sein

Da vō so sind nun all frö
vnd würckent mir och [fier guldin claw
die wil jch minem hirssen [mit sydin schnüren
binden vnden an die [fiesse sin

Do von sint alle fro vñ
machēt mir minē hirtzē
güldē claen di bindēt jm
an sin füße

2348 Nůn *I*; guldein nú *M*; hyrschen horn *W*.

2349 Macht mir sie jnnen hol *I*.

2350 meÿ *IW*; auf dem haubt *f. W*.

2349.2350 *in S:*
Machent mir die schön mit [finem gold
deñ mirß min hirß uff si- [nem haupt tragen sol

2352 důch *I*, deckin *S*; müs *I*; er *MS*.

2353 hirssen *W*; die] der *W*; Daz es dem heyrs auff der erden *I*, Daß si neben dem

so nim ich in,« sprach der furst werd,
»und füer in an den purkgraben zuo:
daz tuon ich aines morgens fruo,
so ist der chung ain ern reicher man
und jagt mi*r* den hirsch her dan,
[er und alle sein haiden.]
lat euch nür nicht wesen lai*d*[e]:
leucht bleibt die port unbehuot,
so gewin ich leucht die kungin guot.«
die goltschmid wurden *alle* fro
und worchten [im] guldein clo;
si worchten schon mit ringer hant,
deu chunst was in wol bechant;
si worchten mit aller irer macht
paideu () tag und auch die nacht
untz an den sibenten morgen,
do chomen si aus den sorgen:
do was daz geschmeid allez berait,
als uns daz täutsch puoch sait.
sand Oswalt nicht enlie,

hirß uff ge *S*, Das si dẽ hirzen (< hirsen) uff die erde gang *s*.
2355 an den] dem *I*; p. hin z. *S*.
2356 morgeß also f. *S*.
2357 erricher *S*.
2358 mit dẽ *M*, nuer den *W*; hirschen *W*; h. wider d. *S*.
2360 nür *f. I*; lait *M*.
2359.2360 *in S:*
Er vnd all sin haiden mit [jren hunden
werdent si gen dem hirs- [sen bomen
2361 Vileicht *WSs*; der portener *I*, dy parten *W*.
2362 leucht *f. W*.
2363 warn *W*; also *M*, *f. W*.
2364 i. die g. *S*; kla *I*, claw *S*.
2365 schon *f. W*.
2366 Jn waß die kunst gar wol bekantt *S*.
2367 aller *f. W*; ir *IS*.
2368 den t. *M*; auch die *f. IW*.
2369 Pis *M*; sibenden (v *Rd.*) selben m. *S*.
2370 chumen *WS*; den *f. IW*, grossen *S*.
2371 Vnd *S*; als *I*, schon *W*, alleß schon *S*.
2372 täutsch *f. IS*; sagt *W*.
2373 o. da n. *S*; enleys *I*.

den hirschen er do an gevie
an ain seidein sail.
er sprach: »her got, nu gib mir hail!«
an dem achtoten margen fruo
fuort er in an den purkgraben zuo;
do lie er den hirsch stan
und begund her wider zu der schmitten gan.
  do ersach in des chunges wachter:
ez tauchten in wunderleicheu mär.
domit lief er *aber* drat
zuo seins herren chemnat:
er ruoft aber schon:
»wol auf, reicher kun[i]g Aron!
heut soltu jagen geren,
dein grosseu er wil sich meren.
ich muoß dir der warhait jehen,
ain guldein hirsch han ich gesehen,
der get *da*us an dem purkgraben,
daz wil ich dir fur war sagen.
und wirt der hirsch hie gevangen,

2374 hirß *S*; do *f. I*; an gevie] geveing, *darüber* vie (v *K.*) *I*, ane vie *W*.
2375 Wol a. *S*; Ain am *W*.
2377 achten *IWS*.
2378 an den] dem *I*; partgraben *W*; hin z. *S*.
2379 hyrssen *W*.
2380 her *f. I*; den *Ms*; goltsmitt *W*.
2381 Nu *I*; Da ersach den hyrssen *W*, Den hirß ersach *S*.
2382 daucht (< ducht *K. I*) *IWSs*; i. ain *WS*; wvnderlich (< weinderlich *K. I*) *IW*, wunderß *S*.
2383 lewff der wachter *W*; ab *M*, vil (< veil *K.*) *I*, also *S*, *f. W*.
2385 Vnd *S*; ruft (< reyff *K.*) *I*; r. dem künigg *S*; aber] vil (< aber *K.*) *I*.
2386 Nun w. *S*.
2387 Du solt huitt *S*; gern jagen *W*.
2388 e. die w. *S*.
2389 Zwar i. *S*; veriechen *S*.
2390 hirschen *W*.
2391 do aus *M*, daus (< dus *K. I*) *IW*, ussen *Ss*; partgraben *W*.
2392 für ain warhait *S*.

du hast sein immer er in deinen landen.«
do sprach er aber schon,
der reich kun[i]k Aron:
»du *vil stoltzer* wachter,
du saist mir gar liebeu mär!
daz hab auf all mein er,
daz geticht get von de*n* goltschmide*n* her.
die sind all sampt kunst vol
und habent den hirsch innen gemacht hol,
daz er lauft von den winden.
nu wek mir auf mein hofgesind[e]
und enpeut, wer ain stab müg getragen,
daz er mir den hirsch helf jagen.
wer versäß daz gejaid mein
den schied ich von dem leben sein.«
nu lof der wachter drat
zu mange*r* schon chemnat
und begund die diener wecken
und aus irem schlaf schrecken.

2394 hieczt *W*; Deß haust du *S*; immer *f. I*; deimē (dem *W*) land *IW*.
2395 (+ 2396 *WS*) er *f. IS*.
2395 + 2396 *in W:* Da redt künig oran allso schon.
2397 O d. *W*; Du vil *f. I*; mein all' liebster *M*.
2398 Zwar d. *S*; gar *f. IS*; g. vil l. *W*.
2399 Zwar d. *S*; h. wachter a. *W*.
2400 dicht (< deicht *K.*) *I*; dem goltschmid *M*.
2401 Wann d. *S*; Sy *W*; all sampt] alle *I*, aller *S*
2402 hirschen *W*; innen gemacht *f. W*.
2403 vor *I*; den pinden (< weinden *K.*) *I*, dem windt *WS*; do (*gestr.*) so geschwind *S*.
2405 püt *IW*, gebüt *S*; jn w. *W*; möge tragñ *I*.
2406 er] der *I*; hyrschen *W*.
2407 Vnd w. *S*; vorsiczt (< vorseiczt *K. I*) *IWS*; gayd *W*.
2408 schaid *IWS*; Dem wil ich ab schlahñ daz hawbt sein *M*.
2409 leiff *I*, lewff *WS*.
2410 mangē *M*; schon *f. W*.
2411 hayden *W*.
2412 s. si *S*; erschrecken *IWS*.

er sagt in do die mär,
wie daz ain guldein hirsch komen wär
her an den purkgraben,
den wolt der kun[i]g jagen.
do si die red erhorten do,
do wurden si aus der massen fro.
von dem pett si spr*u*ngen,
die alten und die jungen.
freien und dienstman
begunden sich do legen an.
si hiessen her ziehen schnelleu *mark*,
die waren kreftig und stark.
wie pald si darauf sassen!
grosser freud si sich vermassen.
si saumpten sich nicht lenger mer,
pogen und spieß hiessen si tragen her;
des begund *si* nicht verdriessen,
si wolten den hirsch stechen und schiessen.
die haiden hochgeporen
erschalten ire jaghoren
und ruoften an den stunden
allen iren hunden.

2413 Vnd *W*; do *f. IWS.*
2414 daz *f. Ws.*
2415–2464 *anders I.*
2416 der *f. W*; k. oran j. *W.*
2417 Daz *W.*
2418. Deß *S*; dy hayden *W.*
2419 (∞ 2420 *WSs*) den betten *Ss*; si *f. W*; do s. *S*; springñ *M*, sprunnen *W.*
2420 Alt vnd juñg (och j. *S*) *WS*, Jungē vñ altē *s.*
2421 u. dy (och *S*) d. *WS.*
2423 liessent *S*; her] jn da (her *S*) *WS*; z. sle (*gestr.*) *W*; starcke *S*; pfard *M*, pfrärt *W.*
2424 u. och s. *S.*
2425 gesaussent *S.*
2426 Grosse *S.*
2428 Pögen *W*; s. jn t. *W*; Bogen vnd spieß trůg man her *S.*
2429 sich *M.*
2430 hirschen *W*; stechen] schchen *S.*
2432 Erschelten jrre gayd harñ *W.*
2434 All *W*; i. jag h. *WS.*

der haiden freud die was groß,
die porten man in aufschloß;
() deu port ward [in] auf getan
und die hund ab den stricken gelan.
do die haiden aus der purg waren chomen
(als wir ez sider haben vernomen),
des tor*w*arten [treu] was groß,
die porten *e r* crefticleich zuoschloß,
daz deu kungin guot
wurd *vesticleich* behuot.
der hirsch umbplikt:
o wie hart er erschrikt
an den selben stunden
ab den haiden und ab den hunden.
er het ze peiten nicht mer,
im was [nür] ze fliehen ger;
er huob sich ze fliehen pald
hin gen ainem vinster[n] wald;

2435 die *f.* *W*; ward *WS*.
2436 Ainer für den ander schoß *S*.
2437 Do d. *M*; porten *S*.
2438 saillen *S*.
2437.2438 *in W:*
Dy parten ward jn auf ge-
[tan vñ auf geslossen
dy hunt sy ab den strik-
[chen liessen
2439 Do *f.* *W*; waren *f.* *WS*.
2440 seyd *WS*.
2441 tors wartñ *M*, torenwärtel *W*, dorßhietterß *S*; t. die w. *S*.
2442 man (*vor* zuoschloß) *M*; chrefftiklichen *W*, bald *S*; wider z. *WS*.
2443 Darvmb d. *S*; Do *M*; junckfraw̃ *S*.
2444 Wär *W*; gar v. *S*; chrestikleich *M*.
2446 O *f.* *S*; e. da e. *W*.
2449 Nu het der hirsch nicht cze peyden mer *W*.
2450 gach *W*.
2445–2450 *in S*:
Der hirß bald vmbsich
[plickt
wie hartt er ab den hun-
[den erschricket (< er-
[schrickt)
an den selben stunden
er ze fliechen begunde
nu hett er zů baiten nit
[mer' auch
wañ jm waß nü zů fliechen
[gauch
2451 f. gar b. *S*.
2452 Dörtt h. *S*; jn ainen *W*.

dem hirsch was ze fliehen gach,
die haiden eilten im vast hin nach.
der hirsch an den perg floch
der sich in die l*u*ft zoch,
do was nie nicht lebentigs uber chomen
[(als wir ez seid haben vernomen)]
dann nür die wilden vogel.
die haiden wurden mit dem hirsch betrogen,
wan er lof uber den perg hin dan
vor mangem haidnischen man
[in aller der gepär,
nür als er schlecht wär.]
der hirsch mit dem golt,
als ez got selber wolt,
der cham () uber den perg zuo dem mer,
do er vand sand Oswalts her.
do er nu under daz her was chomen,
daz in die herren heten vernomen,

2453 hirschen *W.*
2454 vast *f. S.*
2455 h. hin a. *S.*
2456 den *S*; lůft *M*, lüfft *WS*; da (uff *S*) z. *WS.*
2457 Vnd d. *W*; nichcz *WS.*
2459 nū *Ss*; fögell *S.*
2460 hirschen *W.*
2461 Wan *f. W*; lawff *W*, flog *S.*
2461—2464 *f. s.*
2463 Recht i. *S.*
2464 Nun alß ob er ain hoff schalck wer' *S.*
Statt 2415–2464 *in I*:
Vnd (v *K.*) wer do vorseiß [dz geiågd (< geiågtz) sein der hett vorlorn dz leben [sein der reich künig aron zŏch mit seym guldin horn mit allem seym hoffgesynd [(< -geseynd *K.*) dem hirs (< heirs *K.*) noch [gar swind (< sweinde *K.*) der heirs liff (< leif *K.*) [bald hin (< hein *K.*) zu dem [veinstern wald
2467 c. hin u. *Ms*; Der hirsch cham v̈ber den perchk vber daz mer' *W.*
2468 oswolt *W.*
2469 nu *f. WS*; über den berg *S.*
2470 (*f.* W) Vn̄ dz die hern hattn̄ vernomen *I*, Alß wir eß sid habend vernomen *S.*

iegleicher besunder
nam do groß wunder,
wie der hirsch zuo in chomen wär:
do sagt in niemant die rechten mär.
daz wist, () den wild[e]n haid[e]n
geschach aus der massen laid[e];
daz si den hirschen heten verlor[e]n,
daz was den haiden allen zoren.
() si jagten in de*m* wald entwer,
ainer hin, der ander her,
ainer dort, der ander hie,
si westen selber nicht, wie.
  nu laß wir si den hirsch jagen
und süllen da haim von der kungin sagen.
die stuond oben an ainer zinnen
vor ir muoter, der alten kun[i]g[i]nn*e*,
und vier und zwaitzig junkfrauen guot,
damit was si wol behuot.

2471 (+ 2472 *MW*) Zwar i. *S*; Jeglichen *I*, Yslicher *W*.
2472.2473 *f. S.*
2472 des *W*.
2474 Vnd daz i. s. n. *W*;
2475 Daz *f. W*; wist] do *S*.
2476 Den g. *W*; G. da a. *S*; vnmasßen *I*.
2475.2476 *in M*:
Daz wist das (*K. auf Ra-* [*sur:*) geschach den wildn [haidn
aus der massñ laid
2477 hirs (< heirs *K.*) hattñ *I*.
2478 tet (< det *K.*) *I*.
2479 Do jagtñ si in den *M*; wilden w. *W*; ver *I*, entwer'ch *W*.
2480 Aines h. daz *W*; der d' (*gestr.*) a. *M*.
2481.2482 *f. I.*
2482 *f. S.*
2483 si *f. IW*; hirschen *W*.
2484 willñ *I*; da haim *f. I.*
2485 oben *f. I.*
2486 jr'er *W*; alten *f. I*; kungnnē *M*, künigine < kunigin (*K.*) *I*.
2484–2486 *in S:*
Wir söllent haim zů der [jungen küniggin ga^{u}hen
do stond obnen an der zin- [nen
vor jr jr (v *Rd.*) můter der [alten küniggin die jung [küniggin
2487 Und *f. S*; j. pey jr g. *W*.
2488 Mit den *IWs*; D. do w. *S;* schon *W*.

die si ze nächst pei ir sach,
nu hort, wie si zuo der selben sprach:
si sprach: »liebeu gespil mein,
tuo ez durch die treu[e] dein:
laß dir sein wol lon[n]
und hab mir mein mantel und mein kron
und ste da her an mein[e] stat«
([also] si deu jung[e] kungin pat)
»fur mein muoter, die kungin frei,
und tuo, als ich ez selber sei.
waz sol ich dir sagen m*e*?
mir ist in dem haub[e]t worden we,
daz ich nicht lenger mag bestan,
ich muoß recht von der zinnen gan.
ich wil mich kuolen drat
in ainer schon chemnat.
wan mein krankhait hat ain end genomen,
so wil ich her wider chomen.«
die junkfrau tet durch not
waz ir deu jung[e] kungin pot:
umb schwaift si den mantel schon
und satzt auf ir haubt die chron;

2489 Die zů nechst by jr saß *S*.
2490 der selben] ir *I*.
2491 s. vil l. *S*.
2492 Nů t. *IWS*; den willen myñ *I*.
2493 Vnd l. *S*; lonen *IS*, lann *W*.
2494 Und *f. IS*; Du vmb *I*, Heb *Ss*; mir *f. I*; kronen *S*.
2495 stand *S*; da *f. W*.
2496 (*vor* pat:) si also *S*.
2498 t. es a. *W*; a. ob *S*; ichs selbers *W*.
2499 (*f. W*) Nun w. s. i. uch *S*; mer *MI*.
2501 gestan *I*.
2502 recht *f. I*.
2503 + 2504 *S*.
2504 ainer schon] meiner *Ws*, min *S*.
2505 So *I*; hat *nach* end *S*.
2506 i. deñ h. *S*.
2508 gepot *ISs*.
2509 Vmb det sy *I*, Sy vmbswayft *W*, Vmb sich nam si *S*, Sie warff v̄mb *s*.
2510 ain guldeine c. *W*; Vnd seczt auff ir güldin kron *I*.

auf satzt si die chron eben,
die jung kungin begund sich von dannen heben;
die jung kungin huob sich aus der schar,
die muoter het sein nicht genomen war:
die junkfrau stuond in aller der gepär,
als ez die jung[e] kungin wär.
nu lief deu jung[e] kungin drat
in ir selb[e]s chemnat
und schoner junkfrau*n* drei
giengen mit der jungen kungin frei.
si liefen an den stunden,
dǫ si vier rök funden:
die heten si vor her berait
(als uns daz täutsch puoch sait),
do in des ward zuo muot,
daz si wolten werden cristen guot.
die rök begunden si legen an,
als si wären jung man.
si satzten auf ir hüet,
gegen got stuond ir gemüet.
die vier minnechleich*en* maid
gurten umb () gurtel prait.

2511.2512 *f. I.*
2511 Auf saczt sys schon vnd eben *W.*
2512 von *f. S.*
2514 nan (nam *s*) deß (sin *s*) nit war' *Ss.*
2515 der *f. IS*; geperd *IS.*
2516 ob e. *S*; k. selber w. *WS.*
2517 Do *M*; lewff *WS*; k. also d. *S.*
2518 selber *W.*
2519 iukfraw *MW.*
2520 Die yltent mit ain ander glich *S.*
2521 luffen *WS*; zu *W.*
2522 råck *S.*
2523 hat *I*; s. jn (nū *S*) v. *WS*; hein (hin *W*) *IW*, *f. Ss.*
2524 u. nū d. *S*; täutsch *f. IS;* sagt *W*; Als vns die bücher sagē *s.*
2525 ward zuo] was *W.*
2526 cristin *W.*
2527 råck *S.*
2528 Recht a. *S*; A. ob s. *ISs.*
2530 s. jn (inen *S*) i. *WS.*
2531 miēchleich *MI.*
2532 Si datten vmb *I*, Swayften (Legtent *S*) vmb sich *WS*; ire g. *M.*

si legten an hosen und prei[s]schuoch,
Machmeten teten si mangen fluoch.
d*ie* vier maid hochgeporen
gurten umb () guldein sporen
in allen den gepär[e]n,
als ob si haidnisch ritter wären.
si namen vier schwert in ir hand,
also tuot uns daz puoch bechant.
si heten nicht zuo peiten mer,
her gen der porten was in ger.
in was verschlossen tor und tür,
stark ridel gesc*h*ossen für,
daz si nindert mochten aus komen;
de*s ward* in freud vil benomen.
si giengen oben an ain zinnen
und namen war, ob si ez möchten *s*pringen.
do taucht si die maur zuo hoch:
die jung kungin her wider ab () floch.
her zuo de*r* porten was ir gach,
die drei eilten ir vast hin nach.

2533 h. vnd joppen u. *W*; breisschwo *I*, schůch *S*.
2534 gaben *I*.
2535 Der *M*; junkchfrawñ *W*.
2536 u. ir (sich *S*) g. *MS*.
2537 Jn < Ayn *S*; allem dem *W*; gepär *W*, geperden *S*.
2538 ob *f*. *W*; haydisse r. wer *I*.
2539 schwerter *S*; dy *WS*; hend *IS*.
2540 *f*. *I*.
2542 Hin *M*; in iach *I*, jr peger *WS*.
2543 Nun *S*; v. vast dz dör *I*.
2544 Vnd s. *S*; regel *I*, ritel *W*, rigell *S*; geschlossñ fur *MS*, dar fur *IW*.
2543.2544 *in s*: Do was es mit starckẽ rigeln vñ slossẽ v' sperret
2545 m. dar a. *W*; uß mochtent *S*.
2546 Daz *M*, Erst *W*, Dar vmb *S*; waz *M*; jnen *S*; vil (all jr *S*) frewd *WS*.
2547 o. uff a. *S*; an] auff *I*; die *IWS*.
2548 ez] her (hin *s*) ab *Ws*; erspringñ *M*, gespringẽ *W*; Vnd lůgtent ob si über ab måchtint springen *S*.
2550 a. d' maur (czinnen *W*) f. *MW*.
2551 Her *f*. *I*; den *M*; jn *W*.
2552 d. junckfrawen e. *S*; hin *f*. *IS*.

die jung[e] kungin nicht enlie,
si viel nider an ireu chnie
zuo der porten an die maur[e],
do begund si hart trauren.
si sprach: »nu hort ich ie sagen m*ä*r,
wie genadig unser frau wär,
wie si pr*ä*cht[e] mit ir g*üe*t
wasser zuo der gl*üe*t.
Marei, dein genad laß an uns schein[n] ()
und hilf uns armen magedein,
daz wir froleich komen von hinnen
und *säld* in deinem namen gewinnen!«
do deu pet vol geschach,
daz schloß sich von der porten prach
in aller der ge*tät*,
als ez () ai*n* [grosser] wind auf geworfen *het*.
die stoltzen junkfrau*en* her

2553 k. do n. *S*; enleis *I*, entließ *S*.
2554 Vnd s. *S*; auff ir (dy *W*) *IWs*.
2555 muer *I*.
2556 truern *I*.
2557 i. doch i. s. dy *W*; mer *MI*.
2558 so gar g. *W*.
2559 pracht *MI*; jrer' *W*; gůt *M*.
2560 glůt *M*.
2561 Maria *IW*; an *f. IW*; erscheiñ *W*; s. werdñ *M*.
2562 vier' *W*.
2563 hinnen] hein *I*.
2564 sel *MW*, selle *I*; gewein *I*.
2555–2564 *in S:*
By der porten vnd den
[muren
do begunden si gar ser'
[trwren
si sprach nū hab jch gehört
[sagen mer'
wie gnädig vnser fraw̃ wer
maria din gnäud lauß an
[vnß erschinen
vnd hilff unß daz wir ku-
[m̄ent frölich vō hinen
vnd wir seld jn dinem na-
[men gewinen
vnd vnß jn vnserm für
[nemen nit mißlinge
2565 daß *S*; gepet *W*; do v. *S*; geschahen *W*.
2566 den *S*; prache *W*.
2567 gepär *M*, gedat *IW*, getoͦt *S*.
2568 ob e. *S*; auf geworfen het] auffweit *I*; Alz ez von ainē wind auf geworffñ wär *M*.
2569 iukfraw *M*; Die jung küniggin mit jren jungkfrawen her *S*.

saumpten sich nicht lenger mer.
in was wol gelungen,
wie pald si fur die porten drungen!
do si nu her aus waren chomen
(als wir ez sider haben vernomen),
an der selben stet
daz tor s i c *h* hin wider zuo tet;
paideu tür und tor
ward paß verschlossen () dann vor.
si heten nimmer rest
und eilten von der vest
uber daz weit veld
hin gen sand Oswalts gezelt.
  nu het der rab nicht vergessen,
er wär () auf *die* goltschmit*ten* gesessen.
die junkfrauen er ersach,
hort, wie er zuo dem herren sprach:
er sprach: »herr, ich chan dir*s* nicht vertagen,
ich wil dir liebeu mär sagen:
ich sich dort von der purg her gan

2570 Die s. *S*; s. da n. *W*; lenger *f. I.*
2571 Jnen *S*; w. gar (vil *S*) w. *WS.*
2572 von der *W*; sprungen *IWSs.*
2573 Vnd d. *S*; nu *f. IS.*
2574 sider *f. IW*, sid *S.*
2575.2576 *f. S.*
2575 statt *I.*
2576 sj (*vor* Daz) *M*; hin *f. Is.*
2577 u. och t. *S.*
2578 Was *W*; besloßen *Is*; vil d. *M*; Warent verschlossen alß vor *S.*
2579 Wañ s. *S*; kain rast *I.*
2580 Sie *IW*; e. bald v. *ISs.*
2581 (+ 2582 *S*) Her u. *W.*
2582 Her *W*; zu *IWs.*
2581 + 2582 *in S*: Vber wild feld zů sant oschwaldtz zeltt.
2584 was *IS*; schon (ze öbrist *W*) a. *MW*; ein *MS*; goltschmid *MW*, segelbam *S.*
2585 Dy junkchfraw der rab ersach *W.*
2586 Nun h. *S.*
2587 Er sprach *f. I*; dir sein *M.*
2589 dort *f. I*; her *f. I*, *vor* von *W.*

vier junkfrau*en* wolgetan.
mich triegen dann () m e i n sinne,
ez ist deu jung[e] kun[i]gin*ne* () !
edler furst her,
saum dich nicht lenger mer:
du solt ir pald engegen gahen
und si gar wirdichleich enpfahen!«
do er daz wort vol gesprach,
sand Oswalt lieber*s* nie geschach.
der auserwelt degen
gieng der chungin pald engegen.
si was i*m* aus in allen erchant,
wann si truog ain guldeins *harpant*:
domit bezaichent si daz,
daz si die jung kungin [selber] was.
sand Oswalt nicht enlie,
liebleichen er s i umbvie;

2590 iukfraw *M*; dy sind gar w. *W*.
2591 die sinne mein *M*, alle mein synn *Is*, mein syñ *W*, die sinne *S*.
2592 ist] sey *W*; So jst mir eß sy d. *S*; kungin *MIWS*; k. vein *M*.
2593 (+ 2594 *M*) Vil e. *S*; f. vnd herr' *W*.
2594 Nu s. *WS*; Glaub mir ez auf mein er *M*.
2595 Nu solt du jr pald hin wider gahen *W*, Du solt jr schon hin ein gegen gauhen *S*.
2596 wirdenklichen *S*.
2593–2596 *in I:*
Edeller fürst sůme dich [nit mer
du salt ir engeigen gen
du salt vast iahen
vnd salt si williklich [enpfahen
2597 der rab *IWS*; die *S*; vol *f. I*.
2598 o. daz (*gestr.*) l. *W*; lieber *M*; gesach *I*, gehört *W*.
2600 schon *S*; hin e. *W*.
2601 im] jn *M*, *f. W*, jnen *S*; a. wol e. *WS*.
2602 guldin *IS*; gwant *M*, halsspant *W*.
2603 bezaichnot *I*, bezaichet *S*.
2604 si *f. I*; jung *f. Ss*.
2605 o. do n. *S*; enlies *I*.
2606 Wy gar lieblich *W*, Villieplich *S*; si er *M*, er dy juñg künigjn *W*; vmb fieng *I*.

ains daz ander umbschloß,
ir paider freud die was groß.
der milt kun[i]g Oswalt
huob sich mit der kungin pald:
zuo de*r* goltschmi*tt*en was i*m* gach,
die drei eilten im vast hin nach.
do sprach der furst lobsam:
»wolauf, all mein dienstman,
und lat uns heben von hinnen!
ich han recht die jung kun[i]ginn*e*!«
die selben dienstherren
freuten sich der er[e]n,
daz in so wol was gelungen
und si die chungin heten gewun[n]en.
der milt chun[i]g Oswalt
begund eilen also pald: ()
hin gegen dem mer was im gach,
die seinen zugen im vast hin nach.
er het nicht mer zuo weilen
und begund vast eilen;
er eil[e]t an die galein
mit der chungin und mit den helden sein.

2607 deß *S*; a. gar frewntlich u. *W*.
2608 die *f.* *W*; ward *WS*.
2609 k. sand o. *WS*.
2611 den *Ms*; goltschmidñ *M*, goltsmitt *W*; in *M*.
2612—2623 *f.* *S*.
2612 (*f.* *W*) hin *f.* *I*.
2613 redt *W*.
2615 hin *W*.
2616 kungiñ *MIW*.
2618 mere *I*.
2619 was *vor* so *W*.
2620 Daz *W*; si *f.* *I*.
2621 c. sant o. *W*.
2622 Der b. *W*; also *f.* *I*. +/ Do er all sein dien' vand *MI*.
2623 im] in *I*.
2624 zochen *I*; hin *f.* *IS*.
2625 (+ 2626 *S*) mer *f.* *S*; bliben *I*.
2626 Er *WS*; v. zu e. *I*.
2627 e. fast hin *S*; auff *I*.
2628 Mit der jungen künigen *I*, Mit den helden vnd mit der küniggin *S*.

er huob sich tauge*nl*eich davon,
die goltschmitten lie er vor der purg stan.
er fuor zwischen der perg so zuohand,
do er all sein diener vand.
er hieß r*uo*fen an der stund
und tet allen seinen helden chunt
und hieß in sagen die mär,
wie daz er frolich chomen wär.
als si die red erhorten do,
do wurden si [alle] *von hertzen* fro;
von den herren allen
hueb sich ain frolich schallen.
daz her mit ainander aufprach,
von grossen freuden daz geschach,
daz si heten die jung[e] kun[i]gin:
nu mocht in nicht liebers geschehen s e i n .
zwischen der perg auf dem () veld
liessen si stan mang schon gezelt;
[die hütten liessen si alle stan]

2629 taugn̄tleich *MW*, tugenklich *S*, stilliglich *s*; Er hob sich von dan *I*.
2630 goltsmiet *I*; liessen sy *WSs*.
2631 eylt *W*; enzwischend *S*; die *I*; zwayr p. *W*; so zuohand] drat *I*.
2632 all *f. I*.
2633 h. jn *W*; rüffn̄ *MWS*.
2634 den hylden alle *I*, daß den helden *S*.
2635 Er *S*.
2636 e. gar f. *S*; Wie dz wie dz die künigin komē wer *I*.
2638 Si worden *I*; aus d' massn̄ *M*.
2639 (+ 2640 *I*) allen *f. I*.
2640 michel *Ss*.
2641 h. da m. *W*.
2643 Do *S*; junge *f. Is*, jungen *S*.
2644 Jnen allen mὀcht nit liebreß *S*; gesehen *I*; sein geschehn̄ *M*.
2643.2644 *in W:*
Daz sy heten dy künigjn [frey
vnd jn macht nichcz lie- [bers gesein
2645 Enzwüschen *S*; d. zwayer p. *W*; dz *I*; weitn̄ v. *M*.
2646 Do l. *S*; stan *f. I*; so manigs *W*; schon *f. I*, schöns *WS*; zeltt *S*.
2647 alle *f. W*.

und huoben sich nür pald darvon. .
die rais in wol geviel
und eilten an die chiel.
sand Oswalt und alz sein her
schikt sich frolich auf daz () mer.
dar chomen die *marner* all[e] sant
und namen deu ruoder in die hant.
die ankel [si] aus geschussen,
frolich si von dem gestat flussen.
do si nu auf daz mer waren chomen
(als wir ez sider haben vernomen),
in was wol gelungen,
den ruof si froleich sungen.
nu laß wir si got enpfolhen varen,
der mag si alle wol bewaren!
  wir sullen nu nicht verdagen
und sullen () von der alten kungin sagen,
wie deu des morgens sprach,

2648 nū *S*; Vn̄ hůben sich von (pald v. *W*) dan *IW*.
2649 i. allen recht w. *S*.
2650 Si e. hin bald a. *S*.
2649.2650 *in W:*
Dy rais geuiel jn allen wol
sy eylten an dy gar verholn̄
2651 alz *f. I*, all *S*.
2652 Schiefften *IS*, Schupfften *W*; sich *f. I*; d. wild m. *MW*.
2653 Do *I*, So cze hant *W*; chumen *W*; morn̄ *M*, schieffman *I*.
2654 Sy *W*; num̄en *W*.
2655 růder *I*, ancker *S*; auf *W*; schuchssen *W*, schussend *S*.
2656 Frölichen *S*; v. g d. *W*; der statt *I*.
2657 nu *f. I*; waren *f. I*.
2658 (*f. W*) sider *f. I*, sid *S*.
2659 w. gar (vil *S*) w. *WS*.
2664 s. da haim v. *M*.
2660–2665 *in I/W/S:*
Sie frölich sůngen
nu låsßen wir vns got [enpfolln̄ sin
der mag vnser aller drost [sin
nu süllen wir nicht vor- [dagen
wir sülln̄ vō d' altn̄ küni- [gin sagen
wie die des morgens sprach

Den ruef sy frolich sungen
vnd lassen wir sy jn dem [namen gocz varn̄

do si den haiden zuoreiten sach.
si sprach also schon:
»pis mir willichomen, reicher kun[i]k Aron,
du und all dein dienstherren!
nu west ich also geren,
wie ez dir an dem gejaid wär gegangen,
[ob du den hirsch hietst gevangen.«]
er sprach: »liebeu frau mein,
la dir umb ain *klaines guot* nicht sein!
wir haben noch goldes vil,
und merk waz ich dir sagen wil:
mein goltschmid sind noch kunst vol
und chunnen mir ain ander[n] hirsch wurchen [wol.«
do deu red vol geschach,
deu alt kungin begund lachen und sprach:
»reicher kun[i]g, laß an zoren,

der mag sy all gar wol [pewarn
nu süllen wir von der [allten künigjn sagen
wy des morgens da dy [künigjn sprach

Frölichen si vō herczen [sungent
die fröd waß groß jn [jnen allen
wir wellent vō der alten [küniggin sagen
wie die deß morgenß fu [(*gestr.*) frü sprach

2666 zuoreiten] komen *I*, zū der burg riten *S*.
2667 (*f. W*) Wañ s. *S*.
2668 got wil chum *W*; Bis wilkom künig aron *I*.
2670 Nu *f. W*; wiest *IS*.
2671 gaide *IW*; wer *gestr. S*; gangñ *I*, ergangen *WS*.
2672 hirschen *W*; habist *S*.
2673 s. vil l. *S*.
2674 Nu l. *WS*; gleissntz *M*, chlain *WS*; golt *MS*.
2675 g. so (also *S*) v. *WS*.
2676 Nu *IS*, *f. W*.
2677 noch *f. I*; so chuñstreich v. *W*.
2678 Die kündñ *I*; hirsch *f. I*, hirschen *W*; machñ *IWS*.
2679 r. do *S*; vol *f. I*.
2680 begund lachen] lacht *IS*.
2681 O reicher künig oran lass es sein an zorñ *W*, Vil richer künigg nū lauß din zoren *S*.

all dein arbait ist () verloren!
dein pirschen und dein gejaid
daz chümt uns nu ser zuo laid:
unser tochter, deu chun[i]gin,
die ist mit den goltschmiden von hin!
si selb vierde junkfrau*e*,
o wie sol*t* ich ir des getrauen:
si *ist* mit i*n* auf de*m* wilden se!«
der haiden [»wafen«] l a u t schr*e* ():
»do west ich wol, ließ ich l e b e n den raben,
daz ich sein käm zuo grosse*m* sch*a*den!

2682 Wañ a. *S*; d. müe vnd a. *W*; i. gar (alle *S*) v. *MS*.
2683 bries *I*; gayd *W*.
2684 nu *f. Is*; Chumpt vns so ser zu herczen layd *W*.
2685 d. jung c. *WS*.
2686 Die *f. IW*; von *f. I*; hineñ *S*.
2687–2692 *in M/I/W/S/s:*
Si selb vierde iückfrawē
o wie sol ich er (*gestr.*) ir [dez getrawē
si sind mit ir auf den wil- [den see
der haidñ schray lawt [hewt vñ ym̄' mee
do west ich wol ließ ich [den rabñ lebñ
daz ich sein käm zů gros- [sen schädñ

Die schône junckfrauwe
ach wie sült ich des glaubñ
jst mit in auff dem wildñ [see
der hayd woffen lůt schray
dz wist ich wol lies ich [lebñ den rabñ

es kem mir zuschaden
Sy selb vierde junkchfraw
o wy sol jch das getrawen
vnd sind sy nuer auf dem [wilten mer
der hayden schray lawt [waffen hewt vñ jm̄er m'
das west ich wol lyess ich [leben den raben
daz ich chäm durch jn jn [grossen schaden

Si vnd dry junckfrawen
o wie sölt jch jr daz han [getruwent
si fert mit jnen uff dem see
der haid vil lut erschrai
daß wist jch wol ließ jch [den rappen leben
daß jch sin kem zů gros- [sem schaden

Sie vñ dry juncfrauwē der
könig schre lut we jch west
wol ließ ich den rabē fliegē
dz ich sin zu schadē keme

daz ist () Oswalt aus Engellant,
der füert mein tochter an seiner hant.
nu chan er mir doch nimmer entrinnen
mit allen seinen sinnen,
ich entrenk in in dem wilden mer,
in und alz sein her!«
der haiden het ain guldein ho*r*en:
wann im ward von schulden zoren,
so s a t z t er ez an seinen mund
und tet ez allen seinen helden chunt.
daz horen was an den fristen
gem*a*cht *mit* zauberlisten:
wann er ez erschal[le]t creftikleich,
ez erhal in *dem* [dritten] kun[i]kreich.
er erschalt sein horen groß,
daz ez unmassen laut erdoß.
daz () erhorten die landes herren:

2693 Es *W*; i. sand (nüer *W*) o. *MWS*; in *IS*.
2694 t. da hin a. *S*; heym in sin lant *I*, haym jn engellant *W*.
2695 doch *f. I*; nit *S*.
2696 Mit allem sym gesynne *I*.
2697 Zwar i. *S*; erdrenk in *IS*, wil jn ertrenkchen *W*.
2698 s. gancz h. *W*.
2699 horrē *M*.
2700—2702 *f. s.*
2700 (*f. W*) waz *I*; herczñ *I*, schuld an *S*.
2701 Vñ (Wan *IW*) er ez (daz selb *W*) saczt *MIWS*.
2702 So *MIWS*; er *MWS*; lüttñ *IS*. +/ *in I (teilw. unleserlich; Anfang auch als Kustos auf vorhergehendem f. 129 v):*
Wa[n er e]s saczt an [sienen munt
[so tet es] allen sienen [lüttñ kunt
2703.2704 *f. I*.
2703 Deß *S*; dem f (*oder* r; *gestr.*) ussersten *S*.
2704 Gemächt *M*; mir *M*, vō *S*; czawbrey vnd mit lysten *W*.
2705 erschelt *W*; Wan es schalt erschrecklich *I*.
2706 Ez erhal] So hort (erhört *W*) man ez *IWSs*; seinē *M*, dz *IW*; dryt *IW*.
2707 (∞ 2708 *S*) Der hayden erschelt *W*, Also erschalt er *S*.
2708 erdost *I*.
2709 ez e. *M*; sin *S*.

si sprachen: »waz mag *im* gewer[r]en,
dem reichen kun[i]g Aron?«
(retten die haiden all[e] *schon*).
() die herren auf den vesten
und die da waren die pesten,
di sprachen: »wir haben gehort daz horen,
unserm herren ist von schulden zoren.« ()
do si daz horen hetten vernomen,
do wolten si dem herren zuo hilf komen;
si verstuonden sich wol der mär,
daz er in grossen noten wär.
si beraitt*en* sich grimm[e]
in *ir* liechten strachlein ring[e]
(daz wist, den wilden haiden

2710 nü *M*; Dy redten was mag künig oran gewerñ *W*.
2712 all sampt *M*, allsambt schon *W*; Rietten die hern alle zu *I*.
2710–2712 *in S:*
Die sprachent waß mag [vnserm her'en sin [geschechen
dem richen künigg aaron
den erhortent die her'en [all schon
2713 Do d. *M*; h. vnder den haiden a. *S*; der *I*.
2714 Und *f. W*.
2715 redten *W*.
2716 Dem künig oran *W*; herczñ *I*; kumen z. *S*. + *in M/I/W/S/s (= 2739. 2740):*
Zů im nā er sein diest man
do mit hub er sich von [dann

Zu in namen sie ir dienst- [man
do mit hůben sie sich võ [dan

Dy herñ numen zu jn jr [dinst mañ
damit hueben sy sich von [dañ

Zvo jm ermant er sin dienst [mañ
da mit so hůbent si sich [hin dan

Sie namẽ ir dienstmañ vñ huben sich uff
2718 jrm hern *W*, jm *S*; da z. *W*.
2719 Dy herñ *W*; wol *f. S*.
2720 (*f. W*) Wie d. *S*.
2721 Dy *W*; beraittñt *MWS*; s. mit g. *IWS*.
2722 Da i. *W*; die *M*; liechten *f. I*, liecht *W*; stållen *I*.

was umb iren herren mit treuen laid[e]).
an den selben stunden
si ir helm auf gepunden
und ch*a*men auf den hof dar:
ir ward ein ungefuoge schar;
nach ritterleichen siten
chomen si gen hof geriten.
nu fragten si der mär,
waz dem herren geschehen wär.
die wilden haiden
wurden des beschaiden:
man sagt in, deu kun[i]gin
wär mit den goltschmiden von hin.
de*r* haiden he*t* nicht mer zuo *weilen*
und begun*d* vast eilen;
[zuo im nam er sein dienstman,
domit huob er sich von dan;]
an die grossen galein
eilt er mit den helden sein.
der chung nam selb ain ruoder in sein hant,
() also teten die *marner* all[e] sant.

2724 Den w. *W*; mit treuen *f. I*, trewlich *W*.
2722–2724 *in S:*
Jn jr stächlin harnasch ring
do waß den wilden haiden
vmb jren her'en also laide
2726 bonden *ISW*.
2727 chämē *M*, komen *IWS*; auf den] gain *IW*, do gen *S*.
2728 waz *I*; grosse *S*.
2729 ritterlichem *IWS*.
2730 Do c. *S*.
2731 Vnd *S*; si *f. S*.
2733 + 2734 *M*, *f. I*.
2733 Den *S*.
2734 Dy w. *W*; des] die mer' *S*.
2735 d. jung k. *WS*.
2736 Die w. *S*; Sey *W*; den *f. IS*; von *f. I*, da *S*.
2737 Die h. hetñ *MIWSs*; paidten *M*.
2738 Sie *IWS*; begundñ *MIWSs*; vil bald *S*; zů e. *IW*.
2739.2740 (= *2716 ab*) *f. IWSs*.
2741 gross *W*; rot (raub *S*) g. *WS*.
2742 Also e. *S*; künig oran *W*.
2743 selber *IS*; sein] die *IWS*.
2744 Vñ a. *M*; morñ *M*, man *I*.

hin auf daz mer was *in* gach,
sie eilten sand Oswalt vast hin nach.
  daz geschach an ainem montag margen,
do sant Oswalt fuor in grossen sorgen:
do waren *in* die haiden so nahent chomen
(aber sand Oswalt het sein nicht vernomen),
daz die haidnisch*en* man
wurden die cristen sichtig an.
hiet er do nicht gehabt den raben,
so w*ä*ren die cristen ze tod erschlagen.
do het der rab nicht vergessen,
er w*ä*r auf ainen kiel gesessen.
do er die haiden zuo fliessen sach,
geren mügt ir horen, wie er sprach:
er sprach: »lieber her mein,
ez mag recht anderst n i c h t gesein,
ich hor daz mer diessen
und sich galein zuo uns schiessen:

2745 Hin *f. I*; m. do w. *S*; im *M*.
2746 vast] sere *I*; hin *f. IS*.
2747 mentag an m. *S*.
2748 Daß *S*; mit *S*.
2747.2748 *in I*:
Dz geschach an ainem [montag morgen frů
do sant oschwalt in [großen sorgn̄ for
2749 im *MS*; die haiden] sy (*vor* in) *W*; also *S*; na *I*, nach *S*.
2750 Aber *f. I*; daß *S*.
2751 haidnisch *MI*.
2752 Wordn̄ *I*.
2753 gehebt *I*.
2754 warn̄ *MW*.
2751–2754 *in S*:
Do die haiden wurdent der [cristen sichtig
do wurden si so grin vnd [zornig vn̄ jnb'instig
vnd het sant oschwald nit [gehept den rubin
so wer der cristen kainer [me kum̄en haim
2756 war *M*, waz *IWS*; den *IS*; masbam *I*.
2757 zuo] nach jn *S*.
2758 Nu *IWS*; mügt ir horen] hőret *I*.
2759 red *W*; vil l. *S*.
2760 recht *f. I*; nicht anderst *M*.
2761.2762 *f. I*.
2761 Wan̄ i. *S*.
2762 uns *f. W*; fliessen (her f. *Ss*) *WSs*.

der haiden ist uns her nach *c*homen,
wärlich, daz han ich wol vernomen.
ez w*el* dann got understan,
ich furcht, wir müessen daz leben verloren han.«
des erschrak deu kungin ser:
si sprach: »heut und immer mer!
und ist her nach chomen der vater mein,
so get ez mangem cristen an daz leben sein.
im ist umb mich laid[e]
und hat mangen wilden haiden
pracht auf unser*n* schaden.
ich furcht, die cristen werden all erschlagen;
begreift in sein haidmischer zoren,
so () h a *b* wir all daz leben verloren;
er w*i*rt uns ertrenk*en*
und in dem wilden mer versenken.«
sand Oswalt die gross[e] clag ansach:
hort, wie er zuo der chungin sprach:
»junkfrau, ir sult euch wol gehaben!

2763 (∞ 2764 *S*) haid *S*; vns na *I*, nach vnß her *S*; bechomē *M*.
2764 Wärlich *f. I.*
2765 Oder e. *S*; wolt *M*, wyl *I*; g. selber u. *I*.
2766 verloren han] lan *IW*, verlieren *s*.
2767 erschrickcht *WS*; k. so (gar *S*) s. *WS*.
2768 Si sprach *f. W*; waffen h. *WS*; woffen ym̄mer me *I*.
2769 Und *f. W*; her nach] nach vnß *S*.
2770 cristen *f. S*.
2769.2770 *in I:*
Jst komen der vatter meyn
so get ez vns an dz leben
2771 (*f. W*) m. geschechen also l. *S*.
2772 Er *I*, Wañ er *W*; h. vil m. *S*; wilden *f. WS*.
2773 Her p. *WS*; vns'm *M*.
2774 die cristen] die (*gestr.*) wir *I*.
2775 Deñ b. *S*; der haydnisch *I*, sin grimmer' *S*.
2776 all *f. I*, *nach* leben *W*; vnser *I*; So můss wir all daz lebñ habñ v'lorñ *M*.
2777 wurt *M*; u. allew e. *W*; ertrenkēt *M*.
2778 wilden *f. I*; vosencken < vodrencken *I*.
2779 o. do d. *S*; grosse *f. I*.
2781 O mein all' liebste j. *W*.

an got selb chan uns niemant geschaden.
do haben wir [cristen] ain trost
(frau, daz han ich eu noch ni*t* erlost),
daz chain cristen stirbt auf erden,
ez *en*müeß sein rechter vaigtag werden,
– er hab dan verworcht sein leben
gegen dem himlischen degen,
so stirbt er [auch] e seiner zeit
und hat auch verloren sel und leib.
daz hat *unser chains,* ob got wil, noch *en*tan:
wir sullen trost zuo unserm herren han
und bitt wir die himlisch kun[i]gin,
daz si uns helf mit eren von hin!«
sand Oswalt nicht enlie,
er viel nider auf seineu knie.
sein paid hend er auf gepot,
wan des betwang in grosseu not.
er sprach: »himlischer trachtein,

2782 selber *S*; nücz *Ss*; On got so mag vns nit geschadñ *I*.
2783 So *I*, Deß *S*; c. wol a. *S*.
2784 nie (< nit) *M*; Frauw dez hab ich enck nit erlost *I*, Fraw des han ich euch erlöst *W*, Deñ vnß cristus jhesus selbß haut erlóst *S*.
2785 Das da c. *W*; cristen hie *I*; sterb (v *Rd.*) *S*; hie a. *I*; a. der e. *S*.
2786 můs *MWS*; dan (ee jm *S*) s. *WS*; v'tag *W*, wetag *S*; Es můs ain rechter streyt tag werdñ *I*.
2787 Oder e. *S*; vorwirckt *IS*; sein] deß *S*.
2790 wirt *S*; auch *f. W*.
2791 chain cristñ *MIW*; ob got wil *f. W*; noch *f. IW*; nie getan *MIW*; +/ *in S*: Daß haut kain cristen ob [got wil vnder vnß also vil hie by vnß verwurckt [noch nie getan
2792 by *S*.
2793 die *f. W*; Vñ pietten die hymelschen künigin *I*, Nun bittent die himelschliche küniggin *S*.
2794 helf *nach* eren *I*, hilf *W*; frölich *W*; hinen *S*.
2795 enleis *I*, entließ *S*.
2796 sein kne *Is*.
2797.2798 *f. I*.
2797 hůb er uff vnd batt *S*.
2798 Wañ jn bezwang g. *S*.
2799 trachtein *f. W*; hymelsche künigin *I*.

nu nim hin die treu[e] mein,
daz mich auf ertreich chain man
nimmer mer nicht*s* gepiten chan,
– wes er durch deinen willen begert,
her got, des wirt er alle*s* gwert:
er pit mich umb purg oder umb land,
wes er mich durch deinen willen ermant,
und pät er mich umb daz haub[e]t mein,
ich gäb im ez durch den willen dein:
und hilf mir mit eren
hi*n* von den haidnischen herren,
daz ich nicht chom zuo laid[e]
hie von den wilden haiden!«
do sand Oswalt daz vol gelobt,
zehant daz mer tobt,
daz er fuor in ainer clainen weil
des mers wol vierdhalb hundert meil.
do sant daz himlisch kint
dem haiden under sein galein ain nebel und ain [wint,

2802 mer *f. I*; nicht *MI*; gepieten *I*.

2803 Waß *S*; deinen willen] dich *I*, got *s*; an mich pegert (< gegert) *W*.

2804 daß *S*; allez *MS*, als *I*, vō mir *W*.

2805 (∞ 2806 *S*) beit *I*; Vnd bitt er m. *S*; burge *I*, pürg *WS*; oder] vnd *S*; umb$_2$ *f. W*.

2806 Waß *S*; durch] vmb *W*.

2807 Und *f. W*; beit *I*; havpt < hapt *I*.

2808 geb *I*, gib *W*; ez jm *I*; Zwar daß gib jch jm d. *S*.

2810 Hie *M*, *f. I*; dē *M*, dem *IWS*.

2811 chäm *M*; laide] wirde *W*.

2812 dē *M*, dem *S*; haide *S*.

2813 Vnd d. *S*; Do *f. W*; Sant oschwalt dz gepet volenbracht *I*.

2814 m. da (d. grülichen *S*) t. *WS*.

2815 Da vō sy furñ *W*; klainen < klainer *I*.

2815–2834 ***anders s.***

2816 Des mers *f. S*; wol *f. I*; vierdhalb < vierdhalbe *I*, vier *S*.

2818 galein/ Ain *M*; Den haydñ ain nebel vñ ain weint *I*, Dem hayden vnd' sein galein nebel vnd wint *W*,

daz si nicht mochten gesehen
(als wir noch horen jehen)
oder war () iegleicher keren solt,
als ez got selber wolt.
si fuor[e]n dort und hie,
si westen selber nicht, wie.
de*n* haiden lag ez hert,
aber auf sand Oswalts gevert
do schain e*t* liechteu sun
und was auch michel wun.
si fuor[e]n *niwan* ainen halben tag
(fu*r* war ich daz gesagen mag):
an de*n* selben fristen
chomen die werden cristen
zwi*sch*en des meres auf ain sant,
also tuot uns daz puoch bechant.
an den selben stunden
die chiel man do heften begund[e].

Den wilden haiden nū nebel vnd wind *S*.

2819 (∞ 2820 *W*) nücz *S*.

2821 wa hin *M*, wo *W*, wa jr *S*; islich' *W*; komen *I*, hin chöm *W*, hin *S*.

2824 Wañ s. *S*; selbers *W*; nit selber *IS*.

2825 Dem *M*.

2826 Aber *f*. *I*; auf *f*. *W*; fert *I*.

2827 schŏnn *S*; es *MW*, die *IS*.

2828 Da *S*; auch] ain *I*; groß *IS*.

2829 in *MIWS*; ainē *MIW*, ainem *S*.

2830 sprechen *I*, sagñ *W*.

2831 d'*M*; selben *f*. *W*; Mit den selben rasten *S*.

2832 Da c. *WS*.

2833 Zwissñ *M*, Enzwischent *S*; daz *I*; mer *IW*; den *S*.

2834 Also *f*. *I*; dies *I*.

2815–2834 *in s* (*bis* sturmwint v *Rd*.): Vñ sant got einē großē sturmwint dz er jn einer kleynen wyle jn einē halbē dag furē me dañ vierdhalb hundert mylen vñ wart by den heydē so dunckel dz sie nit mochtē gesehē aber vff sant oswalts fart was es clar vñ scheȳn die liechte sonne allso kamen die cristē by dē mere vff den sant

2835 d' s. stund *W*; st. die (*gestr*.) *I*.

2836 scheyff *I*; do *f*. *I*.

nu begunden si sich zuo veld legen
und wolten do rast pflegen.
do si zuo veld waren chomen
(als wir ez sider haben vernomen),
do chomen die haiden an den stunden,
do si die werden cristen funden.
do die haiden die cristen ansahen,
do begunden si aber paß gahen.
si sprachen: »und hiet sein die welt geschworen,
so müessen die cristen ir leben han verloren!«
sand Oswalt die haiden zuofliessen sach,
hort, wie er zuo den seinen sprach:
»nu ir werden cristen guot,
nempt all sampt an eu*ch* vesten muot!
lat euch nicht wesen laid[e]
und wert euch der haiden.
wir werden bestanden
mit werleich[en] handen.
wert euch, des betwingt uns not,
wir werden bestanden auf den grimmigen tod.
wer nu von den haiden wirt erschlagen,

2837 sich *f. I*; Vnd (Si *S*) b. sich (s. da *S*) z. *WS*.
2838 w. och d. *S*; ro *I*, rautteß *S*.
2839 v. nun w. *S*.
2840 ez *f. I*; sider *f. I*, seind *W*, sid *S*.
2844 aber *f. Is*, alle *S*; p. zů jn g. *S*.
2846 habñ das lebñ *W*.
2847 z. jm f. *S*.
2848 Nun h. *S*.
2849 Jr vil w. *S*.
2850 all *f. Is*; sampt *f. ISs*; ew *M*, enck *IW*; ain v. *S*.
2851 enck *I*, euch < enck *W*; Laussend üchß niemant laiden *S*.
2852 e. krefftenklich d. *S*; Vñ bewart enck gain den haiden *I*.
2853 (+ 2854 *M*) w. nu b. *IS*; Wir werdñ vō in nicht pestandñ *W*.
2854 henden *S*.
2855 enck *I*; zwingt *W*; uns] enck *I*; grosse n. *S*.
2856 (*f. W*) grimmigen *f. I*, grimen *S*.
2857 nu von] vnd' *W*.

des sel muoß grosse genad haben
in dem ewigen leben,
des wil ich eu mein treu[e] geben;
daz habt auf all mein er,
leib und sel ist behalten immer mer!«
do sprachen die werden cristen guot:
»her, habt nür selb vesten muot!
wir wellen eu mit treu[en] pei bestan
all die weil wir mugen daz leben gehan.
wärlich, die wilden haiden
müessen von uns komen ze laid[e];
ir eilen und ir gahen
begint uns hart verschmahen
daz si uns her nach haben getan:
nu muoß ez in an ir leben gan.
si sullen des haben unser treu[e],
ir hervart muoß si hart gereuen;
zwar die haiden all[e] sant
koment nimmer mer haim () zuo lant!«
sant Oswalt nicht enlie,

2858 grosse *f. I.*
2859.2860 *f. S.*
2860 jm *I*, euch *W*.
2861 Zwar d. *S*; all *f. W*; e. lei (*gestr.*) *W*.
2862 sint b. i. me *I*.
2863 retten *W*.
2864 nempt enck selber *I*, nempt nur an euch selbs ain *W*, nun hand selbß (selber *s*) ain *Ss*.
2865.2866 *f. I.*
2865 euch *WS*; gestan *S*.
2866 w. vnd w. *S*; mugen *f. WS*; habñ *W*, hand *S*.
2868 komen *vor* von *WS*; z. grossem l. *S*.
2869 Wañ i. *S*.
2870 Daz begůnd (můß *S*) *IWS*; in *I*.
2871 uns her nach] her nach *IW*, her nach unß *S*, vns nach *s*.
2872.2873 *f. S.*
2872 *f. I.*
2873 haben *nach* treue *W*.
2874 hochfort *W*; rewen *W*; Jr heirfart wirt sie ruwen *I*, Deß můß si noch hart gerüiwen *S*.
2876 mer *f. I*; h. lemptig z. *M*.
2877 enleis *I*.

den sturm*v*an er selb in sein hant gevie.
her gegen den haiden was im gach,
die sein[en] eilten im vast nach.
nu waren die haiden all[e] sant
zuo in chomen auf daz lant:
sand Oswalt die haiden ansach,
daz wort er furstleich sprach:
»ir haiden, ir sult euch weren,
euch chan niemant mer erneren!«
sand Oswalt den haiden widerpot,
do huob sich angst und not.
chain man da nicht vermaid,
iegleicher rukt daz schwert von der schaid:
die waren alle liecht var.
nu drungen si *auf* einander dar,
haiden und cristenman
luffen an einander an.
do si zuosamen waren chomen,
do ward ein starker streit genomen:

2878 sturmphan *MW*; selb *f. I*, selbs *W*; ving *I*, vie *W*.
2877.2878 *in S:*
Sant oschwald do selbß [trañ
den sturm fanen er jn sin [hend nam
2879 Her *f. I.*
2880 bald *S*; hin n. *WS.*
2882 jm *S.*
2884 Die *I*; fursti (*K.:*) klichñ sprach *W*, frölichen zů jn sprach *S.*
2885 enck bewarn *I.*
2886 Zwar e. *S*; Enck mag *I*; halt n. *S*; mer *f. IS.*
2888 Nu *WS*; u. grosse n. *S*; nöt *W.*
2889 da *f. IW*, doch *S*; n. lenger v. *S.*
2890 Yslich' *W*; zügt *I*, zucht *W*, zoch *S*; sein *IS*; aus *W*; der *f. I.*
2891 Si *W*; liechte var *W*, licht gefar' *S.*
2892 Vnd *I*; si *f. I*; mit *M.*
2893 c. leiff (*gestr.*) *I.*
2894 Die l. *S*; Lieffen *I*, lüffend *S*; an *f. I*, da *S.*
2895 ze sam *W*, zů ain ander *S*; waren *f. I.*
2896 hertter s. vornomen *I.*

si drungen zuosamen ainer geschwinden vart,
ainer den ander[n] nicht enspart;
mit starken schwertschlegen
begunden si sich auf einander heben;
si wur[d]en paidenthalben gewert
alles des ir hertz begert.
sand Oswalt der weigant
fuort den sturmvon in sein selb[es] hand:
der manhait was er nicht ein tor,
den seinen vacht er ritterleichen vor;
er vacht als ein wilder per
und gab den seinen rat und ler;
er fuort den streit so weisleich,
des freuten sich die seinen all geleich.
die cristen waren unverz*a*it
und pruoft*en* den haiden arba[i]t:
si drungen mit ainander dar

2897.2898 *f. I.*
2897 ein geschwinde *S*; Sy truegen zesam ain frömde vart *W*.
2898 des and' *W*; da n. *S;* n. sprat (*gestr.*) *W*; spart *WS*.
2899 swercz schlegn *W*.
2901 baidenhalb *I*.
2902 Als dz *I*.
2899–2902 *in S:*
Mit starckent schwertt
[schlegen grim
begunden si sich uff ain
[ander hawen ring
si wurdent baidenthalb
[gewertt
alleß daß jre herczer
[begerttent
2904 Fürt < Fürten *W*; sturmfanen *S*; der *I*, sein' *WSs*; selbes *f. IWSs*.
2905 tör *W*.
2906 ritt'lich *W*.
2909 so *f. I*.
2910 sein *W*.
2911 vnu'zagt *MIW*.
2912 prufftend *M*, machten *Is;* erbait *I*, vngemach *W*.
2907–2912 *in S:*
Er vacht rech alß ain bie-
[derbar her'
er gab den sinen raut vnd
[ler
er fůrt den stritt gar
[wyßklich den sinen vor
deß warent all sin her'en
[vnd knecht frö
die cristen warend gar
[vnuerzagt
vnd brachtent die haiden
[jn grosse clag
2913 auf *W*.

und begunden schmeln der haiden sch*ar*;
si machten ungefueg den streit
und schluogen schedleich wunden weit
durch die stachlen ring groß:
mang haiden do sein leben verlos.
die cristen begerten chainer rest
und *hauten* durch [die] helm vest
und durch daz stachlein gwant:
man velt die toten auf daz lant.
die cristen sich creftichleich rachen,
die haiden si schluogen und stachen;
die cristen die waren muotes reich[e],
die haiden mochten in nicht geleichen;
den haiden muost misselingen,
wan si liessen si*ch* verdringen,
ainer hin, der ander her;
des verlurn si wird und er.
man vacht ainen sumerlangen tag,
daz niemant chainer rast pflag

2914 Vñ machtñ mÿd' *I*, Vnd (Si *S*) pegũden schwechñ (mindren *S*) *WS*, Vñ machtẽ ... gar smal *s*; dy *W*; schȧr *M*.
2915 machte *W*.
2916 Sy *WS*; s. den haiden *S*; schedlich] tieff *I*, gross *WS*.
2917 ståhel *I*.
2918 Deß vil m. *S*; Manig' *WS*; haide *IWS*; do *f. IS*.
2919 begerentent *S*; nicht *W*; hattñ kainen rast *I*.
2920 Sie *IS*; schlügñ *M*, hiwen *I*, hawüwent *S*; h. in d. *I*; vast *I*.
2921 ståhelñ *I*.
2922 Sie veltñ (valtent *S*) *IS*; haydñ *I*.
2923 wol gerachñ *I*; Die cristen die haiden krefftenklichen prachen *S*.
2924 s. vast s. u. sch (*gestr.*) s. *S*.
2925.2926 *f. ISs*.
2925 die *f. W*.
2927 m. da m. *S*.
2928 si *M*; ver-] võ ain and' *W*, hinder sich *S*.
2929 hain (*gestr.*) h. *S*.
2930 vorloren *I*.
2931 Sie vachtñ *ISs*.
2932 nie n. da *S*; kain *I*; růwe *Is*, rest *WS*.

vollikleichen *untz* auf den abend dan:
do wurden erschlagen die haidnischen man.
chun[i]g Aron ward siglos,
dreissig tausent haiden er verlos;
die wurden im all sampt erschlagen,
als wir noch horen sagen.
ez mocht anderst nicht e*nw*esen,
man ließ i*r* chainen nicht genesen;
si verluren all den leib,
daz klagt*en* () die haidnisch*en* weib.
nür des reichen kun[i]g*s* Aron
des [begund] man fur die ander[n] () s c h o *n n*:
daz tet man auch nür umb daz,
daz er der kungin vater was.
die cristen in untergiengen,
daz si den kun[i]g Aron viengen.
si fuorten in an den stunden,
do si sand Oswalt funden.
do in sand Oswalt ansach,
do begund er lachen und sprach:

2933 Völliklich *IWS*; piss *M*; auf] an *ISs*; d. margen (*gestr.*) a. *W*.
2934 haidinisch *I*.
2936 Wol d. *S*; Dreysstausent *W*; e. da v. *S*.
2937 im *f. W*; sampt *f. I*.
2938 w. eß n. *S*.
2939 Zwar e. *S*; mag *W*; entwesñ *MW*, gewessñ *IS*.
2940 im *M*; chainen nicht] weinig *I*.
2941 all *f. I*, alsambt *WS*; den] eren *I*, die *S*.
2942 klagtend do d. *M*; haidnisch *MI*.
2943 Nun *Ss*; kung *MW*.
2944 vor d' *I*; schon *I*, schañ *W*, schonen *S*; Dez schonet mā fur die and' man *M*.
2945 nür umb] vmb *I*, dar vmb vmb *W*, nū vmb *S*, nůn dar v̈mb *s*.
2946 junckfraẅen *S*.
2947 jm *I*; er giengent *S*.
2948 Deß *S*.
2949 d. selben s. *S*.
2950 oschwaldten *S*.
2951 in] si *S*.
2952 D. g (*gestr.*) b. *S*; Er (D' *W*) b. l. *IW*.

»her schweher, seit mir [got]wi*lc*homen!
eur chunst han ich *gern* vernomen.«
er enpfieng in wol mit eren,
er sprach: »ir sult euch taufen geren!«
do deu red vol geschach,
der haiden zorenleichen sprach:
»Oswalt, wildu mich zuo () schweher ha*n*,
so soltu mich deines gespötes *erlan*!
an deinen got gelaub ich nicht,
wie halt mir darumb geschi*cht*!«
do sprach der milt kunk Oswalt
zuo dem wilden haiden pald:
»du solt meinen got nicht schelten,
wann du machst sein gar hart en[t]gelten!
ich pin an dir warden sighaft:
nu hat mein got wol die craft,
daz er dein () läut haist aufstan,
[daz du si lebendig sichst vor dir stan.«]

2953 m. recht g. *S*; willichomē *M*.
2954 Zwar e. *S*; künfft *I*, zů kunft *Ss*; wol *M*.
2955 wol *f*. *W*.
2956 s. zů jm i. *S*; e. lassñ (*nach* taufen *S*) t. *WSs*.
2957 r. da wo (*gestr.*) v. *S*; wol *I*.
2958 hayde *IS*; zornniklich *I*, czornikleichen *WS*.
2959 z. ainē s. *MS*; habñ *M*.
2960 spots *IS*; vertragñ *M*.
2961 Deñ a. *S*; nit *S*.
2962 d. ymer' *S*; geschikt *M*, beschicht *S*.
2963 redt *W*; k. sant o. *S*.
2964 wilden *f*. *W*.
2966 müst *I*, macht *W*, möchtest *S*; deß *S*; gar hart *f*. *I*, wol *S*.
2967 an dir *f*. *W*; warden *vor* an *I*; siegenhafft *I*.
2968 wol *f*. *W*; +/ *in S:*
Vnd deß durch mineß [gotteß krafft
deñ er jst so gewaltig vnd [rich
ṽber jung vnd über alt [gelich
2969 d. dienst l. *M*; h. (a. *W*) a. (h. *W*) sten *IW*.
2970 dy *W*; sichst *vor* lebendig *W*, *nach* dir *S*; sten (< stend *W*) *IW*, gan *S*.

do deu red vol geschach,
hort, wie der haiden sprach:
»e milter kun[i]k Oswalt,«
sprach der wild haiden pald,
»daz wil ich reden an allen spot:
machtu des erpitten deinen got,
daz er d*en* mein[en] hilft *aus* diser not
und daz si aufstend von dem tod,
so wil ich *zu im* cheren
und wil mich lossen taufen geren.
mag des aber nicht geschehen,
an deinen got wil ich nimmer jehen!«
do deu red *vol* geschach,
sand Oswalt plikt gen himel und sprach:
»e himlischer trachtein,
ich man dich heut des tod[e]s dein
den du enpfiengd an de*s* () kreutz*es* [stam].
do erlost du frauen und man
mit deinem unverdienten tod;

2971 (< ∞ 2972 *M*) r. do *S*; wol *I*; gesach *W*.
2972 Nun h. *S*.
2973 Ain *I*, O *W*, Ach *S*; k. s (*gestr.*) *I*, sant o. *S*.
2974 Redt *W*; hayde *IS*.
2975 allen *f. S*.
2976 Vnd machest du *S*; Machtu erpietñ dz dein got *I*.
2977 die *M*; helff *IW*; auf *M*; dir *I*, *f. WS*.
2978 daz *f. S*; uff stand *S*.
2979 (*f. s*) mich becherñ *M*.
2981 Vnd m. *S*; dz (*nach* aber *I*) *IWS*; gesechñ *W*.
2982 nit gehen *I*, nimmer nücz veriechen *S*.
2983 r. da *S*; allew *M*, *f. I*.
2984 Sant oschwat (oschwalt *S*) gain heÿmel (h. uff sach vñ *S*) sprach *IS*.
2985 O *IW*, Vil *S*; h. ta (*gestr.*) t. *S*.
2987 (*f. s*) enpfieng *I*; dē heiligñ krewcz (fryttag *I*) *MIW*.
2988 Da du erlöst fraw u. m. *W*.
2986–2988 +/ *in S*:
Jch er man dich hüit deß [todeß din nun
den du enpfiengt an dem [hailgen ciprion
do du mit erlostest fraŵ [vnd man
vnd sunder die dinen wil- [len han getan
2989 dem *S*; vnvordientm̃ *I*.

nu man ich dich an die selben not:
hilf mir durch deiner marter er*en*,
daz die toten all () wider lemptig werden!«
do deu pet vol geschach,
ie ain*er* () den ander[n] ansach:
si stuonden auf in allen den gep*är*en,
nür als si *sus* en[t]schlafen w*ä*ren.
do sprach sand Oswalt schon:
»sich[s]tu, reicher kun[i]k Aron,
waz zaiche[n]s mein got hat getan?
noch soltu an in gelauben han
und solt pald gahen
und criste*nl*eichen glauben enpfahen!
glaubstu an in cręftikleich,
so besitztu daz ewig himelreich.«
do sprach der wild haidem:
»Oswald, daz wär mir immer laid[e].
dein got ist ain junger tor!
der möcht mir nicht wesen vor.
ich wil gelauben an den alten,

2990 erman *W*; selb *I*, selbig *W*.
2991 m. vnd d. *S*; er *MI*.
2992 haydñ *I*; all sampt *MW*, *f. I*; wider *f. IWs*; lebendig *IWS*.
2993 deu] daz *W*, ditz *S*; p. da *S*; vol *f. I*.
2994 Ie *f. I*; ain tot' *MS*.
2995 allñ den (*f. S*) geperdñ *MS*, aller (allem *W*) d' (dem *W*) geper *IW*.
2996 Nür *f. Is*, Nun *S*; a. ob s. *Ss*; sunst *M*, *f. I*, sues *W*, sanft *S*; warñ *M*.
2997 redt *W*.
2998 Sichtest du *S*.
2999 zaigens *I*, zaihen *W*; g. hie h. *S*; tan *I*.
3000 Noch soltu gelawben an jn (j. han *S*) *WS*.
3001 s. och p. *S*.
3002 cristñgleichñ *M*, cristen *I*.
3003 Vnd gelobest du *S*; krefflich *I*.
3004 beseczestu *I*; ewig] fron *I*; himlichreich *W*.
3005 So *I*; redt *W*.
3006 immer] nu *I*.
3007 Wañ d. g. der i. *S*.
3008 Er *I*; mag *S*; mir *f. W*; nücz *S*.

der sol auch mein[e]s leben[s] walten
und waz der alt geschaffen hat;
an den glaub ich frue und spat!«
er sprach: »Oswalt furst reich,
hiet ich siben haub[e]t erleich
auf meinem leib stan
als ich doch nür ain[e]s han,
die ließ ich mir alle abnemen
(des wolt ich mich *n*immer geschämen),
e daz ich gelaubt an deinen got,
wann darumb wär ich aller haiden spot!«
also redt er aus großem zor[e]n:
»sichstu, mein läut sind wider lemptig wor[d]en:
hie an disen zeiten
wil ich erst mit dir streiten!«
die haiden die da lemptig worden
die sprachen: »her, lat von eure*m* zoren!
ir sult von d*em* krieg lan,
wir wellen euch nicht pei bestan!
wir sein gewesen an d*ir* stund
pei der haissen helle grunt,

3010 auch *f. W*; leben *S*.
3011 håt *I*; Alle dingg der alt geschaffen haut *S*.
3012 spåt *I*.
3013 redt *W*; o. edler f. *S*.
3014 Vnd h. *S*; i. ich (*gestr.*) s. *I*.
3015 Alle a. *S*; m. h (*gestr.*) l. *S*; stan < stand *W*.
3016 doch *f. IS*; nu *ISs*.
3017 i. nū ee m. *S*; abslagen *I*, nemen *W*.
3018 wilt *I*, wil *S*; ym̄' *M*; schamen *IW*, schemen *S*.
3019 geloben welt a. *S*.
3021 der haiden *S*.
3022 S. nicht all (daz *S*, oswalt *s*) m. *WSs; wider f. IW*; lebentig *IWS*.
3024 erst *f. S*.
3025 leẘt *W*; da *f. IS*; lebendig *IWS*; warn w. *WSs*.
3026 Die *f. I*; sprachen *f. I*, retten *W*; h. nū l. *S*; ewrn̄ *M*.
3027 Zwar i. *S*; dism *M*.
3028 nichcz *W*, nümer' mee *S;* stan *I*, gestan *S*.
3029 gewest *W*; d' *M*, dieser *IWS*.
3030 Jn *ISs*.

do ist uns also we geschehen,«
begunden die haiden all[e] jehen:
»habt ez auf all[e] unser er,
an Machmeten gelauben wir nimmer mer!
er mag niemant nicht pei bestan,
wir wellen an Jesum Crist gelauben han;
dem wellen wir () dienen fur aigen,
der mag uns hilf erzaigen.«
do deu red *vol* geschach,
hort, wie der kun[i]k Aron sprach:
»e milter kun[i]k Oswalt,
nu hastu mein so grossen gwalt,
ich *wolt* mich taufen geren
und auch cristen glauben meren.
nu ist daz mer ein sultz und darzuo gruntlos,
darauf han ich sarg also groß;
daz mer hat nindert grunt:
enpfiel ich dir dan a*n d*er stund

3032 Daß b. *S*; d. erslagen h. *WS*; alle *f. S*.
3033 Nun hab *S*; alle *f. S*.
3034 me *I*.
3035 kaim *I*, nyempt *W*; nicht *f. IS*; gestan *IS*.
3036 crist *f. I*, xpm̄ *W*, cristun *S*.
3037 w. nü d. *M*.
3038 h. wol (*vor* hilf *S*) e. *IS*.
3039 r. do *S*; allew *M*, wol *I*.
3040 kunik aron] hayden *W*.
3041 Ain *I*, O *W*; k. sant o. *S*.
3042 so *f. IW*, vil *S*.
3043 Zwar i. *S*; liess *MIWS*; m. nū t. *S*.
3044 welt a. *S*; auch *f. W*; kristenlichñ *WS*.
3048 dir *f. W*; and' *M*.
3045–3050 *in I/S:*

Nu ist dz mer salcz vñ [grûntlos
dar auff hon ich sorge gros
ꝺz mer hat kain grûnt
jch enpfilch dir an der [stûnt
vil ich in daz wilde mer
mir môcht nit helffñ als [mein here

Nun ist daß mier' gar ain [salcz
vnd jst och dar zû grund [loß
dar uff han jch sorg also [groß
daß mer' hett nienen grund
oder jch enpfelch mich dir [an der stund

hin in daz wild mer,
so möcht mir nicht gehelfen alz dein her.«
also sprach er traurichleich:
»Oswalt, edler furst reich,
du gi[ch]st dein got sein ein hailant:
sichstu dort die stain[e]s want?
und *birt* dein got rain,
daz er aus dem herten stain
ainen prun lat erspringen,
do tauf ich mich innen.
mag des aber nicht geschehen,
an deinen got wil ich nimmer jehen!«
sand Oswalt der hailant
gieng hin auf die stain[e]s want
und viel nider auf seineu chnie.
daz schwert er in die rechten hant gevie
und zoch ez aus der schaid:
der helt daz lenger nicht vermaid,
daz ort ließ er hangen nider,
sait uns daz puoch sider.

hin jn daß wilde mier' so möcht mir nit gehelffen [din got vñ (v) her'

3051 redt *W*; e. gar *S*; důchtenlich *I*.

3052 O. vil e. *S*.

3053 sprechst *I*, redest *W*, sprichest *S*, sp^{a}chest *s*; sey *IWS*.

3054 Nun s. *S*; dor *I*; stainen *ISs*, stain *W*.

3055 wirt *MW*; Vñ pitt dein got jnne *I*, Tůt nun din got siner' genȧden schain *S*, Dut din got dz zeychẽ *s*.

3057 průnen *ISs*; spriengñ *I*, enspringen *WS*.

3058 m. den *S*; jnne *IS*.

3059 Vnd m. *S*; es *I*, daz *WS*; aber *vor* des *W*.

3060 nit *I*; me j. *S*.

3061 d. rain h. *S*.

3062 stain *IW*; wan *I*; Der ersach die stainin wand *S*.

3063 Do v. er n. *S*; sein *I*.

3064 sin *S*; rechten *f. IS*; h. y (*gestr.*) *W*; vieng *IW*.

3065 schaidñ *I*, schaid < schaide *S*. +/ *(gestr.:)* Der hayd dez lenger ni *W*.

3066 es *I*, dez *WS*; lenger *f. S*; nicht *vor* lenger *I*.

3067 Deß *S*; er lies *I*; hangen *f. WS*.

3068 Also s. *S*; p. nun s. *S*.

sand Oswalt auf gen himel sach,
geren mügt ir horen, wie er sprach:
»e himlischer furst her,
ich man dich der heilgen tauf er
die du enpfiengd in dem heiligen Jordan
paideu durch frauen und durch man:
nu hilf mir auf diser erden,
daz ein prun [hie] entspringen werd[e],
daz die haidnisch[en] herren
in deinem namen () cristen werden!«
sand Oswalt wart gewert
alles d*es* sein hertz begert
von dem himlischen trachtein
und von der lieben muoter sein:
daz schwert im aus der hent prach
(von gottes chreft*e* daz geschach)
ab durch den herten stain.
gotes kraft da wol erschain:
von des schwertes ort
si*ch* die stain[e]s want *enpart*:

3070 Nu *WS*; möcht *I*.
3071 E *f. I*, O *WS*; milter (*gestr.*) h. *M*; furst *f. I*.
3072 ermā *WS*.
3073 enpfieng *I*; heiligen *f. I*.
3074 durch₂ *f. I*.
3075 erd *W*.
3076 hie vW; entspringen *f. I*.
3077 herren] mañ *W*.
3078 namen] nam *W*; all c. *M*.
3073–3078 ***in S***:
Baide durch fraẅ vnd
[durch man
die du an dem hailgen
[cipryan
nun hilff mir uff disser
[erde
daß ain pruñ hie ensprin-
[gen werde
dar vmb daß din lob vnd
[er' gemerrett werde
vnd die haiden dar yn ge-
[töfft werde
3079 w. do g. *S*.
3080 daz *MIS*.
3082 liebe *S*.
3083 s. er i. *S*; hant *IW*.
3084 chrefftñ *M*, krafft *IW*.
3085 Ab *f. I*, Ze tal *S*.
3087 Wol v. *S*; arte *S*.
3088 Si *M*; stain *IWS*; want durch port *MI*, wanden parte *S*; Vñ durch boret den [steyn] *s*.

nu lie sich ain schiel her dan
(daz sahen haiden und cristenman):
der was so groß, als wir noch horen sagen,
tausent wagen möchten in nindert haben [getragen.
gottes craft die was groß:
aus der stain[e]s want ain prun gefloß,
der was zehen klafter weit
(s a i t uns daz täutsch puoch s e i t)
und nür ainer tief.
sand Oswalt [gar] laut *rief*:
»sichstu, haidnischer man,
waz zaiche[n]s hat mein got getan?
noch soltu zuo der tauf gahen
und cristenleichen glauben enpfahen!
und wolt*stu* daz nicht pald tuon,
so hastu weder frid noch s*uo*n:
ietzund mit dem schwert mein
schlach ich dir ab daz haub[e]t dein!«
der haiden der red hart erschrikt,

3089 Do *I*; stück *I*, scholl *S*; er *I*.
3090 kristen an *W*; Daß sachent baide frawen vnd man *S*.
3091 Daz *IWS*; noch *f. IW*.
3092 wegen *S*; ez *I*, sein *W*; nit *IWS*; haben *f. W*; tragē *W*.
3093 die *f. W*; ward *W*; Gotteß kraft wol wol erschin vñ waß so groß *S*.
3094 stain *IW*, staini *S*; flos *IWS*.
3095 w. wol z. *S*; lang *I*.
3096 (*f. IW*) Seit vns daz tawczsch půch (< půsch) sait *M*, Daß sagt vnß daß bůch nun sid *S*.
3097 nür *f. Is*, nun *S*; ayner (ain *S*) clofftern (clauffter *S*) t. *ISs*.
3098 vil *S*; růft *MW*, riefft *S*.
3100 zaigens (< zaichens) *I*, zaychñ *W*; hat *nach* got *IW*; tan *I*.
3101 dem *S*.
3102 cristñ *I*.
3103 wolcz du *M*, wilt du *IS*; es *IS*; n. gar p. *W*.
3104 son *MS*.
3105 Wañ i. *S*.
3107 (∞ 3108 *W*) hayd *I*; erschrak *I*; Ab d' r. er h. e. *W*.

sand Oswalden er anplikt:
er sprach: »milter kun[i]g Oswalt,
dein got hat aller ding gewalt.
mein got ist Machmet genant,
der haiden her uber alle lant:
des wil ich *mich be*cheren
und cristen glauben meren.
ich muoß der warhait jehen,
ich han soleich zaichen von Machmeten nie [gesehen.
ich wil mich () de*m* () der Jesus ist genant:
der ist her uber alle lant,
daran wil ich beleiben stät.
Oswalt, zeuch mir ab mein gw*ät*!
von got pistu gewert:
Oswalt, mein hertz der tauf gert.«
sand Oswalt der hailant
zoch ab dem haiden sein gewant.
er sprach also schon:
[»vor hiest du der reich kung Aron,]
nu soltu werden Zentinus genant

3108 oswolt *W*.
3107.3108 *in S:*
Der hayden ab der red vil [ser' erschricket
sant oschwaldt er do vast [anplicket
3109 redt *W*; o m. *WS*; k. sant o. *S*.
3113 vō im cherñ *MIWS*.
3114 Vñ wil mich bas bekeren *IW*, Vnd wil jn nümer' mer' eren *S*.
3116 sölliche *IW*; soleich zaichen *vor* nie *M*; nit *I*.
3115.3116 *in S:*
Zwar jch müß dir der [warhait uerjehen
wañ jch han söllich [zaichen vō vnserem got [nie gesechen
3117 wil mich an dē habñ d. *M*, wil glauben an den d. *I*, wil mich an den (d. got *S*) d. *WS*; j. xps i. *S*.
3118 Zwar d. *S*; i. ain h. *W*.
3120 nun z. *S*; mein gwät *M*, daz gewañd mein *W*.
3121 p. sin alleß wol g. *S*.
3122 deß toffs mit fliß *S*; pegert *WS*.
3124 ab *vor* sein *IW*.
3126 haist *I*; der reich] richer *S*.
3127 s. zenzim sein genant *I*,

uber alle cristen lant!«
sand Oswalt tauft den schweher sein
und darnach die vier magedein.
er tauft drei sumerlang tag,
daz er nie kainer rast gepflag.
an dem dritten tag, do sich tag und nacht wolt
[schaiden,
dannoch waren ungetauft zwen und *sibitzig*
[haiden:
die vorchten, ez wolt in werden zuo spat
und begunden eilen also drat;
si vorchten, si müesten versaum[e]t sein,
und spr*u*ngen mit einander darein
und wurfen des wassers [drei stund] in den mund:
iegleiche*m* ward ein raine sel kund.
als getauft wurden die haiden,
nu was in nicht mer laid[e]:
si sprachen an den stunden:

werden genant (*gestr.*) czewanus genant *W*, zentinus werden genant *S*, genāt w'dē centurio *s*.
3128 a. die c. *S*.
3129 t. da d. *S*.
3130 Und *f. IWS*.
3132 nie *vor* gepflag *I*; rest pflag *WS*.
3133 Zů hand a. *S*; sich/ Tag *W*, tag/ Do *S*.
3134 lij *MW*, zwen vñ lxx *S*, zwen vñ fünfftzig *s*.
3135 wolt in werden] würd in *IS*.
3136 eilen] ains *W*.
3137 S. fro (*gestr.*) v. *S*; gesawmbt *W*.
3138 springñ *M*; all m. *S*; drein *IS*.
3139 Vnd jr try wurffend daß wasser jn den mund *S*.
3140 Yegleichñ *M*.
3141 A. do g. *S*; wordñ *I*.
3142 m. zů l. *S*.
3143 Vnd *S*; d. selben s. *S*.
3138–3144 *in W:*
Vnd sprunnē mit ainand'
[dar ein
sy rettñ an den stundñ
sy warffen des wasser
[dreystund in den mund
jglich' ward ain raines
[chind

»nu haben wir den tod uberwunden!«
si sprachen: »Oswalt, furst her,
leben wir nu immer mer?«
do sprach der milt kung Oswalt:
»got hat aller ding gewalt.
ich tuon euc*h* haiden allen kant,
ir sterpt in dem jar noch all[e] sant.«
des erschrakten die getauft[en] haiden ser:
»o we daz wir ie sein chomen her!«
si sprachen, als wir horen jehen:
»nu ist uns so we mit dem tod geschehen,
nu want wir an disen stunden,
wir hieten ez allez uberwunden.
müeß wir () noch ainstund ligen tod,
wie sull wir uberwinden die () not?«
si sprachen unverporgen:
»Oswalt, hilf uns aus den sargen
und pitt den himlischen hailant,
daz wir ietzund sterben all[e] sant!

allso getawft wurdñ dy [haydñ
nu was in nicht m' layde
sy redtñ an den stundñ
vnd warffñ des wass' drey- [stund in den müde

3145 oswalt *f. W*; edler (< edlez *W*, werder *S*) f. *WS*.

3146 Vnd l. *S*; ym̄ber (< vmber) *I*.

3147 redt jn jn d. *W*; k. sant o. *S*; Da sprach sant oschwalt *I*.

3148 d' h. *I*; d. wol g. *S*.

3149 ewchs *MW*; pechant *WS;* Jch tůns üch allen kůnt *I*.

3150 noch *f. ISs, vor* in *W*.

3151 erschrackñ *IS*; getauften *f. IS*, tawftñ *W*; ser] allsambt *W*, all ser' *S*.

3152 O we] E *W*, So we *S*.

3153 s. all sampt a. *S*; horen] künnē *I*; sagñ (*gestr.*) j. *M*.

3154 so we *nach* tod *S*; beschehen *S*; Vns ist mit dem dot so we geschen *I*, Nu ist vns allñ we geschehñ *W*.

3155 Wir wundent a. *S*.

3156 e. nun *S*; als *W*.

3157 w. dann n. *M*; ains *I*, ainstñ *W*, ainest *S*; liden den t. *S*.

3158 d. gross n. *M*.

3159 s. all *S*; vnu'pargñ < vnu'gargñ *W*.

3160 O o. *W*.

3162 iecz *S*.

und solt wir also sargen daz gantz jar
(Oswalt, daz sag *wir* dir fur war),
so möchten wir in den sunden verzagen
und nämen sein an der sel schaden.
pit den himlischen trachtein,
daz er im unser sel laß enpfolhen sein!«
sand Oswalt tet an der selben stat
wes in manger getaufter haiden pat:
er sprach an de*r* selben stund:
»herr got, tuo mir dein genad chund
und hilf [mir], daz die getauften haiden
senftichleichen verschaiden
und daz si also ersterben
und mit dem ander[n] tod dein huld erwerben!«
sand Oswalt ward [aber] gewert
alles des sein hertz begert
von got und von der () muoter sein:
die teten im [ir] genad schein,
daz die getauften haiden da geschwigen

3163 Und *f. W*, Deñ *S*; also *f. W*; gantz *f. S*.
3164 ich *M*; üch *I*.
3165 stunden *W*.
3166 (*f. W*) nemend deß *S*; Dz vns an d' sel möcht schadñ *I*.
3167 Vnd p. *S*.
3168 unser] die *I*; sell < sellen *S*; laß *nach* im *W*.
3169 selben *f. IW*; stätt *S*.
3170 Waß i. da m. *S*; hayd *IS*; Wañ jn manig haydñ darvmb patt *W*.
3171 den *MW*; stundñ *W*.
3172 g. nũ t. *S*.
3173 tawfftñ *WS*.
3174 Senfftlich *I*, Senftikleich *W*; hie v. *S*.
3175 daz *f. I*.
3176 dem andern tod] ain and' *I*; +/ *in W*:
Vnd mit dem and'n töd
[erweruen
dein genad vnd dein huld
vnd varñ gein himel an
[alle schuld
3177 da *S*.
3178 d. daß s. *S*.
3179 von$_2$ *f. W*; d. liebñ m. *M*.
3180 im] in *W*, da *S*; ir *f. W*; g. wol s. *S*.
3181 Do *M*; schwigñ *WS*; Dz die hayden geswegen *I*.

und all fur tod [da] nider sigen,
daz si irs leben*s* verdurben
und gar senftikleichen sturben:
si wurden zuo aschen und zuo molt,
als ez got selber wolt.
mit dem ander[n] tod
chomen si von der helle not:
got sand () ein englische schar,
die namen do der sel*en* war:
si enpfiengen si an der stund
iegleiche*m* von seinem mund
und fuorten si wirdichleich
in daz ewig himelreich.
sand Oswalt nam den schweher sein
und die vier magedein
und all[e] sein[e] dienstman
und zogten da frolich von dan.
der het er auch *ne*chainen () verloren,
des freut sich der furst hochgeporen.
mit den seinen allen sant

3182 all *f. I*; vor *I*, vō *S*; ligen *S.*
3183 Vnd da *S*; lebñ *MIW*; gar v. *S.*
3184 och g. *IWS*; gar *f. W*; senfftlich *I*, senftikleich *W.*
3185 moll *S.*
3186 (*f. W*) Recht a. *S*; ez *f. S.*
3188 Do c. *S*; aus *W.*
3189 s. in e. *M.*
3190 nam̃ *W*; sel *MW.*
3191 enpfings *I.*
3192 Yegleichñ *M*, Jegliche *I*, Jslich' *W.*
3193 s. do w. *I*; wirtikleichñ *W.*
3191–3194 *in S:*
Si enpfiengend da an der [selben stund
jegkliche sell vō sinem [mund
vnd fůrtent da gar wir- [denklich
si jn daz ewig himelrich
3195 n. da d. *S.*
3197 dar zů a. *S.*
3198 zogen *I*, zugñ *W*, zoch *S*; d. mit jn f. *S.*
3199 Er hat (het *S*) ir *IS*; auch *f. S*; chainē nie *M*, ñie kain (chaynē *WS*) *IWS.*
3201 al *IWS.*

chom er froleich gen Engellant.
gen Eng[e]llant sagt man die mär,
daz sand Oswalt chomen wär
mit ainer schonen pr*äu*t:
daz *freischten* geren alleu seineu läut.
d*ie* reichen chomen dar mit grosser gab,
die armen komen dar durch genad.
si erten den reichen kung *Oswalt*
durch herschaft und durch gwalt.
nu het er ain schone hochzeit
(s a i t uns daz täutsch puoch s e i t)
von pfingsten huntz auf den subentag:
iedem man er zuo essen und zuo trinken gab;
man gab ez wirdichleichen
armen und reichen.
do deu hochzeit was zergangen,

3202 Kam *I*, Fůr *S*; froleich *f. W*; haim in *IWs*.
3204 Wie d. *S*; o. nū c. *S*.
3205 schöne *S*; prawt *MIWS*.
3206 (*f. I*) erforstñ *M*; Des freydñ sich all sein leẅt *W*, Daß hortend geren all sin luit *S*, Deß freüwet sich alles sin volck *s*.
3207 Dich *M*; da *S*; grosser *f. S*.
3208 durch] nach *S*.
3209 aron *M*; Dy ersstñ chomē dar mit gross' gab *W*, Vñ ertē jrn edeln könig *s*.
3210 *f. W*.
3211 Do *M*; er] ir her' *W*.
3212 p. also s. *W*; Seit (Als *I*) ... sait (sagt *W*) *MIW*.
3209–3212 *in S:*
Si ertent den milten künigg [sant oschwald
durch die grosse herschafft [vñ gewalt
vnd och durch die grossen [warhaitt
nun het er sin schöne hoch- [zyt
alß vnß daß bůch nū saidt
3213 huntz *f. W*; an *I*; subñt tag *W*, suntag *S*.
3214 Yederman (Daß y. *S*) essens vñ trienckēs pflag *IS*, Man ydñ man ze trincken vnd ze essen gab *W*, Vnd er gab jederman zu essen vñ zu drinckē *s*.
3215 ez *f. I*; gar w. *S*.
3216 Bayd a. *I*; Arm *W*; Dem armen vnd och dem richen *S*.
3217 Vnd d. *S*; ergangñ *I*, v'gangen *W*.

die herren schieden von dannen;
si zugen () a l l [e] haim zuo land.
sant Oswalt poten aus gesant
und hieß im pringen arm[e] läut
[(als uns daz puoch noch sait):]
den wolt er geben ain spend[e]
mit seiner milten h*e*nd[e].
dar chom der himlisch trachtein
mit den grossen genaden sein:
do wolt er *beruochen*
und sand Oswalten versuochen,
ob im wolt laisten der furst guot
daz er im verh*ieß* auf des meres fluot.
do die arm läut sein potschaft vern*a*men,
wie pald si gen hof kamen!
sand Oswalt satzt nider () a r m e r l ä u t neun [schar:
als man[i]k tausent cham auch dar.
unser her nicht vergaß,
wie pald er *zu* d*er* ersten schar saß!
do im do ward gegeben,

3218 s. do al v. *S*.
3219 (*f. W*) zohen *I*; hin haim all *M*.
3220 o. do p. *S*; sant *IWS*.
3221 im] ain *W*.
3222 (*f. Is*) dy geschrifft *W*; Als ... sagt *W*, Said ... sid *S*.
3223 Denen *S*.
3224 milten *f. W*; hand *M*.
3225 Do *I*, Da *W*; kam *IWS*; och d. *S*.
3227 (*f. s*) wurchñ *M*, nit růchen *I*, verůchen *S*.
3228 oschwalt *IWS*.
3229 er i. *WS*.
3230 (*f. W*) het v'haissñ *M*; d. wilden m. *S*.
3231 Do *f. W*; die *f. I*; armen l. die *S*; v'nomē *MIS*, v'nūē *W*.
3232 s. do g. *S*; komen *IS*, chumen *W*.
3233 nider *f. S*; wol jx schar armer läwt *M*, ix schar *I*, arm (armer' *S*) lewt viiij (x *S*) schar *WS*.
3234 kamen *I*, chomē *W*; auch *f. I*; Alß manig och komend dar *S*.
3235 h. da och n. *S*.
3236 an die *M*; s. nyder s. *W*.
3237 jn *W*; geben *IS*.

do begund er sich an die ander schar heben;
do er die ander gab enpfieng,
wie pald er an die dritten schar gieng!
dannoch wolt er nicht bestan
und begund an die vierten schar gan;
er het nicht mer ze *weilen*
und begund an die funften schar eilen;
er begund vast wandern
von ainer schar an die andern.
daz traib der himlisch degen,
huntz im des tags ward neun stund geben.
er tet gleich ainem armen man
und schied mit den armen läuten von dan
(an der selben stund
in niemant erchennen chund);
do deu spent was zergangen,
arm läut schieden von dannen.
dannoch wolt unser her nicht lan
und begund pald hin wider gan:

3238 Er b. s. zů der *S*; and'n *IS*; schar *f. I.*
3239 and'n *IS*; gab *f. I*, sach *W.*
3240 e. zů (*gestr.*) sich zů der *S*; dritt *W*; schar *f. IW.*
3242 Er *WS*; iiij *I*, viert *W.*
3243 mer *f. S*; peitñ *M.*
3244 Er *WS*; zů der *S*; fünft *W.*
3245 b. vil v. *S*; v. ze wandeln (wandren *S*) *WS.*
3246 s. vncz a. *S*; zu der *IW.*
3247 pilgerin *s.*
3248 (*f. W*) daß i. *S*; des tags *f. I*; ward *vor* geben *IS*; x mall *S.*
3249.3250 *f. S.*
3250 den *f. IW.*
3251 Wol a. *S*; den *M*; st. in (*gestr.*) *I.*
3252 In dennoch niemant erkeimen kunde *S.*
3253 Vnd d. d. s. nū w. *S*; zu gangen *I.*
3254 Die armen l. *S*; s. do v. *I.*
3249–3254 *in s:*
Do die spend was gegebē do det vns' h're glych als einander arm man do die andern armen lüt dannē schiedē do schiede er auch dannē dz jn nyemā erkennē kunt
3255 her *f. I*; unser her] er *W*; erlon *S.*
3256 Er *S*; gegünd *I*; pald *f. S*; hin *f. I*, her *W.*

sand Oswalten den fursten her
wolt er aber versuochen mer,
ob im wolt laisten der werd man
waz er im het verhaissen auf des meres tr*an*.
schier cham der himlisch hailant,
do er den milten kun[i]g vand;
fur den fursten wolgetan
begund er pärm[i]kleichen *stan*:
nu sprach der pilgrein pald:
»e milter kun[i]g Oswalt,
du solt mir ain gab geben,
so dir got behüet dein werdes leben!«
er sprach, als wir horen jehen:
»pilgrein, daz sol geschehen!«
do sprachen die kamrer:
»her, gelaubt uns die mär:
der pilgrein hat heut zuosamen tragen,
er solt ein halbes jar daran haben.
er ist ein als geitiger man,
als wir in nie wurden sichtig an.

3257 oschwalt *IWS*; den *f. WS*; fürst *WS*.
3258 Den w. got der her' *S*; aber *f. I*.
3259 er i. *WS*; wilt *I*, welt *S*; werder *W*.
3260 Daz *W*; im *f. I*; versprochen *S*; tron *MWS*, dan *I*.
3261 Vil s. *S*; Als *I*.
3264 parmlichen *I*, barmherczenklichen *S*; gan *M*.
3265 Do *M*.
3266 Ain *I*, O (O du *S*) *WS*.
3267 m. huit *S*; ain *f. W*.
3268 Daß *S*; S. daz d. *W*; jungs *Ws*.
3269 w. noch h. *IS*.
3270 Lieber p. d. s. geren g. *S*.
3271 diener' *S*.
3271.3272 *in I/W:*
Do sprach der kamerer her
glaubet vns der mere

Der cham' sprach her'
[gelawb vns d' rechtē mär
3273 hät *I*; heut *f. IW*; ze sam *W*.
3274 ganczes *I*; daran] gnůg *S*.
3275 als ein *IWSs*.
3276 ey (ye *Ws*) *IWs*; wurden sichtig an] gesahen han (*K*.) *I*, gesechen hand *S*, gesahē *s*.

wir haben d*es* *war* genomen,
daz er an die neunten schar ist komen.«
do sprach der pilgrein an der zeit:
»do han ich zehen kindlein und ain arm[e]s weib
an der herberg gelan,
die machten nicht mit mir her gan.«
der milt kun[i]g Oswalt
hieß im her tragen pald
zwelf fleisch [und] zwelf prot,
so mir got helf aus aller not!
dar[zuo] gab er im ring[e]
zwelf guldein pfenning[e].
daz muot die chamrer ser:
si sprach[en]: »nu küm her wider nimmer mer!«
unser herr het nimmer rest
und eil[e]t von der vest
und gie so zehant,
do er [die] arm[en] läut vand:
des guotes er sich schier verwag,
wie pald er ez armen läuten gab!
nu wolt er nicht lenger bestan

3277 daz *M*, eß *S*; vil w. *S*; wol vʼnomē *MS*.
3278 ix *I*, neŵnt *W*, x *S*; ist *vor* an *S*.
3280 Nun *S*; kind *WS*.
3281 Da haym a. *W*.
3282 woltent *S*; m. mit mir ni g. *I*.
3283 k. sant o. *S*.
3284 Der h. *W*.
3285 kes *I*, stuck flasch *S*; zwelf$_2$ *f*. *W*.
3286 daz m. *W*.
3287 (+ 3288 *W*) so g. *I*; i. gar *S*; ringe *f*. *W*.
3288 pfenig *IW*.
3289 den *I*; dienerʼ *S*; also s. *W*.
3290 Dy s. zu jm *W*; nu *f*. *IW*; kompst du nȳmer mer *I*; *in S:*
Si sprachend zů dem [bilgerin
nun kūm her widerʼ nit [merʼ
3291 kain rast *I*; Do hett der bilgerin nit merʼ rest *S*.
3292 e. bald hin v. *S*.
3293 U. s (*gestr.*) g. *I*; so] da *S*.
3295 schier *f*. *WS*.
3297 lenger *f*. *W*, *vor* nicht *I*.

und begund pald hin wider gan.
sand Oswalten den fursten her
wolt er aber vers*uo*chen mer,
ob im wolt laisten der werd man
daz er im het verhaissen auf des meres tr*a*n.
sand Oswalt het nicht vergessen,
er w*ä*r schon ze tisch gesessen;
mit seinen helden guot
saß ze tisch der hochgemuot.
nu begund man pald her tragen
waz man zuo trinken und zuo essen solt haben:
z*a*mes und wilprät,
guoter chost alz gerät.
er erpot ez in allen wol,
wann er was gantzer er[e]n vol.
nu begund der pilgrein dar gen
und fur sand Oswalts tisch sten.
in ersahen die chamrer:
daz t*a*ucht si wunderleicheu mär,
daz er stüend vor de*m* fursten guot.

3298 Er *S*; p. wider hin gen hoff g. *S*.
3299 oschwalt *IWS*; der fürst *WS*.
3300 Den w. aber der bilgerin *S*; v'schüchñ *M*.
3301 er i. *W*; wilt lestñ *I*.
3302 tron *MW*, dan *I*; Waß er jm verhaissent het uff deß wildeß mereß tron *S*.
3304 Vñ *IW*; war *M*, *f. I*, waz *WS*.
3305 m. allen s. *S*.
3306 d. furst (helt *W*, werd f. *S*) h. *IWS*; guot *S*.
3307 pald *f. I*.
3308 essen ... trinkchñ *WS*; mocht gehaben *S*; Waz man zu dysch solt habñ *I*.
3309 (+ 3310 *W*) Zàmes *MIW*; wildpråit *S*.
3310 alz *f. W*, aller *S*; Gotte kost waz man gert *I*.
3311 pott in es *I*, erpot jns *W*, bocz jn *S*.
3312 aller *IS*.
3313 gan *IWS*.
3314 stan *IWS*.
3315 Nu sahen *W*; diener' *S*.
3316 täwcht *MS*.
3317 Do *I*; stunt *IS*; den *M*.

die hofschelk daz gar hart muot:
puoben und schintvessel
begunden da nicht vergessen,
si triben in vor dem tisch entwer;
ainer stieß in hin, der ander her,
ainer gab in de*m* ander[n] dar.
sand Oswalt begund des nemen war
und sprach: »solt ich daz nicht unterstan,
so wär ich nicht ain piderman!«
sand Oswalt saumet sich nicht mer,
im ward von dem tisch[e] ger:
der edel furst nicht enlie,
wie pald er den pilgrein an sein hand gevie!
er tet als ein piderman
und fuort in auf den ofen dan.
er sprach: »du solt sitzen eben,
so haiß ich dir zuo essen und zuo trinken geben!«
sand Oswalt der furst reich
saß wider zuo tisch gar wirdichleich.

3318 hof schalk *MW*, hoff knecht *S*; daz gar hart] ez ser *I*, daß vil übel *S*.
3319 Die p. u. die s. *S*.
3320 Die b. *S*.
3321 von *WS*; etwer *I*.
3323 (*f. W*) jm *I*; den *M*.
3324 nam es war *I*.
3326 frumer man *W*.
3322–3326 +/ *in S*:
Ainer hin der ander her
je ainer gab jn dem andren [der
sant oschwald begund daß [nemen war'
er sprach sölt jch deß nit [vnderstan dar
so wer jch nit ein biderman
darvmb so sech mich fraw̃ [vñ man an
3327 s. da n. *S*.
3328 Zwar i. *S*; t. also g. *S*.
3329 f. da n. *S*; enlies *IS*.
3330 vmb vieng *I*, an sein hant vye *W*, by der hand ergraiff *S*.
3331 (∞ 3332 *W*) t. recht a. *S*; ersamer man *W*.
3332 Er *W*; auf] an *W*.
3333 Vñ *M*; s. do salt du *IW*; seczen *I*.
3334 (*f. W*) vnd = (/)/ Zuo *I*; Jch haiß dir essen vnd trincken geben *S*.
3335 d. edel f. *S*; reich] her' *W*.
3336 gar *f. I*.

dem fursten hochgemuot
truog man her ain praten guot,
d*en* *er*sach de*r* pilgrein
und sprach: »Oswalt, durch die er dein
gib mir den praten guot,
so dich got hab in seiner huot!«
sand Oswalt sprach mit eren:
»durch got wil ich [dir] *in* geben geren.«
den praten er selb auf gehuob
wie pald er in auf den ofen truog!
sand Oswalt nicht vergaß,
wie pald er wider zuo tisch gesaß!
man truog im her hüener und visch[e],
da pei stuond auf dem tisch[e]
ain chopf, der was guldein gar.
der pilgrein plikt gar oft dar:
er sprach: »Oswalt, du solt mir den chopf geben,
so dir got behuot dein jung[e]s leben!
e*r* zimt dir nicht auf deinem tisch ze han,
er sol auf ainem alt*a*r stan,
daz man darin wandel daz lemptig prot.

3337 edelen f. *S*.
3338 her] dar *S*, für *W*.
3339 Do den brauten e. *S*; Daz er sach den pilgrein *M*.
3340 Er *S*.
3342 daz d. *W*.
3343 s. da m. *S*.
3344 im *M*; gib ich dir gern *I*.
3345 e. da *S*; selber *IS*; hůp *IWS*.
3346 e. jm i. *WS*; auf den ofen] dar *S*. +/ *in W*:
Sant oswolt mit erñ
durch got wil ich dir jn
[geben gerñ
3347—3352 *f*. *W*.
3347 o. da n. *S*.
3348 saß *IS*.
3349 im *f*. *I*; für hener' u. fisch *S*.
3352 sach *I*.
3353 Der pylgrein *W*; s. vil edler fürst o. *S*; oswalt *f*. *W*; oswalt/ Du *S*.
3354 Daß *Ss*; S. daz d. *W*.
3355 Ez *MI*; dem *I*; zestan *S*.
3356 alt' *M*.
3357 Da *M*; wandlet *S*; lebendig *IWS*.

gib mir in, *so* dir got helf aus aller not!«
der milt chunig Oswalt
truog im den chopf auf den ofen pald.
sand Oswalt nicht vergaß,
wie pald er wider zuo tisch gesaß!
ein twehel () was auf den tisch gelait,
die was lank und prait;
deu was *als* wol beschlagen
(als wir noch horen sagen)
mit silber und mit golt,
als si ain kun[i]g () haben solt.
do sprach der pilgrein:
»Oswalt, gib mir die twehel dein!
so wil ich sei gen Ram tragen:
do sol man si zuo ainem alt*a*r tuoch haben.«
sant Oswalt die twehel () aufhuob,
wie pald er si dem pilgrein dar truog!
er sprach: »nu trag si hin gen Ram,
daz dir [sein] got selber () lan!«
do er so vil pat den fursten [her],

3358 daz *M*, so daz *W*; geholffen haut *S*; aller *f. IS*; dein' n. *W*.
3359 c. sant o. *WS*.
3360 im den chopf] in jm *I*; o. gar p. *W*.
3361 o. do aber n. *S*.
3362 wider *f. S*; saß *IWS*.
3363 tisch tůch *S*; die w. *M*; Ain tuech man auf seinen tisch trueg *W*.
3364 Daz w. l. u. dar zu p. *WS*.
3365 Daz *W*, Eß *S*; allew *M*, *f. I*, alles *W*, also *S*, gar *s*; mit golt w. *W*.
3366 w. eß n. *S*.
3367 m. gůtem g. *S*.
3368 (*f. W*) si *f. I*, eß *S*; k. von recht h. *M*.
3369 s. aber d. *S*.
3370 daz tuech (tisch t. *S*) *WS*.
3371 es *WS*.
3372 es *W*; alt' *MW*; Darvmb daß man eß uff sant peterß alter söl legen *S*.
3373 das tuech *WS*; pald a. *M*.
3374 es *WS*; dar *f. I*, her *W*.
3375 eß *S*; hin *f. I*.
3376 sein *nach* got *W*, *f. S*; Daz dir got selber geb dein lan *M*.
3377 (*f. W*) Daß *S*.

daz muot die diener so ser:
schintvessel und chamrer,
den ward ir gemüet allez schwär:
si hetten nicht mer ze peiten,
si raichten i*n* zuo der seiten;
den pilgrein wolten si pessern
und zukten ireu messer
und wolten in gestochen han.
daz begund sand Oswalt unterstan:
sein grosseu er in des betwang,
daz er von dem tisch[e] sprang.
der edel furst hochgeporen
schluog ainen schintvessel zuo den oren,
den ander[n] stieß er an den giel,
daz er *an* de*n* *rucken* viel;
dem dritten gab er ainen ungefuogen schlag,
daz er gestrekt vor seinen füessen lag,
den vierden nam er pei dem har
und zoch in umb gar ungewar.
er sprach: »wart an die vaigen pueben,

3378 chamrer *W*, knecht *S*; so *f. I*, also *WS*, gar *s*.
3379 u. die diener' *S*.
3380 Denen waß *S*; allñ *M*, *f. I*, also *S*; Den ward es gancz swär *W*.
3382 rukchten *W*; im *MW*; den *W*; Vñ lieffñ zu den schayden *I*, Si richtent zû dem sitten *S*.
3383 possen *W*, lestren *S*.
3384 Sy *W*; raufftñ *I*, zuchcztent (< zucztent) *S*; ir *I*.
3387 des] da *W*, *f. S*.
3388 (*f. W*) spran *I*.
3390 ainen] dey *IW*; an die *I*.
3392 rück *I*; zû d' erdñ *M*. +/ (*gestr.:*) Der edel fürst hoch geporn *I*.
3393 ungefuogen *f. IW*.
3394 gestrekt vor seinen füessen] jm vor den füsßñ *I*, auf der erd *W*, gesträck vor jm *S*, uf der erdẽ vor jm gestreckt *s*.
3396 Vñ zoch sie gar hein für *I*, Den czoch er vmb hin dar *W*.
3395.3396 *in S:*
Den vierden nam er by [dem hawr' sin
vnd zoch jn durch die [stûben her vñ hin
3397 lûgent *S*; die] jr *W*.

wie treibent die so ungefuegen!
waz welt ir, umb weu er mich pitt?
nu get ez doch aus *eurem* kasten *nit*!
ich gehieß [ez] dem himlischen fursten guet,
do ich schwebt auf des meres fluot
und ich fuor in laid[e],
vor den wilden haiden,
do ich besorgt den herten tod
(do half mir got aus der grossen not):
dem himlischen heilant,
dem gab ich da mein treu zuo pfant,
wes man an mich durch seinen willen begert
des wurd ain iegleich mensch gewert.
und pät er mich umb daz haub[e]t mein,
durch in sol ez im unverzigen sein.«
mit der selben vart
den hofschelken verpoten wart,

3398 Wie tribñ sie so ain vngefüge *I*, Wy treybt jr so vngefuege (grossen vnfug *s*) *Ws*, Die tribent so vil vngefüge *S*.
3399 war vmb *S*.
3400 doch *f*. *W*; ewrñ *M*; nicht *MW*; Es get aus uwerm seckel nit *I*.
3401 verhieß *Ss*; ez *f*. *IWS*.
3403 Do *I*.
3402–3404 *in W/S:*
Auf dez wilden meres fluet
da jch waz jn grossem [layde
von den wilten hayden

Do jch fůr uff deß wildeß [(v *Rd.*) mereß flůtt
vnd fůr so jn grossem laide
dar vor den wilden haiden
3405 Daß *S*; pittern *I*.
3406 aller mein' *W*, grosser *Ss*.
3407 Der hy̅melsche *I*.
3408 Dem *f*. *S*; da *vor* zuo *S*.
3409 Waß *S*; an mich *nach* willen *IW*; gert *I*.
3410 Daß *S*; w'rt *I*, wirt *WS*, solt . . . sin *s*; yslycher (ieg- *S*) *WS*; mensche *I*; von mir g. *Ws*.
3411 bit *S*.
3412 Durch got sült es jm vnuorsaget sein *I*; Der solt er vnuerczygen sein *W*.
3413 (+ 3414 *I*) Zů hand m. *S*; An *I*.
3414 hoffschalcken *I*, hoff bůben *S*.

daz si *dem* pilgrein nicht getörsten tuon;
sand Oswalt schuef *im* frid und suon.
do sprach der pilgrein:
»euren zoren [den] lat sein!
ich rat euch auf () m e i n treue:
stecht ir mich, ez mächt euch () gereuen!«
sand Oswalt der hochgemuot
saß wider zuo seinen helden guot.
er saß schon zuo tisch[e] eben,
do begund sich der pilgrein ab dem ofen heben:
er begund fur den tisch stan
und wolt auf niemant dhain sarg han.
er sprach: »Oswalt, furst her,
noch wil ich dich piten mer:
alleu deineu lant
soltu mir setzen in mein hant!
gib mir auf schon

3415 (*f. S*) die *M*; nichcz *W*; dorfftn̄ *I*, darsten *W*; getain *W*.
3416 in *M*; sayn *W*.
3417 + 3418 *M*.
3418 E. l z. *W*.
3419 euchs *W*; auf die trewe mein *M*, mit trewen *W*.
3420 Schecht *I*; mag *W*; e. hart *M*; rüwn̄ *I*.
3416–3420 *in S:*
Sant oschwald schůff jm [frid vnd son
do sprach der edel bilgerin [nun
her' laussent üwern zorn [sin
zwar jch raucz üch uff die [trüwe min
den̄ tůnd jr mir wider [recht liczell oder vil
oder stechend jr mich daß [mag uch wol gerẅiwen
3421 der *f. W*.
3422 w. nider z. *S*; den *W*.
3423 schon *f. W*, aber *S*; t. ew (*gestr.*) e. *I*.
3424 Nu *WS*; hoff *S*.
3425 t. hin zů s. *S*.
3426 Er *S*; nyempt *W*; me d. *S*.
3427 o. vil edler' f. *S*; f. vnd h. *W*.
3429 (+ 3430 *M*) dein *I*.
3429 + 3430 +/ *in S:*
Alle dine land solt du [seczen jn min hand
daß tů durch den willen [deß himelschlichen hai- [landß
3431 (+ 3432 *M*) Vnd g. *S*; auf] auch *W*.

[paideu] zepter und chron!
ain chung sein treu[e] laisten sol:
von got wirt ez vergolten wol.«
do sprach der milt kung Oswalt:
»got hat ez allez in seinem gewalt.
mein treu[e] laist ich so zuohant,
ich gib dir auf purg und lant.«
do sprach der pilgrein:
»[Oswalt,] so gib mir auch die frauen dein!
zweu solten mir weiteu kun[i]kreich,
ich hiet dann ain frauen tugentleich?«
sand Oswalt der red hart erschrikt,
die frauen er traurichleich anplikt:
er sprach mit eren:
»pilgrein, ich gib dir si recht geren.
ich verzeich d*ich* nicht der frauen mein,
möcht ez nür ir wil gesein.«
do sprach der auserwelt degen:
»frau, ich wil dich dem pilgrein geben

3432 daß z. u. die c. *S*.
3433 Als a. *I*; Ain künig vein jch hayssen sol *W*.
3434 g. so *S*; w'rt *I*; wol < wolt *W*.
3435 k. sant o. *S*.
3436 sein' *I*; Got hat sein als gewalt *W*.
3437 Myt trewen *W*; so *f. I*; zuohant] alzu hant *IW*.
3438 Deñ i. *S*; auf *f. W*; pürgk *WS*.
3439 d. edel p. *S*.
3440 nū *S*; auch] auff *I*.
3441 Warzů *Ss*; solt *W*, söllend *S*; Waz (< Wü) sült mir weit kunigrich *I*.
3442 f. dar zu t. *W*.
3443 o. ab d. *S*; hert *I*, vil übel *S*.
3446 recht *f. I*.
3445.3446 *in S:*
Do sprach der fürst mit [eren
nun gib jch dir vō herczen [geren
3447 Zwar i. *S*; d' *M*, dir *s*.
3448 Vnd m. *S*; mag *W*; nür *f. I*, nū *Ss;* w. da pey g. *W*.
3449 (*f. W*) mylt *I*. +/ Zů der küniggin mit trwrigem leben *S*.
3450 Zwar *S*; F. mein aller liebste i. *W*.

durch de*n* willen unsers lieben herren:
der pett soltu mich geweren!«
si sprach, als wir horen jehen:
»waz ist gottes will daz sol () geschehen!«
sand Oswalt sein frauen an sein hand gevie,
wie schon er mit ir zuo dem pilgrein gie!
[er sprach]: »() edler pilgrein,
laß dir si auf dein treu enpfolhen sein!«
also sprach der furst st*ä*t:
»pilgrein, nu gib mir dein gew*ät*!
daz wil ich nun legen an
und wil mich geleichen () ainem armen man.
vo*n* de*m* meinem allen
wil ich nu willichleichen wallen
hin in fremde lant,
do ich pin unerchant.
reichtuom wil ich meiden
und willikleichen leiden
schmäch und armuot,

3451 des *M*; lieben *f. S.*
3452 Fraw mein d. gepet *W.*
3453 s. rech a. *S.*
3454 Waz got wil *Ws*, Waß gotz wil ist *S*; s. alles g. *M.*
3455 die *IW*; f. sein a. *W*; sein$_2$] dy *W*; vieng *I*, vye *W.*
3455-3456 *in S:*
Sant oschwald die fraẘen [by der hand nam
wie schön er mit jr zů dem [bilgerin kam
3457 s. vil e. *S*; Nü pit ich dich du e. *M.*
3458 Las sie dir enpfollen sein *I*; +/ *in W:*
La dirs pefolhen auf dein [trew sein
dy aller liebst junkchfraw- [en mein
3459 stat *M*, wol getan *S.*
3460 nu *f. I*; gebant *MWS.*
3461 nün < nür *M.*
3462 m. nu g. *W*; gelicheñu (< gelichenug) *S*; zů a. *M.*
3463 Vor den *M*; meinē *M*, meinen *W*; alle *I.*
3464 nu *f. IS*; williklich *IS*, gern *W*; vallen *W.*
3466 pin ich *IS.*
3467 Zwar richtung *S.*
3468 wil och w. *S*; williklich *I.*
3469 Smach *W*, Verschmåcht *S*; u. och a. *S.*

huntz got sein genad an mir tuot.«
domit urlaupt er sich mit sinnen
von der edeln kun[i]gin*ne*;
urlaib nam er von dem pilgrein
und auch von den helden sein.
seinen helden () was umb in laid,
als uns daz täutsch puoch noch sait;
den stoltzen fursten her
begunden si do clagen ser.
der milt kun[i]g Oswalt
eil[e]t von den seinen pald.
hin uber den hof was im gach,
der pilgrein ruoft im pald nach:
»e milter kun[i]k Oswalt,
nu ge her zuo mir pald!«
sand Oswalt tet durch not
waz im der pilgrein pot:

3470 daß g. *S*.
3471 nam er v̊rlop *I*.
3472 kungin *MI*.
3471–3474 *in W/S/s:*
Da mit vrlawbt er sich [mit den seinen
vnd võ der edeln künigjn
vnd võ (*gestr.*) dem (*gestr.*) [da pot sy jm sant johañs [myñ
auch nam er vrlawb von [dem pylgrein
vnd auch von allen helten [sein

Damit so hůb er sich võ [dem sinen
vnd võ der edlen künig- [ginen
vnd och võ den helden sin

Vñ also nam er vrlaub von
der edeln königin võ dẽ
bilgerin vñ võ den synẽ
3475 Allen s. *W*; h. den w. *M*; i. fast l. *S*.
3476 (*f. W*) täutsch *f. IS*; noch *f. I*, nun *S*.
3477 f. vnd *S*; herñ *WS*.
3478 do *f. I*; Den begunden si da fast clagen so sere *S*.
3479 k. sant o. *S*.
3480 dem seinen *IS*.
3481 Hin *f. I*; h. so w. *S*.
3482 rüff *I*; fast *S*; hin n. *W*.
3483 Ain *I*, O *WS*; k. sant o. *S*.
3484 g. her wider *W*, durch got z. *S*.
3486 gepot *IW*.

er gie hin wider geren,
des freuten sich sein lieb*en* herren.
der edel furst wolgetan
begund fur den pilgrein stan
und sprach: »waz macht du mit mir ze schaffen [han?
daz soltu mich wissen lan.«
do sprach der pilgrein:
»westu () nicht geren, wer ich möcht gesein?«
»ja,« sprach sand Oswalt,
»hiet ich von got den gwalt,
so west ich ez recht geren,
hiet ich die genad von unserm herren.«
do deu red vol geschach,
hort, wie der pilgreim sprach:
»ich pin ez an allen spot
selb der lemptig got!
ich han beruocht
und dich aigenleich versuecht,
ob du mir woldest laisten, furst guot,

3487 w. nit vngeren *S.*
3488 lieb *MS*; Dez erfreẅten sich all sein dinst herñ *W.*
3490 da f. *S.*
3491 Er *W.*
3491.3492 *in I/S:*
Vñ sprach waz macht du [mit mir zu schaffñ
daz salt du mir kündñ vñ [sagñ

Er sprach waß machstu [mit mir ze schaffen haben
vnd och ze tůn deß můß [jch ie wnder tragen
3493 d. edel p. *S.*
3494 Wlst du *I*, Wistest *S*; ab' n. *M*; nid (*gestr.*) n. *S*; icht *IW*; möch *S*; sein *IS.*
3495 Nu *W.*
3497 wiest *IS*; vō herczen *S.*
3498 den gewalt *I.*
3499 r. da *S*; wol *I.*
3500 Nun h. *S*; wie (da *W*) do (wy *W*) d. *IWS.*
3501 Zwar i. *S.*
3502 Hie s. *S*; Selber *IWS*; lebendig *IW*, almechtig *S.*
3503 (*f. I*) h. nun *S*; gerüecht *W*, berůch *S.*
3504 han d. *IWS*; aigenleich *f. W.*
3505 wiltest *I*, wolcz *W*, wöltest *S*; l. edeler f. *S.*

daz du mir verhiest auf des meres fluot.
daz hastu allez sampt getan:
purg und lant soltu () wider han,
daz wil ich dir allez () wider geben.
du solt aber chainer sunden mit der frauen [pflegen!
du lebst nicht lenger dann zwai jar,
Oswalt, daz sag ich dir fur war.
so soltu dan der vierzehen nothelfer ainer sein:
daz soltu haben von den genaden mein.
merk, wie du den sunden solt widerstan:
wasser soltu vor deinem pet han;
wann dich dein manhait wil betwingen,
so soltu in daz wasser springen.
also *tuo auch deu frau dein,*
und tuo daz durch den willen mein:
darumb *wirt dir geben* schon
daz himelreich zuo lon.«
damit der himlisch hailant
auf sand Oswalts hof verschwant,
daz in niemant mer mocht gesehen,

3506 Da *S*; d. wilden m. *S*.
3507 alsampt *I*, alles schon *WS*.
3508 Dine p. *S*; Purge *I*, Pürgk *WS*; u. dine l. *S*; s. hin (alle *W*) w. *MW*.
3509 a. sampt w. *Ms*.
3510 aber *f. IS*; kain *I*, nit *W*; sünd *IWSs*; dein' *WSs*.
3511 Vnd d. *S*; lenger] me *I*.
3513 Och s. *S*; dan *f. IS*, darnach *W*; ·xvij· *I*, xiiij *W*, vier' *S*, xvj *s*.
3515 du *f. W*; d' sünd *I*; sölist *S*.
3516 dem *IW*.
3517 menschhait *S*; w'rt *I*, well *W*, *f. S*; quingn̄ *I*, betwingett *S*.
3519 Also sol dew fraw dein auch tun *M*, Also sol och tůn die fraẅ din *S*, Also soll auch din frauwe tůne *s*.
3520 Vn̄ tuet jr payde daz *W*, Vnd tuntz *S*, Das dunt *s*.
3521 D. so *W*; w'rt *I*; euch *WS*; gib ich dir *M*.
3522 ewige h. *IW*; Die himelschlich kron̄ ze lōn *S*.
3525 Das < dar *M*; mer *f. S*; möch *IS*.

als wir noch horen jehen.
  sand Oswalt der furst reich
dienet got gar wirdikleich,
er und deu kun[i]gin:
die wolt auch gotes dienerin sein.
si begunden liebleich pei einander ligen,
aber weltleicher lieb si sich gar verzigen:
wenn si der welt freud betwang,
ietweders in daz wasser sprang.
si dienten got, daz ist war,
wirdichleich die zwai jar.
die weil het sich vergangen,
ir leben wert nicht lange:
si chomen des leibs in not,
wan si begraif der hert tod;
der welt muosten si sich verwegen
und begunden sich an ain pett legen.
si saumpten sich nicht mer
und hiessen in pringen zwen priester her:
si erchanten sich ir schuld

3526 noch *f. W*; Daß hörend wir noch iechen *S*.
3528 Der d. *S*; fleyssyklich *W*.
3529 u. och d. *I*; Er vnd dy künig sein gar hübsch vñ veyn *W*.
3530 auch *vor* sein *S*; sein *vor* gotes *M*.
3531 b. gar *W*; lieplichñ *IS*.
3532 D' weltlichñ *I*; lieb *f. I*, er' *W*, liebin *S*; gar *f. S*; verzigen < verzigent *S*.
3533 s. aber d. *S*; bezang *I*.
3534 Jr i. *S*; Yegliches *I*.
3536 Gar w. *S*; Wirdiklichñ *IS*, Vollyklych *W*; die *f. I*.
3537 zyt *I*.
3538 werds *W*; do (doch *W*) n. *IW*; Jr leben daß weret nit me lange *S*.
3539—Schluß *f. s*.
3539 chamen *W*; lebenß i. grosse n. *S*.
3540 b. pede d. *W*; bitter *S*.
3541 s. gar v. *IS*.
3542 güdñ *I*; s. pede a. *W*.
3543 n. lenger m. *S*.
3544 Si *S*; heisßñ *I*; in *f. S*; pringen *vor* her *IWS*.
3545 sich in iren schuldñ *I*, sich jrer schulden *W*, jre schulde *S*.

und wurben nach gotes huld
und be*richten* sich mit got*s* *l*eichnam wert.
als man si solt legen in die erd,
do cham von himel ain englischeu schar,
und namen da der se*len* war
und enpfieng*en* si [an der stund
ieglichem von ir mund
und fuorten si] wirdichleich
[fur got] in daz ewig himelreich.
  also ist sand Oswalt erstarben
und hat gotes huld erwarben,
er und deu chun[i]gin:
des sult ir sicher sein!

3546 hulden *W*; Vnd erwurbend vmb got sin hulde *S*.
3547 berůchtend *M*; sich] si *S*; goczleichnā *M*, gotz fronlichnamß *S*; Vnd namen gotes leichnam werd *W*.
3548 tragen *S*.
3549 Nu *MW*; chom v. h. her ab a. *W*.
3550–3554 *in M/I/W/S:*
Vñ namē da der sell war
vnd enpfiengtñ si [wirdichleich
vñ fürtñ si in daz ewig [hiñlreich

Die namē do der sellen war
vñ enpfingñ an d' stunt
die sellen vō dem můnt
vñ fůrttñ die wirdiklichñ
für got in dz ewige riche
Vnd dy numen der selle [war
vnd enphingens an der [stund
wirdyklich von jrm mund
vnd füertten sy wirdyklich
für got jn daz ewig himel- [reich
darjn sy wañent jmer vnd [ewyklich

Vnd nament da der selen [war'
vnd enpfiengend an der [selben stunden
gar wirdenklichen vō [jren münden
vnd fůrtenß gar wirdenk- [lich
fur got jn daß ewig (< [rẅig) himelrich
3555 gestorbñ *IS*.
3557 (∞ 3558 *S*) d. edel c. *S*.

nu helf uns got der guot[e]
und Maria, sein liebeu muoter,
daz unser chains nimmer ersterb[e],
huntz wir ir paider huld erwerben.
darumb sull wir pitten, daz ist mein rat!
damit sand Oswalds puoch ain end[e] hat.

3558 Zwar daß *S*; Die wolt
auch gotes dien'in sein *M*.
3555–3558 *in W:*
Also ist sant oswolt vñ dy
[fraw sein gestorbñ
vnd habent payde gocz
[hult erwarben
vnd sind also payde sälyk-
[lich gestorbñ
3559 – *Schluß f. I.*
3559 d. vil gott *S*.
3560 s. vil l. *S*.
3561 Daz chain cristen mẽsch
nym' ersterb *W*.
3562 daz w. *WS*; e. Amẽ *W*.
3563 *f. W*.
3564 puoch] leben *S*; h. etc. *M*.
+/ Vnd behůt vnß got
vor aller nott Amen *S*.

3564 +/ *in W*:
Hye hat sant oswolcz vnd
[sein' hausfrawñ
leben ain end got vns
[sein genad send
unter dem Text in M:
Deo gracias
(*rot K.*:) Deo gracias Amen
(*rot K.*$_2$:) vergelcz got
[Amen
(*rot K.*$_3$:) j j jtem 1444
unter dem Text in W:
deo gratias
unter dem Text in S:
(*rot*) 1472

ANHANG

Eine ostschwäbische Prosabearbeitung des 15. Jahrhunderts.

Schon G. Baesecke erwähnte kurz einen späten Ableger, der die Tendenz des 15. Jahrhunderts zur Umsetzung der Oswalderzählung in Prosa am konsequentesten verfolgt und somit das Bild der deutschsprachigen Oswaldtradition in interessanter Weise abrundet (S. 182 f.: b2). Der reichhaltige Codex, der u. a. die einzige bekannte Aufzeichnung dieses Texts enthält, ist mehrfach benützt und dabei mehr oder weniger ausführlich beschrieben worden. Ich fasse nur kurz die für das Verständnis der Überlieferungssituation und der Textwiedergabe wesentlichsten Punkte zusammen. Zur Tätigkeit des Hauptschreibers, Matthias von Günzburg, vergleiche man H. Niewöhner (VL V, 1955, Sp. 670 f.) und A. Mihm, Überlieferung und Verbreitung der Märendichtung im Spätmittelalter (Heidelberg 1967), S. 20.

Berlin, Staatsbibliothek der Stiftung Preußischer Kulturbesitz (Berlin-Dahlem), 4° 478. Beschr.: L. Bertalot 1906 handschriftlich (Ms. jetzt im Zentralinstitut für Sprachwissenschaft bei der Akademie der Wissenschaften der DDR in Berlin); P. Mau, Gydo und Thyrus (Diss. Jena, Weida 1909), S. 40 ff. (die eingehendste Beschr.); Fr. Zarncke, Der deutsche Cato (1852; Nachdr. 1966), S. 115–117; H. Degering, Kurzes Verzeichnis der germanischen Handschriften der Preußischen

Staatsbibliothek II (Berlin 1926), S. 85 (hier sind u. a. die leeren Seiten der Hs. nicht berücksichtigt).

Papier. 236 Bl. 19,5 x 14,0 cm. Ostschwaben, drittes Viertel des 15. Jahrhunderts.

8 *Faszikel* verschiedenen Umfangs (zumeist von moderner Hand einzeln paginiert), die 8 verschiedene Texte enthalten; 2 Schreiber: 1) Nr. 1–6 und 8; 2) Nr. 7.

Ausstattung: Holz- und Ledereinband vom Ende des 15. oder Anfang des 16. Jahrhunderts. Große Initialen und Randverzierungen am Beginn der Stücke 1–6 und 8 (immer schwarz), rote Lombarden, Rubrikzeichen, Zierstriche, Unterstreichungen und dergl. in Nr. 7.

Datierung und Provenienz: der Schreiber der Stücke 1–6 und 8 nennt sich am Schluß von Nr. 1, 2 und 4: Matthias von Günzburg. Er hat auch den cgm. 393 (nicht „cpg", wie Niewöhner angibt) und die verschollene Handschrift des Märe ‚Kaiser Lucius' Tochter' geschrieben. Mau und Niewöhner vermuten, daß er mit dem in der in Augsburg entstandenen Handschrift cgm. 379 (1454) als Autor eines Liedes genannten Guntzburg[er] identisch ist, der Inhalt der von ihm hergestellten erwähnten Handschriften spricht allerdings dagegen, daß er, wenigstens in diesen Fällen, selbst schriftstellerisch tätig war. Wir haben es eher mit einem Berufsschreiber zu tun, dessen Tätigkeit etwa in das 3. Viertel des 15. Jahrhunderts fällt und der seinem Dialekt wie seinem Namen nach zu schließen im ostschwäbischen Sprachgebiet zu Hause war. Ob der in derselben Gegend von dem zweiten Schreiber geschriebene 7. Faszikel direkt aus derselben Werkstatt herrührt, ist zumindest zweifelhaft: die Aufmachung ist ganz anders. Die übrigen Faszikel entstanden offenbar kurz hintereinander, denn im Oswaldtext schreibt Matthias einmal versehentlich Jorg statt Oswald (211, 1), nach dem Heiligen, dessen Vita zwei der anderen Texte schildern. Alle 8 Stücke wurden dann auch noch im 15. Jahrhundert zu einem Band vereinigt: auf dem Vorsatzblatt hat sich eine *madalen lvpin* als Besitzerin eingetragen, in einer Schrift, die eindeutig noch in diese Zeit gehört.

Inhalt (Nr. 1–4 in – abgesetzten – Versen, Nr. 5–8 in Prosa):

1) ‚Georgs Kampf mit dem Drachen', abgedr. von F. Vetter, Der Heilige Georg des Reinbot von Durne (Halle 1896), S. CLXVII ff. (Korrekturen von Mau, S. 44).
2) ‚Die Heidin' („II"; Hs. b).
3) ‚Der deutsche Cato' (Hs. Z).
4) Schondoch, ‚Die Königin von Frankreich' (Hs. Z).
5) ‚Gydo und Thyrus' (Hs. a; abgedr. von P. Mau, S. 53 ff.)
6) Prosabearbeitung von Reinbots ‚Georg' (zu P stimmend).
7) Anleitung zum Briefschreiben, in Dialogform, weitgehend übereinstimmend mit dem in der 2. Hälfte des 15. Jahrhunderts viel gebrauchten Handbuch ‚Formulare und Deutsch Rhetorica'.
8) Oswaldprosa.

A. Mihm stellt sich mit guten Gründen das Zustandekommen dieser und ähnlicher Handschriften so vor: man schrieb Texte, von denen man sich ein Geschäft versprach, in Heftchen von einer oder mehreren Lagen ab und bot ein Sortiment zum Verkauf, aus dem sich der Kunde zusammenstellte, was ihm zusagte.

So bezeichnet schon die Überlieferungsweise dieser Oswaldprosa eine letzte Wende der Tradition. Der Reutiner Prosaist (s) arbeitet für den Hausgebrauch des Klosters und gewinnt seinen Text direkt aus einer Vershandschrift. Die viel freiere Bearbeitung des Versepos in der Prosafassung u/b ist für einen breiteren, bürgerlichen Leserkreis bestimmt, aber noch an bestimmte Interessen Einzelner gebunden: Oswald und Alexius gehören programmatisch zusammen und sind demnach auch nicht in getrennten Faszikeln aufgezeichnet. Die ostschwäbische Erzählung von Oswald aber wird auf dem freien Markt gehandelt, als Teil eines breiten Angebots weltlicher wie geistlicher erbaulich-unterhaltsamer Lesestücke.

Der Verfasser bietet eine freie, dem Geschmack der Zeit angepaßte Nacherzählung, die im wesentlichen dem ‚Münchner Oswald' folgt. Die Geschichte wird auf ihr Handlungsgerüst reduziert und, ohne daß die Abfolge der Ereignisse geändert wäre, durchrationalisiert. Was im Detail dazukommt, dient z. T. dieser logischeren Verknüpfung der Motive, z. T. der Neuorientierung des Ganzen auf ein weltlich-höfisches Thema hin, wobei die geistlich-wunderhafte Komponente weitgehend in den Hintergrund tritt. Eine eingehende Analyse kann ich mir ersparen; hingewiesen sei nur auf den von allen bekannten Fassungen (auch der ‚Wiener') stark abweichenden Schluß: die Christus-Episode entfällt, und entsprechend mündet die Brautwerbung in eine glückliche, mit Kindern gesegnete Ehe. Der getaufte Heidenkönig nimmt an den Hochzeitsfeierlichkeiten teil und kehrt dann nach weiterer Unterweisung in der christlichen Lehre als Bekehrer seines Volkes in seine Heimat zurück. Das stimmt mit dem auch sonst zu Tage tretenden Streben dieses Prosaisten nach Eindeutigkeit und erzählerischer Konsequenz überein, und es ist müßig, nach einer noch unbekannten Version des Epos als Vorlage zu suchen: wir haben es einfach mit der konsequentesten Modernisierung der alten Erzählung zu tun, die im übrigen auch ihrer Sprache nach kaum lange vor der Niederschrift durch Matthias von Günzburg entstanden ist.

Der Text ist im letzten Faszikel der Handschrift (2V + III [+ I]) überliefert, auf 27 von moderner Hand als 1–53 paginierten Blätter. Dabei ist eine auf Seite 38 folgende leere Seite nicht mitgezählt, ich behalte aber diese moderne Zählung bei und gebe den Text mit folgenden geringfügigen Änderungen wieder:

1) Großschreibung bei Eigennamen und am Anfang von Absätzen; alles andere klein.

2) Moderne Interpunktion, aber unter sparsamer Verwendung des Kommas, besonders bei Relativsätzen (in der Handschrift fehlt jeglicher Hinweis auf eine Satz- oder Abschnittsgliederung).

3) Gliederung in Abschnitte.

4) Auflösung der Kürzel: ¯ als n, m, e, d (*vñ*) oder b (*vm̄*); ˀ als er oder r; ₉ als -us und einmal p̄ als par- (*paradeiß*). Die zahlreichen Zierstriche und Nasalstriche, die zu auslautendem Doppelnasal führen würden, bleiben unberücksichtigt. Die Wörter *nū* und *kiñg(in)*, die ausschließlich jeweils so geschrieben sind, gebe ich als *nun* und *king(in)* wieder.

5) s für geschäftetes und rundes s (letzteres hat die Handschrift immer im Auslaut).

6) Regulierung der diakritischen Zeichen: gelegentliches ″ über y entfällt; ″, ′ und ᵒ· vereinheitliche ich zu ¨. Weiter verwendet Matthias einen nach rechts (oben oder seitlich) geöffneten Halbbogen, der, besonders bei langschäftigen Konsonanten, häufig an den Schaft des folgenden Buchstaben antritt, und einen oft von den Nasalstrichen nicht zu unterscheidenden Zirkumflex. Der Bogen vertritt vor t öfter den i-Strich, v. a. aber bezeichnet er ziemlich konsequent den Diphthong ů und den Umlaut von o (falls nicht e geschrieben) bzw. a (â) sowie ein zu ö gerundetes e (so auch gelegentlich in der Vorsilbe ge-). Ich schreibe ů bzw. o̊, å. Der Zirkumflex gibt häufig den schwäbischen Diphthong au (mhd. â) als â, seltener als ô wieder, ganz vereinzelt auch ein altes ou als ô. Ich behalte ihn als ¯ bei, auch in zweifelhaften Fällen wie *dâr*.

7) Zeilengrenzen der Handschrift sind nicht gekennzeichnet, der Beginn einer neuen Seite aber jeweils vorher in eckigen Klammern.

8) Neben einigen geringfügigen Versehen und fälschlichen Doppelschreibungen habe ich auch ein paar Fehler in Wortbestand und -form gebessert, die mir vom Sinn her besserungsbedürftig schienen. Über diese Änderungen sowie über Verschreibungen und Besserungen des Schreibers gibt der Apparat in der beim ‚Münchner Oswald' erörterten Weise Auskunft.

In allen anderen Punkten folge ich der Handschrift. Allerdings hält es oft schwer, zwischen e und o zu unterscheiden, und welche Komposita Matthias trennt und welche er zusammenschreibt, bleibt weitgehend unklar (Trennungsstrich am Zeilenende kommt überhaupt nur einmal vor). Schließlich sei angemerkt, daß möglicherweise von p. 30, Zeile 14 (= 204,29 *dār*) bis etwa p. 39,17 (= 208,15 *meinem*) eine andere Hand am Werk war: an der ersteren Stelle wechselt der Duktus der Schrift abrupt (steiler und eckiger), die Buchstabenformen und Schreibgewohnheiten ändern sich aber nicht so deutlich, daß man ein vorübergehendes Nachlassen der Konzentration ausschließen könnte. Auf p. 39 geht der Übergang fast unmerklich von statten. Daß gerade hier ein Satz versehentlich doppelt geschrieben ist, wird mit dem Seitenwechsel und damit verbundenem Absprung von *mein* auf *meinē* zusammenhängen, denn beide Male ist eindeutig Matthias selbst der Schreiber.

* [1] In Engeland was goͦsessenn ain gar mechtiger king an land vnd lütten: der selbig her wz der aller miltest man, ken vnd gedürstig an manhait, der vff dem kraiß des ertrichs nicht funden moͦcht worden sein. der selb her vnd der edel king wz genant Oswalt vnd hett nit vatter, muͦtter, brieder noch swestern die do nauch seinem tode alß natürlich erben besitzen wurden. er hett auch nicht weipp oder kind vnd hett alle zeit grosse goͦttliche lieb, dar durch er manigualtige tugend die ain jeden semlichen fürsten wol zimend an sich nam, vnd taͦtt grosse d*i*ng durch den willen des almechtigen gottes. nun hett der selb liebhaber gottes grosse herschaft an seinem hoff von fürsten, heren, rittern vnd knechten die jme alle vnder [2]taͦnig mit grossem vleiß waren vnd () auch alles seins landes volk, der gemain jme auch jnn grossen hulden waren, also dz sie jm taͦglich breiß, er vnd grosses lob machen, dan der aller tugentreichost here wz sich zuͦ allen zeitten vleissen, das er vnder allen sein dienstmannen auch der gmain mengi de*r* armen tugend mit tailt sam dem edlosten vnd dem

* Lesarten s. S. 213

bo̊sten, das jm dan sein adeliche cron erhecht von tag zů tag jnn dem obrosten himel vor der maiestautt der hochen triualtikait, vnd rengnierett sein land vnd herschaft ane alle hoffart vnd jebett sich jnn tugentreichen wercken.

Alß nun der strengmiettig jungling vnd edel her king Oswalt jnn seinem reich mechtig wont, do [3] fiegt sich vff ain zeitt, das er allain jnn seinen kinglichen sal gieng vnd gedaucht jnn jm selber an manig vergangen sachen vnd besonder an kunftig vrsach vnd sprach wider sich selber: »jch bin on vatter, můter, brieder auch swestern, vnd ob jch nun also vom tod begriffen wurd vnd ersturbe, so hette mein reich nit erbenn, vnd bedeicht mich gůtt sein, jch vermechelte mich mit ainer hochgebornen vnd adelichen jugend mit der jch nāch mentschlicher ordnung kind gewonne die dan disem meinem reich jnn erbschaft zů go̊aignet wurden. vnd ist mein můt, semlichs meinen dienern für zů halten vnd ob jendert kainer an meinem [4] hoff were der mir ain se*m*lich junckfrow mecht weisen die mir ebenbirtig wer: nauch der woltt jch mit allem meinem vermigen achten.«

Vnd zůhand begond er zů jme berieffen all sein fürsten vnd heren jnn ainen gar schenen sal vnd stond enbor vff jnn seinem stůl vnd sprach: »mein aller liebsten vnd getrẅesten diener, jch hab euch von meiner notturft wegen zů mir berieft vnd bitt eüch, jr wellend mir råttlich jnn trüwen bey gesten alß jch dan jnn gantzem vertruwen nauch eüch mein gemiet gestelt habe.« do sprachen sie gemainlich, sie wolten es mit willen getrẅlich thon. Do sprach king Oswalt: »jr mein aller liebsten fürsten, dienstman vnd heren, jr wissend [5] wol, dz jch ain ainiger man dises landes vnd reichs bin one erben vnd mein vatter vnd můter mir vom tod genomen sind; auch die zeitt hie vff erde gar vngeleich ist, das niematz waist, wan got der her v̈ber ains jeden mentschen leben gebẅt, dz er vom tal der triebsålden schaiden můß, vnd wer mein mainong, ob euwer jeder ain magt weste von kinglichem stam geboren die mir ebenbirtig wer zů vermechlenn, — die wolt jch zů ainer konnen nemen, vnd beriet vns vil leicht gott der her erben, domit jch nāch meinem tod mein reich erbloß nit ston ließ. vnd jch bitt eüch, dar jnne zů handlen nauch eüwerem getrüwen raut.« do stond vff ain edler [6] hertzog der lang zeit an () seins vatters hoff auch dienstman gewesen wz, der sprach für sie alle: »aller gnådigoster her vnd edler king Oswalt, wz vns eüwer edle tugend für gehalten haut dz wer vns ain grosse [freid], dz jr vermechelt wurden. Wō finden wir aber jendert ain so hochgeborne edle junckfrowen die eüch ebenbirtig wer vnd gleich an adel vnd gebort, dero jch on allen zweiffel kaine nicht waiß inn der cristenhait die nit vermechelt sey. aber wir sond vß senden jnn alle reich, ob man dero kain erfaren mecht, do mit jr vermechelt wurden, die euch dann geze*me*.« Sant Oswalt der edel king wz fro vnd batt die botten bald hin zesenden [7] vnd sprach, welher der wer der jme ain so gethōne magt weiset dem wolt er groß gůtt geben. zů hand raitten maniger weit farender bott vnd ritter jnn alle kingreich, aber es wz jr kainer der nicht erfaren möcht vnd komen ainer her vnd der ander hin jn wechsel geritten, dar durch Sant Oswalt etwz betriept ward vnd batt gott den almechtigen jme hilfflich sein, domit er erben bekeme, vnd sas also jnn manigem herten gedanck.

Zů hand kam v̈ber dz veld jngerant ain erber bott, den ersach king Oswalt vnd sprach zů ainem seiner diener: »gang vnd haiß mir den botten komen! jch versich mich jn ain weit varnde bottschaft fieren; an dem will jch erleren, ob er jcht wisse [8] von ka*ine*s kinges tochter zů sagen. weist er mich ettwz, jch gib jm groß mie[te] vnd gabe.« alß nun der bott für j*n* gewisen ward, do grůst jn king Oswalt vnd sprach: »gůtter man, von wannen kompstu so draut gerant vnd wōhin staut dein můtt? das tů mir kunt.« der bott antwurt vnd sprach: »her, jch bin jetz vß gewesen siben gantze jaur jnn weitten kings vo̊rtten vnd hon do durchwandelt gar nāch alle kingreich vnd will nun zů dem edlen kaiser: dem bring ich vil bottschaft die wonderlich sind.« do sprach king Oswalt: »haustu nun durchwandelt so manig reich, so soltt dir wol kunt sein, ob jnn den reichen kain her were der ain tochter hett die mir ebenbirtige [9] wer zů vermechlen. vnd jch bit dich, ob du dero icht kuntschaft haust, du wellist mich der berichten: jch gib dir groß gaub*e*.« der bott sprach: »her, ir sond glauben (auch für wōr wissen), dz jch dero kain nit enwaiß. aber der king jnn der wilden haidenschaft der ain grosser wietrich ist der haut gar ain vsser māssen schene minnecliche tochter die jch vnder weịpen vnd junckfrowen mit augen nie beschowet hon. aber der haiden haut versworen, sie kainem cristenlichen fürsten zů geben, vnd er haut auch durch jren willen manigen fürsten getettet, auch manigen ritter vnd edlen jungling, wer die woren die jme semliche bottschaft brauchten. dar vmb so mügt jr sie nichtt [10] gewinnen.« vnd do Sant Oswalt dz herett, do ward er aller erst mer betriept vnd sprach: »kanstu mir aber icht gerautten oder selber bottschaft dar zů thon, dar vmb so wolt jch dir geben groß gůtt, vnd jch bitt dich dar zu bott zů sein.« do sprach der farind man: »her, vnd gåbend jr mir alles eüwer reich, so mecht jchs nicht gedienen, dan jch miest one all gnād dar vmbe sterben. aber ain trüwen vnd gůtten raut will jch eüch geben: jr habend ain rappen an eüwerem hoff, der ist von eüwerem vatter erzogen worden: der kan zů maul natürlich wolreden. der selb rapp haut eüwerem vatter manig maul bottschaft jnn die haidenschaft gethon. den sond [11] jr wonderlich laussen zieren, also jr sond jm laussen ain guldin kron machen vff sein haupt, dar nāch sein schnabel vnd clawen auch vergilden vnd das gefider mit gůttem edlem gestain besprōngen vnd sond ain briefflin schreiben dar jnne begriffen sie eüwer gantze mainong, vnd den selben brieff mit sampt ainem kestlichen klainat binden dem rappen vnder sein gefider vnd beuelhen jm nit dannen komen, er kom*e* vor zů der edlen magt vnd erfar an jr, wie sie von dannen zů bringen sey: wan jr sond wissen, dz sie gern cristenlichen glauben hett.«

Der edel her warb zů stond nāch seinem rappen: der ward jm für brauchtt. den nam er mit freiden [12] zů jme vnd trůg jn jnn sein keminaut vnd sprach zů jm: »sag mir, gůtter rapp, kanstu reden vnd natürlich sprechen? das sag mir.« der rapp sprach: »jow her, jch kan es zů māl wol.« do sprach er: »du můst mir bottschaft thon jnn die haidenschaft zů des kings tochter, dar vmb so hab jch dich ymer hold vnd gib dir ob meinem tüsch dein speiß nāch gůtter wollost.« der rapp sprach: »her, jch will gern thon mein bo̊steß vermigen. sich nun, dz jch beraitt werd.« der edel king tratt wider vmb jnn sein sal vnd sagett dem botten grossen danck vnd gab jm vil gůttes, vnd do mit schied er hin dan. aber der edel vnd strenglich her king Oswaltt ließ jme bald ain [13] gůtten maister, ain gold schmid, besenden der auch zůhand kam. dem beualhe er, dz er jm den rappen mit kestlicher zier beraitte vnd jm sein gefider, clawen vnd schnabel mit claurem gold erluchte, auch ain fein guldin kron vff sein haupt machte. dz versprach jm der maister trẘlich zů thon vnd nam den rappen jnn sein werckstatt vnd beraitet jn jnn aller mauß sam jn Sant Oswalt gern hette. vnd alß er jn berait, do nam er jn vff sein hand vnd brācht jn dem edlen king. so bald er jn sach, do hett er ain groß verwondren dar ab, wie der so gar vmmäsen schen mechte gesein, vnd zů hand band er jme vnder sein gefider ain briefflin vnd [14] ain guldin fingerlin vnd hieß jm dar tragen lustliche speiß vnd gůtten wein vnd sprach: »lieber rapp, nun iß vnd trinck ain gůtte notturft vnd far den dein strauß, vnd jch bitt dich, mit gůtter vernunft dar jnn ze handlen vnd dich schier her wider vmb fiegest.« do sprach der rapp, er wolt es trüwlich thon, vnd zů hand nam er vrlob von dem edlen king vnd auch von dem gantzen gesind vnd flog vff ain hochen turn vnd hatt ain groß gebrecht mit freiden dar vff.

Vnd zů hand swang er sich vff hoch jnn die lüft, dz jn niematz mer mecht sehen, vnd ließ sich von der heche nider vnd kam geflogen v̈ber das mőr biß an den funften tag vnge [15] ssen vnd vngetruncken vnd swang sich vff ain velssen der jnn dem mer wz vnden an ain spitz vnd wolt do besehen, ob er jendert jcht clainer vischlin gefanchen mechte do mit er sein hunger biessett. vnd so er also wartt, so kompt ain wasserweip vnd ergreiffet den rappen vnd fiert jn jnn den abgrund des mőres jnn ainen holen stain: dar jnne wz die aller kostberlicheste wonong die mit augen hart gesehen ward vnd dar jnne waren vil minneclich vnd schen frowen die alle zů jm komen, jnn zů sehen, wz creatur er wer. vnd sprach die kingin vnder jn zů jme: »sag mir, creatur, was bistu vnd von welhem [16] land kompst geflogen? bistu ain engel gotz oder ain jrdische creatur?« der rapp antwurtt vnd sprach: »jch bin kain engel von gott, aber ain creatur des ertrichs, vnd jch bitt eüch, jr gebend mir essen, dan jch lang zeitt jetz an [den] funften tag vngessen geflogen bin. dar năch so sag jch eüch gantz mein gewerb.« die frow braucht jm die aller bőste speise von füsch, flaisch vnd aller gnůgsam so sie haben mechten vnd gar ain seltzam tranck zů trincken das ser gůtt wz. vnd alß er gősettiget ward, do fieget gott, dz die bottschaft verent wurd, vnd kam ain liechter schein mit ainer stimen vnd taͤtt sich dz moͤr vff vnd sprach erschrö[17]ckenliche wortt, dar ab die frowen ser erqwamen. vnd zů hand swang sich der rapp durch dz moͤr hoch jnn die lüft vnd flog sein strauß.

Vnd von stond ȧn sach er die aller schenste burg die vff ertrich je gebuwenn ward: dz was die burg des haiden. jnn die flog er, vnd alß er dar kam, do sas er vff ain hochen turn. do wz nun zeit, zů jmbiß zů essen, vnd tratt der haiden jnn sein balast vnd mit jme sei weip vnd sein schene tochter vnd sprach zů allen sein dienstmannen, dz sich jr jeder nāch seiner ordnung zů tüsch setzen solte. dz geschach, vnd alß sie ain weil gesaussen vnd ain michel tail gesettiget, [18] auch mit frelichen geberden geladen waren vnd von mengerlay auenturen sagten, do swang sich der rapp zů jn jnn den sal vnd griesset sie, dar ab sie von seiner red wegen ain groß verwondern hetten. vnd der rapp sas vff des tüsches oͤgg zwischen den king vnd seine tochter, vnd sprach der king: »jch beswoͤr dich, creatur, bey dem lebendigen gott, das du mir sagst, wz du bist vnd von wem har gesant!« der rapp antwurt vnd sprach: »king, jch sag dir nicht, jch hab dan sicherhait von dir, dz du mir nicht an meinem leben, zierd vnd gefider tiegest!« do sprach der king: »dz hab mein trẅ zů pfand vnd ich swer dir bey meiner kron, dz jch dir nicht zu fiege do [19] mit jcht an dir belaidigt werden mecht.« vnd der king hieß jm dar dragen gůtte speiß nāch seinem willen, vnd alß der rapp gessen vnd ain vollen beniegen betroncken hett, do fieng der rapp an vnd sprach: »her der king, jch bin von eüch gefrauget, wer vnd war vmb jch hie sey; dz will jch euch nun allen sagen: jch bin ain vogel genant ‚rapp‘ vnd bin ain gebott des aller edlostenn, trẅesten vnd mechtigostenn kings der cristenhait den zů diser zeit nicht sonne beleichten mag: der enbẅt dir vnd allen den dein grosse früntschaft vnd bittet dich, du wellost jme dein tochter vermechlen, dan er haut von jr schen vnd tugentlichen jugend vil heren sagen. vnd ob dir das ain geuallen wer [20], mechtest jme zůschreiben, jn welher acht er sie holen miest.« do der king dz erherett, do wurd er entzünt mit hützigen flamen des zornes vnd sprach mit grimmen wortten: »hey wor vmb hon jch dir trostong deins leibs geben!? vnd hett jch dz nit thon, du miest jetz von stond dein leben verliesen!« do sprach die tugentreich junckfrow, ain kron aller weipp: »mein aller liepster her vnd vatter, du solt dich mit swerem zorn nicht beladenn vnd lauß dir auch semlichs nit laiden, dan, edler vatter, du waist wol, vnd hett er alle welt, so mecht er v̈ber dein willen jnn dein land nit komen, sie sturben alle ains sweren tods.« do mit ward der king gestiltt vnd die tochter batt jn vmb [21] den rappen. den gab jr jr vatter, wz geschach.

Sie nam den rappen mit jr jnn jr kamer vnd satzt jnn neben sich vff ain schene sidel vnd sprach: »sag mir, mein vsser welter rapp, wie haist dein her?« er antwurt jr vnd sprach: »er ist genant king Oswalt jnn Engeland vnd er enbwtt dir sein früntlichen grůß vnd bittett dich, du wellest *jm* deine*n* willen schreiben. vnd nim hin [vnd] enbind mir mein gefider: dar vnder findest du ain brieff, den haut er dir mit sampt ainem guldin vingerring gesendett vnd bitt dich sein do bey gedencken.« die kingin nam den brieff von jme vnd enband jn vnd fand ain fingerlin jnn seinem willen jr zů gesant vnd laß den. [22] dar jnne fand sie aigenlich geschriben allen sein willen vnd wz des fro vnd stieß dz ringlin an jr hand: do ward sie zůhand enzundett mit jnbreinstiger liebe vnd sprach: »o getruwer bott, wolte gott, dz jch jm vnderthon solt wesen vnd cristenlichen glauben mit jm halten biß an mein ende! aber jch bekenn laider, dz es nit gesein mag, dan hett er die gantze weltt zů trost, so mecht er mit kainem gwalt nit her jnn dises reich komen. aber ains will jch dir sagen vnd will jm auch semlichs zů schreiben: haiß jn beraitten sibentzig gůtter kiel vnd dar jnn speiß vnd claider tragen, dar an sie siben gantze jaur haben mügenn [23], vnd jm jnn besonderhait ain gefiegen kiel, dar jnn ain gold schmitten die er vff dem land vff richten müg, vnd zwelff maister zů jme die kesper ding machen kinden vnd auch ain schenen hürß. wan er dan zů land komett biß vff ain tagraiß oder dry, so soltu vor zů mir komen, so will jch dich vnderrichten, wō er lenden selle. vnd, gůtter bott, nim disen brieff, auch dises vingerlin, vnd sprich, wz jch jm geschriben hab dz sell er kurtz volenden vnd das ringlin auch jnn meinem namen bey jm haben.« vnd band jm dz vnder sein gefider. do nun dz geschach, do ward der rapp fro vnd die edel kaiserin gab [24] jm zů stond zů essen vnd trincken vnd sant jn dar nāch mit manigem früntlichem kusß von jr vnd batt jn, dz er seinem heren sagett, dz er sich nit sōmet.

Domit schied der rapp von land vnd vnd flog mit grossen freiden biß vff den achzo̊henden tag, dz er kain rů nit enhette. vnd so er go̊gen dem gestatt des mo̊res schier zů nāchott, so entpindet sich die schnůr do mit sein gefider gebondenn wz vnd fiel jme dz edel fingerlin jnn den grund des meres. aber den brieff ergraiff er mit sampt der schnůr enbor sweben vnd sas vff ain hochen bom [?] mit clagen. dz erheret ain såliger ainsidel, der sprach: »sag mir, war vmb clagst so sere? [25] dar vmb jch dich bo̊swo̊r bey dem lebendigen gott, dz du mir sagst, wer du bist.« der rapp antwurt vnd sprach: »jch bin ain rapp vnd haut mich king Oswalt vß Engeland gesant jnn die haidenschaft, jme sein tochter zů vermechlen. die selb adelich jugend haut mir geben ainen ring, der ist mir gefallen jnn mo̊res grund.

nun getar jch nymermer für meinen heren komen, jch hett dan den ring widervmb.« do sprach der ainsidel: »dein heren ken jch wol vnd jch will dir hilfflich sein,« vnd gieng an das gestatt vnd opffert gott sein gebett. do kam zůhand ain visch vnd braucht jm den ring jnn seinem mund, des der rapp gar fro wz. alß nun de*m* rapp de*r* ring [26] von dem ainsidel wider vnder sein gefider gebunden ward, do schied er mit grossen freidenn von jme vnd kam vff ain tag gar zů frůer zeitt jnn seins heren burg jn geflogen vnd sas vff ain hochen turn.

do stonden vil jungling vnd alt heren zů hoff by hauffen, mit ainander zů sprauchen: die ersachenn den rappen vnd ward ain groß gerenn, dz botten brott zů gewinnen des jn allen reilich geben ward. vnd Sant Oswalt tratt vff des balasts blon vnd zoch vß ain mantel von claurem pfeller vnd liechtem gold vnd rieffet dem rappen, dar zů sitzen, dz er auch zů hand tått. vnd do nam jn king Oswaltt vnd [27] trůg jn mit jm jnn sein sal vnd hieß jm bald dar tragen gnůgsamy speiß vnd tranck. vnd alß er gessen vnd sein hunger gnůgsam gespeisset hett, do sprach der her »sag mir, mein lieber bott, wz ist der mere?« do sprach der rapp: »bind vß meinem gefider disen brieff: dar jnne vindestu wz sie dir enbotten haut: dar nauch soltu dich von stond an richten vnd bey nichten vnderwegen laussen.« do nun der edel king Oswalt den brieff gelaß vnd dz fingerlinn an sein hand gestieß, do ward er zů māl frelich, dan die lieby der edlen haidin die hett jn gantz vmb geben. vnd bald besant er sein diener alle vnd sagett wz jm die kaiserin seins gemietes enbotten hett. dz wurden sie alle fro vnd bald wurden dar braucht alle die kiel die jnn seim [28] land vff dem mo̊r waren, vnd bestellet vil maister, ander zů machen, vnd ließ do jnn die kiel tragen alles dz sie bedorften vff siben jaur: speiß vnd ander notturften vnd dar zů ain die aller kestlicheste goldschmitten die mit clainat vnd grosser gezierd je gehert oder gesehen ward, vnd nam zů jm alle sein dienstman. vnd alß nun die kiel alle erfültt vnd mit lütt vnd gůtt gerist waren, do tratt er auch besonder mit zwain edlen fürsten vnd zwelff goldschmiden, auch ainem schenen hürß, jnn sein aigen kiel vnd stiessen mit grossen fraiden von land.

Vnd fůren vff dem mo̊r mengen lieben tag mit grossen fraiden, vntz dz sie komen, dz [29] sie der haiden land ansichtig wurden. do wurffen sie jr encker jnn dz abgrund vnd stalten die schiff. do sprach ain edler fürst zů king Oswalt: »her, nun sind wir bald jnn der haiden land vnd ist nun nott, dz wir zů der jungen kingin senden, wō wir lenden sellen, alß eüch das dan die kingin enbotten haut, dan wir mechten dan leicht verwōrlost werden, das vnser kainer nicht do von keme.« do sprach Sant Oswalt: »o herre gott, erst werd wir geben dem grimen tod, dan wir mügen kain botschaft zů der kingin nit gehaben, dan mein rapp ist nit hie vnd wir haben jn hinder vns gelaussen, dar vmb wir gantz verfaren sind. doch [30] jst mein mainong, ob es eüch allen gefallett, jch lauß verkinden allen kielen, dz sie gott den heren bitten syen, vns *den* rappen zů senden.« vnd dz geschach: es ward v̊ber alle kiel enbotten, dz man gott bett vmb des rappen zů kunft. vnd alß sie jr gebett mit grossem ernst verbrauchten biß an [den] dritten tag, do kam ain engel von himel vnd braucht den rappen vnd satzt jn vff Sant Oswaltz gezelt, dār vff er mangen spacht vnd spott wortt traib. dz wurdent sie alle fro vnd zů hand gieng Sant Oswalt vff des kielß *segel* vnd bat den rappen flissig wilkomen sein vnd sprach: »ich bitt dich, sag mir: wz sellen wir beginnen, do mit wir verfaren?« do sprach der rapp: »hie sond [31] jr mit freiden mein wartten, so will ich varen zů der jungen kingin, alß sie mir beualche vnd dir versc[h]riben haut, so wird ich vnderricht, wz zů tůn sey.« dz geschach.

Vnd also er zů der edlen junckfrow jnn jr kemenaut jnn flog, do enpfieng sie jn mit grossen freiden vnd sprach: »sag mir, wie lept dein her vnd meins hertzen trutt?« er antwurtt jr vnd sprach: »er ist nit ver vnd haut mich zů dir gesannt, jnn zů verston wz er ton sell vnd wō er zů land schiffen so̊l«. do sprach sie: »sag jm, er sol all sein kiel von jm senden vnd sie schücken hinder dz gebürg dz du dōrt wol sichst. do staut ain castel dōr jnn sie all gnůgsamy finden. die selben lüt alle sellen sie jung vnd alt vachen, do mit sie nit verrauten [32] werden. vnd zů nacht, wan der aubet kome, so haiß jnn zů land stossen vor der burg vff dey haide vnd dz er sein gold schmitten vff slag vnd an uache, vast zů hemern. wan sollichs dan von meinem vatter gehortt, so wirtt er zů jm senden, wz jr kunst bedüt. so sprich, das er antwurtt geb, er sey ain bewerter maister vnd hab vil von dem haidnischen king heren sagen, dz er kostbarlich hoff halte; vnd ob er jch[t] bedürffe zů machen, so welle er jm jnn gůtem vailem kauff machen nauch seinem beger. vnd wan dz geschicht, so kom du wider, so will ich dich weiter berichten, wz jm gebirlich ze ton sey. vnd den hirß den er bey jm hab, den selle er gantz v̈ber gülden, wan ich jm bottschafft tů, das er berait sy.« der rapp [33] flog zůstund mit vrlob von jr vnd kam zů Sant Oswalt vnd sagt jm die mer.

Do sant er zů hand die kiel alle hinder dz gebürg jnn das kastell: do bewarten sie aigelich, das jm kain vntrüw nit widervaren mo̊cht. vnd alß nun die nacht den tag verdrungen hatt, do kam der edel maister vnd fürstlich her zů land vnd slůg do vff sein gold schmitten, dār vff ain scho̊ner karfunckel stond, vnd fienge do an zů hemern vnd ser zů slagen, dz es jnn der burg weit erhal: dz den king verwonndert vnd berůfft all sein diener zů samen vnd wz vast zornig vnd sprach: »zwōr jch will die gest enpfachen, das sie bey nacht nit mer schiffend jnn mein land!« vnd hieß sich all sein dienstman wol verwōppen vnd [34] gebott jnn, hin vß zeziechen vnd die alle () mit jren scharppfen swertten dem tod enpfelchen. do das die edel junckfrow heret, do sprach sie: »her vatter, jch bitt dich, du wellist mir ain wenig mit dir ginnen zů rōden vnd dem zorn ain wenig stillen: das will ich dir allwegen mit hulden bey wonnen.« vnd alß der haiden seiner tochter bett heret, do sprach er: »mein aller liepste tochter, rede wz dein begird sey, das her jch zů aller zeit mit willen vmb dich.« do sprach sie: her, eüch ist nit zetond, eüwer fürsten vnd heren also hin vß bey nacht zů senden vnd nicht ain gewissen haben, wie die nacht vsser halb ist. jch raut, jr senden zwen erber heren hin vß vnd lausend die eruaren vnd fragen, was jr [35] bedüttnus sey vnd durch weß willen sie her komen syen, den so sechend sie jr menge. wan dan die antwurt gegeben wirt, so migt jr eüch dār nauch berichten, vnd dar vmb es mecht ain trug sein durch die jr verluren land vnd lütt vnd dar zů eüwer adelichs leben.« der king ward der mere fro vnd sprach: »mein aller liepste tochter, du sagst die warhait vnd ich will zů hand nāch deinem willen leben,« vnd sant zwen erber heren mit sampt jren knechten zů Sant Oswalt hin vß: die sassend vff gmaitte pfard vnd so bald sie für die burg kamen, do hatten sie alß liechten schein von dem edlen karfunckel sam es jn geb die claur sunne oder der liechte tag.

Do nun Sant Oswalt sach die heren [36] hin vß zů komen, do legt er gar reiche clainat zů gesicht, do bey man sein vnd seiner gesellen maisterschafft erkennen vnd brieffen macht, vnd hetten ain schnelles hemern. do die haiden zů jn kamen, do grůsten sie Sant Oswalt vnd sein gesellschafft tugentlich vnd fraugten jn, durch wz aubentür sie dar komen weren. dz sǒlt er sie beschaiden. do sprach Sant Oswalt: »lieben heren, wir sind land vārend lüt vnd man vnd habend nicht narong, das wir also von ainem kingreich gewünnen jn dz ander mit v[n]ser maisterlicher kunst. nun ist vns vil gesait worden, wie das der king mit hochen eren hoff halt: do wolten wir jme zů dienst (alß wir vf sein gnād her komen sind) vnsser arbait vnd clainat auch sechen laussen, vnd obe er [37] vnser arbait jcht bederffte, die wolten wir jme mit gantzen trüwen machen āne alles verziechen.« do das die haiden hortten, do sprachend sie, es wer ain erliche antwurtt vnd sie [wolten es] auch jrem heren dem king mit gantzen trüwen sagen, vnd namen vrlob vnd kamen zů dem haiden vnd allem hoff gesind vnd sprachen: »aller gnādegister her vnd jr heren alle, es sind die aller schiensten vnd tuge[n]t reichosten maister die jr mit augen je gesachen, besunder der ain. die habend auch die aller bast geuormptosten, schenste[n] clainat die kain menschlich hertz je gesechen haut vnd sind vff eüwer gnād her komen. ob jr icht clainat bederfften, melten sie eüch die machen mit allem fleiß.« do sprach der haiden: »morgen besich ich die auentür.« vnd legten sich alle mit rů jnn frǒden [38] zů bette, biß do kam der liechte tag. do stůnd der haiden vff vnd beraitt sich mit aller seiner ritterschafft vnd dem gantzen hoff gesind vnd rait hin vß für die gold schmitten vnd enpfieng Sant Oswalt mit sampt seinen knechten die jm fleissig danck, lob vnd er sagten. do fraugt sie der haiden, wie jr můt stiend. das sagt jm Sant Oswalt jnn maussen sam erß den zwainen gesagt hette. do sprach der haiden: »jr send ain gantzes jaur lüffrung haben vnd mit reicher speis vnd gůttem wein: vnd wz jr von kosperlichen sachen vnd stucken machend das will ich jnn failen gůtten werd von eüch nemen vnd dār vmb geben do mit es woll bezalt wirdett.« Santt Oswalt ward fro vnd sprach: »her der king, das sey eüwer gnauden danck!« [39] vnd zů stund sant er der alten kingin, auch seins hertzen trut vnd allen hoff junckfrowen jeder ain kostlichs klainat bey ainem des haiden diener vnd bat jn, sie solten semlich clain gaub verv̈bel nit haben, dan sie jetz zů weilen nit bessers jnn jrer schmitten hetten. das ward jnn hin wider vmb grosß danck zůgesait.

Jnn dem hetten nun Sant Oswaltz maister angeuangen vnd wolten den hirß vergülden vnd Sant Oswalt sant den rappen aber zů der kingin, dz er besåche wz jnn nun zů thon wer. do kam der rapp hin jn vnd grieset sie von jrs heren wegen vnd sprach: »edle kingin, wz gebürtt meinem heren nun zů thon?« do sprach sie: »sag jm, dz er morgen frů den hürß stelle vergüldett an den burg graben, so wirt mein [40] () vatter jnn yagend vnd ylend dan: so wil jch hin vß geritten komen selb fierd. vnd haiß sich seine kiel auch jnn der kastelle beraitten: wen jn der hirß für kome, dz sie dan von stond an von land stossen. ee dann mein vatter her wider komet, so sind wir weitten von hinnen.« der rapp sagett dz Sant Oswalt. dz ward er zů māl fro vnd hieß den hürß schon beraitten jnn ain guldin scheppür vnd sant den rappen zů sein dienern, sie solten sich beraitten vnd vff den hürß warten: so bald er keme, dz sie dan von land [41] vff dz mo̊r [stiessen]. dz tatten sie.

Do nu der morgen kam, do stelletten sie den hürß jnn den burggraben vnd die wachter wurden sein go̊war vnd sagten es still dem haiden. der gieng auch an die mur schowen: do er den hirß ersach, do besampt er alls sein gesinn[d] vnd bließ sein bracken zů vall vnd offnētten do die porten. do sprang der edel hürß zů wald vnd ylten jm aller menglich jung vnd alt nāch.

jnn dem kamen die edel junckfrow mit jr dienerin geritten zů der gold schmiten die schon zů flucht beraittet ward vnd Sant Oswalt gieng jr engoͦgen vnd erkanten zů hand ain ander vnd vmb fieng sie mit fruntlichen worten vnd geberden [42] vnd laittet sie vnder sein armen jnn sein kiel mit sampt pferd vnd ander habe, dan sie auch groß gůtt mir jr genomen hette. zů hand wurffen sie die gold schmit nider vnd tåtten sie jnn dien kiel vnd stiessen mitt grossen fraiden von land. jnn dem wz der hürß auch schnelleclich gelauffen vor aller menglich (alß dz gott schicken wolt) zů den kielen: vnd zů hand, alß er jnn ain kiel gesprang, do stiessen sie all von land vnd komen zů hauff vnd fůren so baldest sie mochtenn jnn gottes segen.

Alß der haiden von dem gejåg haim kam, do sach er, dz Sant Oswalt hin wz vnd sein tochter verloren. do [43] () ward er von grimigem zorn hartt bewegt vnd besampt durch ain land geschray ain grosse menge der haiden vnd ylet dem milten heren krefteclich nāch mit vngestemem zorn. vnd alß sie biß an [den] achzoͦhenden tag mit grossem zorn geuaren waren, so sicht der rapp dz haidnische volk nāch ylen vnd sprach zů king Oswalt: »her, berait dich zů streitten, dan die haiden sind zů nest do!« alß Sant Oswalt dz herett, do ward er sein volk krefteclich manen. vnd komen vff ain weytte haid geschiffet: vff die tratt er mit vff gerecktem baner vnd wolt do wartten der wilden haiden. do erhůb sich die aller greste clag von der kingin die je gehert ward. [44] aber Sant Oswalt mit sampt sein dienstmannen *entr*estetten sie mit kreftigen wortten vnd hiessen sie beleiben jnn jrem kiel verborgen. zů hand komen die haiden vngestemlich mit grossem geschray vnd erhůb sich ain hart grosser streit. aber Sant Oswalt hett kain verdriessen nicht darab vnd batt gott den heren, dz er jme signunft verlich. also wurdenn dem haiden alles sein ho̊r erschlagen.

Noch do stond der greylich haiden: den fieng Sant Oswalt vnd sprach: »jetz stirpst oder aber enpfauch cristenlichen glauben vnd auch den hailigen tauff!« do sprach der haiden: »ist dz du mein volk alles haissest vff ston durch dein gott, dz [45] sie lebend, so will jch glauben vnd den tauff enpfauchen.« do sprach Sant Oswalt: »es sol geschehen!« vnd zůhand batt er gott den almechtigen vmb gnaud. do stonden die haiden alle vff vnd lepten. do der haiden dz sach, do sprang er zů jn vnd aller erst wolt er Sant Oswalt vnd sein volk krefftig böstanden. aber die haiden die Sant Oswaltt erkücket hett, die sprachen: »o du edler king, wir bitten dich vmb den hailigen tauff vnd erwirb vns ablȫß unser sind von deinem gott, vnserem heren! wir sind jnn semlichem leiden gewesen, dz wir nit anderß gedencken dan es hab tussend jaur gewertt. wir wellend [46] nit mer streitten wider dich vnd die deinen, aber wider den tod jnn cristenlichem glauben, biß wir von jme v̈ber wonden waren. wir hond gesehen zwen stiel jnn dem tron des almechtigen gottes: die sind dir vnd deinem gemachel berait. wir bitten dich, teiff vns!« do nam Sant Oswalt sein swecher vnd sprach: »joh gült es dir dein leben vnd dz haupt oder du můst den tauff enpfauchen!« vnd sprach der haiden: »king Oswalt, jst dz du vß disem velsen ainen fluß haist gan mit wasser dar jnn du die menge all teiffen magst, so glaub jch on zweyffel!« zů hand nam Sant Oswalt sein swert vnd kort [47] den ort an den velsen: zů hand tått er sich vff vnd gieng dar vß ain grosser fluß wassers. do sprach er: »all die des hailigen tauffes begeren die gangen jnn den fluß!« also ward das aller schnellest jnn gon das je gesehen ward. alß sie nun gemainlich getauft waren, do batten sie Sant Oswalt, er soltt sie wider von disem jamertal enbinden. dz tått Sant Oswalt vnd batt gott den heren aber [vmb] gnād. do komen dz gantz himlisch hôr vnd namen jr selen von den leiben vnd fůrten sie jnn dz frone paradeiß. do der haiden dz sach, do begert er zů hand, man solt jn teiffen. dz geschach [48] vnd Sant Oswaltt tauft den haiden, die junckfrowen mit sampt jren junckfrowen. vnd lagen do manigen tag, biß das sie die totten leichnam bestatten vnd begrůben. dar nāch fůren sie von statt vnd der edlen kingin vatter mit jn jnn Sant Oswaltz land. wz beschach.

Do nun die landschaft der engelschen gewar wurden, dz jr lieber her king Oswalt zů land wz komen, do sampnotten sich all sein fürsten, heren vnd die gantz landschaft vnd zugen jme mit ain ander gar loblich engôgen mit grossen fraiden. alß dz Sant Oswalt sach, do ward er mit grosser andaucht vmb geben vnd gieng jm [49] alß sein gemiet jn freid [vnd] gott dem almechtigen jnn lob. alß Sant Oswalt jnn die burg kam vnd aller menglich vor jme stond, do fieng er an zů wainen mit jnneclichen hertzen vnd sagt jn alles dz, wie es jm vff der vart ergangen wz, des sie zůmāl betriept wurden vnd doch wider vmb frelich, dz er mitt fraiden zů land wz komen. dar nāch hieß Sant Oswalt ain hoff berieffen vnd hatt do ain vssermāssen grossenn wirtschaft vnd hochzeitt mit fürsten, heren vnd allerlay zů lauffendem volk, dz Sant Oswalt alles gern sach: arm sam die reichen, die reichen sam die armen. do begond man do mengerlay [50] kurtzweil der kingin zů lieb beginnen, mit tantzen, ringen, sprüngen, stechen vnd turnieren. vnd alß der hoff sich endett vnd aller menglich wider vmb faren soltt, do er geheret, — alß dz geschach, do kam auch der haiden vmb vrlob der nun ain cristan wz. do sprach Sant Oswalt: »her, nain! wir haben manig hôrtt stond mit samt erlitten, dar vmb ist vns noch nit nott, von ain ander zů schaiden, vnd jch west auch gern, obe euch der tagvergangen cristenlichen glaub jcht leicht oder lieb were.« do sprach der haidnisch king: »her vnd lieber tochterman, du solt wissen, sobald jch zů land kome, dz [51] mein volk alles zů cristenlichem glauben komen můß.« do nun der edel king Oswalt dz herett, do nam er zů priesterschaft vnd lert jn die ornantz der cristenlichen kirchen vnd sant jn dar nāch mit grosser eren vnd mit vil folkes zů land.

Alß nun der haidnisch king zů land kam, do fand er alles sein land trurrig vnd vermainten jn auch erschlagen sein. vnd alß sie jn sachen, do wurden sie ser erfrait vnd zugen jme zů huß vnd enpfiengen jnn wirdeclich. do berůft er alles sein volk vff den blon vnd ließ jn do cristenlichen glauben verkinden, dan er hett [52] vil wolgelerter priester mitt jme dar brācht, vnd gebott sie alle den tauff enpfauchen mit sampt der kingin. vnd alß dz die meng erherett, do wurden sie jrs kings gebots fro vnd enpfiengen alle den tauff gewōrlichen vnd liessen do buwen kürchen, klester vnd vil gŏttlicher gezierd vnd fiengen do ain ordenlichs cristenlichs leben an vnd jepten sich mit singen, betten, vasten, alamůsen geben jnn grossen freiden biß ann jr end.

Aber der aller edlost vnd gantz liebhaber Cristi, der lertt do sein haußfrowen, die jungen kingin, vnd jre edlen junckfrowen lieplich [53] den hailigen glauben vnd alles dz das man zů cristenlicher ordnung haben solt, do mit sie dz ewig leben erwerben mechten: dz wz jn alles sieß vnd minneclich zu heren. vnd der edel fürst king Oswalt gewan do kind vnd erben bey seiner lieben hußfrowen vnd lepten jnn dem willen des almechtigen gottes biß ann jr end.

Lesarten zum Anhang (s. S. 194-212)

194, 4 n. werdē (*gestr.*) f.
11 dnng.
15 v. jm a.
20 dem.
195,19 sennlich.
196, 9 a. dem reich s.
19 gezemē.
25 vnd$_2$ < vnd'.
34 kannes.
197, 1 jm.
14 gaubē.
16 kingē.
198, 4 a. v'gilbñ (*gestr.*) v.
9 komē.
200,31 b. ich (*gestr.*) v.
34 trẅrsteñ.
201,17 t. sp (*gestr.*) b.
22 jr < jm.
24 jn deinē.
202, 1 gantzee.
15 m. nah (*gestr.*) n.
18 trunckē.
203, 6/7 d' r. den.
12 hauff.
15 gabeñ.
17 v. s r.
18 d. zuss (*gestr.*) s.
30 besant] be- v.
204, 2 grosser schuld (*gestr.*) g.
11 entker.
18 geben dein (*gestr.*) d.
24 dañ.
31 gr(?)esel.

205, 2 vnd' reicht.
15 komē.
24 du v.
206, 5 wol v.
7 a. dem tod m.
8 e. jm (*gestr.*) jnn (*gestr.*) j.
28 s. D (*gestr.*) v.
34 man (v *Rd.*) *statt* (*nicht gestr.*) nā.
207, 2 fraugentē.
5 olso.
11 arbait < erbait.
35 jnn < unn.
208, 3 gnauden < grauden.
13 t. sey (*gestr.*) w.
17 b. ggrageñ (*gestr.*) g.; *p. 40 in den ersten vier Zeilen Wiederholung von* 208,15 (meinem) – 17 (mein; *abweichend nur in der Form* thond).
20 komē.
209,17 d. do w.
30 ērestettē.
211, 1 S. Jorg (*gestr.*) O.
16 giengē.
212, 4 komē.
28 erworbeñ. *Unter dem Text:* In gottes namē amē. Jch wart der zeit. Süch für dich/Gluck ist mißlich.